Sur la pampa

ou, les jeunes colons

GA Henty

Writat

Cette édition parue en 2023

ISBN : 9789359257587

Publié par
Writat
email : info@writat.com

Contenu

CHAPITRE PREMIER. ....- 1 -
CHAPITRE II. ....- 10 -
CHAPITRE III. ....- 17 -
CHAPITRE IV. ....- 23 -
CHAPITRE V ....- 33 -
CHAPITRE VI. ....- 43 -
CHAPITRE VII. ....- 56 -
CHAPITRE VIII. ....- 71 -
CHAPITRE IX. ....- 82 -
CHAPITRE X. ....- 89 -
CHAPITRE XI. ....- 110 -
CHAPITRE XII. ....- 120 -
CHAPITRE XIII. ....- 131 -
CHAPITRE XIV. ....- 139 -
CHAPITRE XV. ....- 155 -
CHAPITRE XVI. ....- 171 -
CHAPITRE XVII. ....- 181 -
CHAPITRE XVIII. ....- 192 -

CHAPITRE I.

MME. LA RÉSOLUTION DE HARDY.

"A quoi penses-tu, Frank ?" Mme Hardy a demandé à son mari un soir, après un silence inhabituellement long de sa part.

"Eh bien, ma chère, je pensais à beaucoup de choses. En premier lieu, je pense, j'ai commencé par me demander ce que je devais penser des garçons; et cela m'a conduit à une telle série de pensées sur nous-mêmes et sur notre situation que Je savais à peine où j'étais quand tu m'as parlé.

M. Hardy parlait gaiement, mais sa femme comprit immédiatement que c'était avec effort qu'il le faisait. Elle déposa le travail sur lequel elle était occupée et rapprocha sa chaise de la sienne près du feu. "C'est une question sérieuse, Frank, à propos des garçons. Charley a quinze ans maintenant et Hubert quatorze. Je me demande parfois ce que nous ferons d'eux."

« Il ne semble pas y avoir de débouchés ici en Angleterre pour les jeunes gens. Les professions sont nombreuses, même si elles n'étaient pas tout à fait au-dessus de nos moyens ; et quant à un stage, ils feraient mieux d'avoir un métier et de s'y tenir : ils seraient bien plus heureux. , et presque aussi bien payés. Le fait est, Clara, " et ici M. Hardy s'arrêta un peu, comme pour trouver le courage de dire ce qu'il craignait être très désagréable pour sa femme - " le fait est que nous sommes tout à fait trop Il y a beaucoup de monde ici. La meilleure chose pour les enfants, de loin, et je pense que la meilleure chose pour nous-mêmes, serait d'émigrer.

Mme Hardy poussa un petit soupir, mais ne dit rien, et resta assise à regarder tranquillement le feu, pendant que son mari continuait : « Vous voyez, ma chère, je suis juste, et seulement juste, à gagner assez pour que nous puissions vivre. " Y a-t-il une forte probabilité d'une augmentation des affaires. Les garçons, comme vous le dites, grandissent et je ne vois aucune perspective de leur donner un bon départ dans la vie. A l'étranger, c'est tout à fait différent : nous pouvons acheter des terres et les stocker pour Nous devrions vivre rudement, certes, mais au moins il n'y a pas de crainte pour l'avenir, et nous devrions commencer la vie de nos garçons avec une assez certaine certitude de succès. Mais, Clara, je ne veux bien sûr pas dire que j'ai J'ai pris ma décision sur le sujet. C'est une question beaucoup trop sérieuse pour être décidée à la hâte. J'ai seulement rejeté la suggestion ; et si vous, après y avoir réfléchi, êtes contre, c'est fini.

Mme Hardy resta silencieuse un moment, et une larme brillait sur sa joue à la lueur du feu ; puis elle dit : « Je ne suis pas surprise, Frank, de ce que vous avez dit. En fait , je m'y attendais depuis un certain temps. Je vous ai observé feuilletant des livres sur les pays étrangers et j'ai vu que vous restiez souvent pensif et silencieux. J'ai donc deviné ce que vous aviez en tête. Bien sûr, ma chère, en tant que femme, je recule devant l'idée de quitter tous nos amis et d'aller dans un pays tout à fait étranger, mais je ne pense pas avoir peur de les épreuves ou les inconforts. Des milliers d'autres femmes les ont vécus, et il n'y a aucune raison pour que je ne fasse pas de même. Je pense avec vous que ce serait une bonne chose pour les garçons, peut-être aussi pour les filles ; et que, lorsque nous aurons surmonté les premières difficultés, nous serons nous aussi plus heureux et plus libres de soucis que nous ne le sommes maintenant. Ainsi , voyez-vous, Frank, vous ne rencontrerez aucune opposition de ma part, et si, après délibération, vous décidez vraiment que c'est la meilleure chose à faire, je serai prêt à être d'accord avec vous. Mais c'est une pensée difficile au début, alors s'il vous plaît, n'en parlez pas davantage ce soir.

M. Hardy était architecte, comme son père l'avait été avant lui. Il n'était cependant pas entré en fonction à l'âge habituel, mais à dix-huit ans, il était parti aux États-Unis, pour rendre visite à un oncle qui s'y était installé. Après avoir passé quelque temps avec lui, l'amour de l'aventure l'avait emmené dans l'extrême Ouest, et là il avait chassé et tiré pendant près de trois ans, jusqu'à ce qu'une lettre, longtemps retardée en route, le supplie de retourner en Angleterre, car son la santé du père se détériorait. Il partit aussitôt pour l'Angleterre et constata que son père était en mauvaise santé, mais qu'il était toujours capable de poursuivre ses affaires. Cependant, Frank se rendit compte qu'il n'était pas à la hauteur du travail et entra donc dans le bureau, travaillant dur pour rattraper le temps perdu. Il était un bon dessinateur et fut bientôt capable de soulager un lourd fardeau des épaules de son père.

Cependant, il n'était pas resté longtemps à la maison avant de tomber amoureux de Clara Aintree, la fille d'un ecclésiastique ; et son père lui cédant une part dans l'entreprise, ils se marièrent au moment où Frank atteignait sa vingt-quatrième année, sa femme ayant environ dix-neuf ans. Deux ans après le mariage, M. Hardy père mourut et, à partir de ce moment, Frank dirigea seul l'entreprise.

B... était une grande ville de province, mais elle offrait à peine un emploi rémunérateur à un architecte ; et bien que M. Hardy n'eût aucun concurrent dans son entreprise, les revenus qu'il en tirait n'étaient en aucun cas considérables, et les dépenses croissantes de sa famille rendaient la lutte pour joindre les deux bouts chaque année plus dure. Son père possédait une petite fortune privée, mais il était entré imprudemment dans la folie de la spéculation ferroviaire et, à sa mort, il avait laissé environ quinze mille dollars à son fils. Cette somme, Frank Hardy l'avait soigneusement conservée intacte, car il avait prévu que le moment viendrait où, pour le bien de ses enfants, il serait opportun d'émigrer. Il attendait cela depuis longtemps, mais s'était abstenu de prendre toute mesure jusqu'à ce que ses fils soient en âge de pouvoir se rendre utiles dans la vie dans la brousse ou dans les prairies.

Frank Hardy, au début de notre histoire, avait environ quarante ans. C'était un homme grand et actif, et la vie qu'il avait menée en Amérique dans sa jeunesse avait endurci ses muscles et lui avait donné le plein usage de toutes ses facultés.

Mme Hardy avait cinq ans de moins que son mari et paraissait à peine avoir trente ans. C'était une femme pleine d'entrain, bien placée pour accompagner son mari dans les dangers et les difficultés de la vie d'un colon.

Le sujet de l'émigration, une fois commencé, fut fréquemment repris, et bientôt on commença à consulter des livres et des cartes, et à débattre des avantages et des inconvénients des divers pays et colonies. Enfin, M. et Mme Hardy convinrent que la République Argentine, avec ses magnifiques rivières, son étendue illimitée de terres fertiles, son climat splendide, sa main-d'œuvre bon marché et ses perspectives probables, offrait les plus grands avantages.

La décision une fois prise, on résolut de l'annoncer aux enfants, qui n'avaient jusqu'alors aucune idée du grand changement décidé. Le petit-déjeuner était terminé et les garçons, dont les vacances venaient de commencer, étaient sur le point de quitter la table, lorsque leur père leur dit : « Attendez un moment, les garçons, il y a quelque chose dont nous voulons vous parler.

Les garçons reprirent leur place. "Votre maman et moi nous demandons ce que vous allez devenir, les garçons, et nous ne voyons aucune ouverture susceptible de se produire ici. Maintenant, que devriez-vous nous dire à tous en émigrant?"

"Quoi, tu pars à l'étranger, papa !" s'exclamèrent-ils tous les deux joyeusement.

"Oui, les garçons, je m'installe dans les bois ou dans les prairies."

"Oh, ce serait joyeux," dit Charley, "je sais, moi papa, me battre avec des Indiens, et tout ce genre de choses. Oh, ce serait glorieux !"

"Eh bien, Charley," dit son père en souriant, "je ne sais pas si nous aurons des combats avec des Indiens, et je ne pense pas non plus que ce serait très amusant si nous le faisions. Mais nous devrions être à la dure, vous savez; vous les garçons. il faudrait travailler dur, m'aider dans tout et s'occuper du bétail et des moutons.

"Quel plaisir ! quel plaisir !" les garçons ont tous deux crié ; "Nous l'aimerions plus que tout au monde."

"Et qu'en pensez-vous, Maud et Ethel ?" » demanda leur maman aux deux petites filles, qui avaient l'air très surprises, mais un peu dubitatives quant au plaisir des combats avec les Indiens dont leurs frères avaient parlé avec tant de joie. "Vous devrez être deux petites femmes très utiles et vous devrez m'aider tout comme les garçons devront aider votre papa. Très probablement, nous ne pourrons peut-être pas trouver de domestique là-bas, et alors nous devrons tout faire." ".

"Ça ira, maman", dit Maud, qui avait un peu plus de douze ans, alors que sa sœur n'en avait que onze. "Je ne pense pas que je pourrais cuisiner, mais tu devrais cuisiner, et je pourrais nettoyer et faire tout le travail dur, et Ethel pourrait faire la vaisselle, mettre la table, et ce genre de choses. Ce serait bien, maman. "

Ethel, qui était presque toujours d'accord avec sa sœur aînée, le fit maintenant, et les quatre jeunes devinrent très bruyantes dans leurs plans pour se rendre utiles. Enfin, M. Hardy rappela à l'ordre.

"Maintenant, faites silence et écoutez-moi. Cette affaire est une affaire sérieuse; et même si j'espère et crois que nous jouirons tous beaucoup de notre vie, nous devons néanmoins nous y préparer et la considérer avec sérieux, et non comme une sorte de jeu. J'ai ici des affaires que je ne peux pas terminer avant huit ou neuf mois. Profitons tous de notre temps avant de commencer. En premier lieu, la langue des gens parmi lesquels nous allons est l'espagnol , et nous devons tous apprendre à bien le parler avant de partir. Pendant les trois prochains mois, nous travaillerons ensemble sur la grammaire et les exercices, puis j'essaierai de trouver un professeur d'espagnol pour vivre dans la maison et parler la langue avec nous. jusqu'à ce que nous partions. Dans un prochain endroit, il serait bon que vous appreniez tous les quatre à monter à cheval. J'ai loué le paddock à côté de notre jardin et j'ai acheté un poney, qui sera ici aujourd'hui, pour les filles. Vous avez déjà un peu monté à cheval, et je vais maintenant vous faire enseigner au manège. Je suis allé hier chez M. Saris et lui ai demandé s'il me permettrait de m'entendre avec son chef jardinier pour que vous y alliez. apprendre le jardinage. Il accepta aussitôt ; et j'ai convenu avec le jardinier que vous seriez là tous les deux tous les matins à six heures et que vous travailleriez jusqu'à neuf heures. À neuf heures, vous viendrez prendre votre petit-déjeuner. Du petit-déjeuner au dîner , vous serez seuls, sauf les jours où vous prenez des cours d'équitation ; et je voudrais que vous consacriez ce temps à vos études habituelles, sauf le latin, qui ne vous sera d'aucune utilité. De deux heures à quatre heures et demie, vous apprendrez la menuiserie. J'ai passé un accord avec M. Jones pour lui payer une somme afin de vous prendre comme une sorte d'apprenti pendant les neuf prochains mois. Le soir, nous travaillerons tous ensemble en espagnol. Ce sera un travail difficile ; mais si vous voulez m'être utile, il faut absolument que vous sachiez vous servir d'une bêche et faire de gros travaux de charpente. Aussi, à mesure que le temps passera, je demanderai à l'un des fermiers des environs de vous laisser sortir avec ses hommes et de vous familiariser avec le labour. Eh bien, que dis-tu de tout cela ? »

Hubert parut un peu abattu à ce récit des travaux préparatoires à faire, mais Charley dit aussitôt : "Ça a l'air un peu dur, papa, mais, comme tu dis, il va falloir travailler dur là-bas, et c'est beaucoup il vaut mieux s'y habituer tout de suite ; d'ailleurs, bien sûr, nous ne vous serions d'aucune utilité si nous ne connaissions pas le travail.

"Et qu'allons-nous apprendre, maman?" » demanda Maud.

"Pas grand-chose, ma chère", dit Mme Hardy. "L'espagnol d'abord, puis la cuisine. Je t'apprendrai en tout cas à faire des plats simples et des puddings, et à bien faire bouillir les légumes. Je m'entraînerai moi-même jusqu'à ce que je sois parfait, et ensuite je t'apprendrai. En plus de cela, il Ce sera aussi bien pour vous d' apprendre à vous occuper de la volaille, et c'est tout ce que je sais pour le moment, sauf que vous devrez tous deux vous efforcer de vous perfectionner en couture. Nous devrons tout faire nous-mêmes là-bas.

"Je suppose que nous ne ferons plus de cours réguliers, maman ?"

" En effet , vous le ferez, Maud. Vous ne pensez pas que votre éducation est terminée, n'est-ce pas ? et vous ne pouvez pas souhaiter devenir presque aussi ignorant que les pauvres Indiens du pays. Vous abandonnerez le piano et apprendrez l'espagnol au lieu du français. , mais ce sera toute la différence ; et j'attendrai de vous que vous fassiez tous les deux autant de progrès que possible, car, même si je vous emmènerai tous les deux là-bas et vous enseignerai chaque fois que j'en aurai le temps, vos leçons doivent nécessairement être courtes. et irrégulier. Et maintenant vous pouvez tous sortir dans le jardin et discuter de la question.

"Mais tu ne nous as pas encore dit où nous allons, papa", dit Charley.

"Nous allons cultiver sur les lits d'un des grands fleuves d'Amérique du Sud, probablement le Parana, en République Argentine."

M. et Mme Hardy regardaient leurs enfants depuis la fenêtre. Ils sortirent en groupe vers la maison d'été située dans un coin du jardin, en discutant tous avec enthousiasme. Puis Maud retourna en courant à la maison, et au bout d'une minute ou deux elle revint avec l'atlas de l'école, et l'ouvrant sur la table, ils se rassemblèrent tous dessus pour une consultation avide.

Mme Hardy se tourna vers son mari avec un sourire. "Il va falloir aborder le sujet, Frank, pour pouvoir répondre aux innombrables questions qui vous seront posées."

"Je vous les référerai toujours."

On a beaucoup parlé en B... quand on a appris que M. Hardy allait émigrer avec sa femme et sa famille. Lui et son père avant lui étaient établis depuis si longtemps dans la ville que rares étaient ceux qui ne le connaissaient pas, plus ou moins.

En 1851, l'émigration était beaucoup moins courante qu'elle ne l'est aujourd'hui, et l'intérêt était proportionnellement plus grand. Charley et Hubert sont devenus des personnages très populaires parmi leurs anciens camarades de classe, qui, chaque fois qu'ils les rencontraient, s'arrêtaient toujours pour discuter du pays lointain vers lequel ils se rendaient. Les garçons, cependant, n'avaient plus que peu de temps pour parler ; car la semaine après que leur père leur eut fait part pour la première fois de son intention, ils s'étaient régulièrement mis au travail qu'il leur avait confié. Ils se levaient tous les matins à cinq heures, prenaient une tranche de pain et une tasse de lait et partaient chez le jardinier où ils travaillaient dur jusqu'à huit heures et demie. M. Hardy avait demandé qu'ils soient spécialement instruits dans la culture des légumes, ainsi que dans la plantation et la taille des arbres fruitiers. La culture des fleurs ne pourrait être d'aucune utilité. Au début, les garçons avaient mal au dos et aux mains en creusant, mais ils s'y attachèrent vaillamment et s'habituèrent bientôt au travail, revenant au petit-déjeuner avec des joues rougeoyantes et un appétit énorme.

Dans l'après-midi, on les voyait dans la menuiserie, sans manteaux ni gilets, travaillant avec une scie ou un rabot.

Bien que tous deux aient fait de bons progrès dans les deux domaines, leurs goûts différaient ; Charley préférait la menuiserie, tandis qu'Hubert était l'élève le plus prometteur du jardinier. Le premier fut donc baptisé chef charpentier par ses sœurs, tandis que le second fut promu au poste de chef jardinier.

Quatre ou cinq mois de ce travail ont fait une différence visible dans l'apparence des garçons. Ils se sont tous deux élargis au niveau des épaules, leurs bras sont devenus forts et musclés, et ils semblaient globalement plus sains et plus robustes . Leur apparence ne les démentait pas non plus ; pour une fois, en passant des vacances sur le terrain de cricket avec leurs anciens camarades d'école, des matchs de lutte étant proposés après la fin du match, ils se sont aperçus qu'ils étaient capables de vaincre avec aisance des garçons qu'ils considéraient autrefois comme leurs supérieurs en force.

Entre- temps , M. Hardy avait réussi à s'assurer les services d'une jeune dame espagnole venue en Angleterre pour apprendre la langue, comme gouvernante ; et le temps d'une soirée, toute la famille travailla à l'espagnol et fit de tels progrès qu'ils purent bientôt établir la règle selon laquelle aucune autre langue ne devait être parlée aux heures des repas. Les filles d'ici surpassèrent bientôt leurs frères, car elles bénéficiaient de l'avantage des cours de langue le matin, en outre, les jeunes enfants peuvent toujours apprendre une langue plus tôt que leurs aînés ; et ils ont beaucoup ri des erreurs ridicules commises par Charley et Hubert dans leurs efforts pour terminer une longue phrase. Mais en six mois, tous parlèrent assez couramment.

Maud et Ethel étaient aussi amusés et aussi appliqués à apprendre les tâches ménagères que leurs frères l'étaient dans leurs départements, et on aurait pu les voir chaque après-midi dans la cuisine, dans leurs petits tabliers blancs, occupés à apprendre les mystères de la cuisine.

Un jour, après avoir été ainsi fiancés pendant environ quatre mois, Mme Hardy dit au petit-déjeuner : « Je vais tenter une expérience. J'ai donné au cuisinier la permission de sortir pour la journée. M. et Mme Partridge sont Je viens dîner, et je compte confier la cuisine aux filles et les laisser faire leur premier essai. Nous allons prendre de la soupe, un gigot de mouton avec des pommes de terre et des épinards, un plat de côtelettes frites et un pudding de cabinet. Je dirai à Sarah de soulever sur le feu ou hors du feu toutes les casseroles que vous voudrez, mais je laisserai tout le reste entre vos mains. Les garçons dîneront avec nous. Il sera cinq heures et demie, ponctuellement.

Les yeux des petites filles brillaient de plaisir, et elles rougirent à la pensée de l'importance et de la difficulté de la tâche qui les attendait. Au déjeuner, les garçons ont fait semblant de manger une quantité supplémentaire, disant qu'ils doutaient beaucoup de leur dîner. Dans l'après-midi, Mme Hardy fut fortement tentée d'aller dans la cuisine pour voir comment les choses se passaient ; mais elle se retint, résolue de laisser Maud et Ethel faire leur propre chemin.

Le dîner fut un grand succès, quoique la soupe fût un peu chaude, à cause d'Ethel, dans son inquiétude, ayant laissé s'infiltrer trop de poivre ; et le pudding du cabinet remontait partout dans le plat, au lieu de conserver sa forme, il s'était collé au moule, et Maud l'avait secoué si violemment qu'il était ressorti en éclat et brisé en morceaux, ce qui avait provoqué une inondation. de larmes de la part du petit cuisinier. Cependant, le goût n'était pas pire. Et quand les petites filles entraient au dessert en robes blanches, l'air un peu timides et très brûlées au visage, à force de jeter un coup d'oeil anxieux dans les pots pour voir si tout allait bien, elles étaient accueillies avec acclamation par les garçons ; et leurs amis ne furent pas peu étonnés d'apprendre que le dîner auquel ils avaient participé avait été entièrement préparé et cuisiné par ces petites femmes.

Après quatre mois de jardinage, M. Hardy plaça les garçons chez un fermier qui habitait à un kilomètre et demi de là, et prit des dispositions pour qu'ils y prennent leur petit-déjeuner, de sorte qu'ils restèrent désormais au travail de six heures du matin jusqu'à midi. Ici, ils se firent une idée de l'attelage et de la conduite des chevaux, du labourage et des autres travaux agricoles.

Ils n'allaient plus que quatre jours par semaine chez le menuisier , car leur papa leur avait dit un jour, alors qu'ils étaient seuls avec lui avant le dîner : « Ne mettez pas vos vêtements de travail cet après-midi, les garçons ; je vais vous emmener dehors. avec moi, mais n'en parle pas à dîner. Je te dirai pourquoi plus tard.

Plutôt surpris, ils firent ce qu'il leur disait, se demandant où ils pouvaient bien aller. Leur père ne dit rien à ce sujet jusqu'à ce qu'ils atteignirent la ville, qui était à un quart de mille de leur maison. Puis il dit : « Maintenant, mes enfants, vous savez que nous allons dans un pays dont une grande partie est encore inhabitée ; et comme la terre est beaucoup moins chère à une courte distance des régions habitées, nous n'aurons peut-être personne. à plusieurs kilomètres de nous. Maintenant, il est tout à fait possible qu'au début les Indiens soient disposés à être gênants. Je ne suppose pas qu'ils le feront, mais il est tout aussi bien d'être préparé à tout. Il n'y a aucune raison pour que vous, les garçons, "Je ne devrais pas être capable de tirer aussi droit qu'un homme, et j'ai donc acheté deux carabines. Elles sont l'invention d'un Américain nommé Colt, et ont une culasse tournante, de sorte qu'elles tirent six coups chacune. Il y a une chambre de rechange pour chacun, qui est très rapidement déplacé à la place de celui tiré, de sorte que chacun de vous puisse tirer douze coups en très peu de temps. Ils porteront jusqu'à cinq cents mètres. C'est une invention nouvelle, mais tous les récits s'accordent pour dire qu'ils J'ai obtenu la permission de M. Harcourt, qui habite à trois milles d'ici, de dresser une cible au pied de quelques collines dénudées de sa propriété, et nous nous y promènerons deux fois par semaine pour nous entraîner. J'étais considéré comme un tireur de premier ordre avec un fusil lorsque j'étais un jeune homme en Amérique, et j'ai utilisé un fusil pour mon propre usage. Je ne veux pas que tu parles de ce que nous faisons à ta maman, ni même à qui que ce soit . Nous garderons nos fusils dans une chaumière près de l'endroit où nous tirons, et personne n'a besoin d'en savoir rien. Il est peu probable que nous ayons des ennuis avec les Indiens, et cela ne sert à rien de mettre votre maman mal à l'aise en pensant à la probabilité d'une telle chose. »

Pendant que M. Hardy parlait, les garçons étaient prêts à danser avec délice, et cela s'accrut encore lorsqu'ils se tournèrent vers l'armurerie et qu'on leur montra les armes que leur père avait achetées pour cette expédition.

M. Hardy possédait déjà un excellent fusil à double canon et il avait maintenant acheté un fusil long et lourd portant une balle conique. En plus des carabines des garçons, il leur avait acheté à chacun un fusil léger à double canon. En plus, il y avait deux pistolets rotatifs de Colt. Tout cela était nouveau ; mais il y avait en outre deux ou trois fusils à double canon d'occasion pour l'usage de ses domestiques, en cas de nécessité, et trois fusils légers du genre de ceux utilisés pour le tir aux tours. Dans l'ensemble, c'était toute une armurerie. Les carabines étaient dans des étuis soignés ; et les garçons portaient cela ainsi qu'une boîte de cartouches, tandis que M. Hardy prenait son fusil ; et ainsi ils se dirigèrent vers leur terrain de tir.

Là, leur père leur apprit à se servir de leurs carabines tournantes, puis, après s'être entraînés avec des amorces seulement, leur permit de tirer quelques coups chacun. Le tir était certainement un peu sauvage, à cause de la difficulté qu'ils éprouvaient d'abord à tirer sans fermer les yeux ; mais après quelques semaines d'entraînement, ils devinrent très stables, et en trois ou quatre mois ils purent être à peu près sûrs d'une cible à trois cents mètres. De tout cela, Mme Hardy et les filles ne savaient rien ; mais le même secret n'était pas observé à l'égard de leurs fusils de chasse. Ils les emmenèrent chez eux, et M. Hardy dit qu'il comprenait que les plaines de l'Amérique du Sud fourmillaient de gibier et que, par conséquent, il était bon que les garçons apprennent à tirer. Il insista cependant sur le fait qu'une seule arme à feu devait être retirée à la fois, afin de diminuer le risque d'accident. Après cela, les garçons sortaient leurs fusils à tour de rôle lorsqu'ils se rendaient au travail le matin, et de nombreux merles morts attestèrent bientôt de leurs progrès.

CHAPITRE II.

LE DÉBUT.

Il fallut près d'un an après qu'il eut pris la décision d'émigrer avant que M. Hardy puisse conclure tous ses arrangements. Puis vint la grande affaire du rangement. Ce n'est pas une mince affaire lorsqu'une famille de six personnes va déménager dans un nouveau pays. M. Hardy avait d'abord pensé à emporter des meubles portables avec lui, mais un ami qui connaissait le pays lui avait dit que tout pouvait être obtenu à Buenos Ayres, la capitale de la République argentine, à un prix bien inférieur à celui qu'il pouvait obtenir. transporter des articles si lourds d'Angleterre. Cependant le gros des bagages était très volumineux ; et les garçons, qui avaient maintenant abandonné leurs leçons d'agriculture et de menuiserie, travaillaient à la maison à emballer des caisses et avaient la satisfaction de mettre à profit leurs nouvelles connaissances. Outre ses bagages personnels, M. Hardy emportait avec lui des charrues et des instruments agricoles de fabrication anglaise, ainsi qu'un bon stock de semences de diverses espèces. Ceux-ci avaient été envoyés directement par un voilier, partant quinze jours avant eux. Lorsque leurs lourds bagages furent emballés, ils furent également envoyés pour être mis à bord du bateau à vapeur sur lequel ils devaient naviguer ; puis vint une longue série de visites pour dire adieu à tous leurs amis. C'était une triste affaire ; car, même si les garçons et leurs sœurs étaient également excités et ravis à la pensée de la vie qui les attendait, ils ne pouvaient cependant s'empêcher de se sentir tristes lorsque le moment était venu de quitter tous les amis qu'ils connaissaient depuis si longtemps et la maison dans laquelle ils avaient vécu. depuis qu'ils s'en souvenaient.

Ceci étant dit, Mme Hardy et les enfants se rendirent à Liverpool, où ils devaient s'embarquer ; tandis que M. Hardy restait un jour ou deux pour veiller à la vente des meubles de la maison. Le lendemain de son arrivée dans la famille , ils embarquèrent à bord du Barbadoes , pour Rio et Buenos Ayres. Les filles étaient très amusées par la petite cabane qui leur était attribuée, à elles et à leur mère – une petite tanière similaire dont M. Hardy et les garçons avaient pris possession. L'élégance du navire et le style de ses aménagements les impressionnèrent et les ravirent. Il n'a pas été mentionné que Sarah, leur femme de ménage, avait accompagné la fête. Elle était devenue orpheline de bonne heure et avait été prise comme nourrice par Mme Hardy. Le temps passant, et les petites filles n'ayant plus besoin de nourrice, elle était restée comme femme de chambre, et n'ayant pas d'amis, elle les accompagnait désormais volontiers. M. Hardy avait, à son grand amusement, insisté pour qu'elle signe un papier, s'engageant, sous réserve que son maître paye son passage, à rester avec lui pendant un an ; au terme de cette période , elle serait libre de se marier ou de les quitter, si elle le souhaitait.

Connaissant la rareté des jeunes Anglaises dans les campagnes où elles allaient, et le nombre d'Anglais réussissant dans les villes ou comme fermiers, M. Hardy avait considéré cette précaution comme absolument nécessaire ; sinon Sarah aurait pu se marier et les quitter dans le mois suivant son arrivée. Au bout d'un an, cela n'aurait plus beaucoup d'importance, car à ce moment-là, les gens seraient confortablement installés dans leur nouvelle maison ; alors que pendant les difficultés nécessaires au début, ce serait un grand réconfort d'avoir un serviteur fidèle et fiable.

Les derniers regards que le groupe jeta vers l'Angleterre, tandis que la côte galloise s'enfonçait au loin, furent moins mélancoliques que ceux de la plupart des émigrés. Les jeunes étaient tous pleins d'espoir et d'enthousiasme ; tandis que même Mme Hardy se sentait peu disposée à céder au chagrin, car il avait été convenu que dans trois ou quatre ans, si tout allait bien, elle amènerait ses filles en Angleterre pour terminer leur éducation.

Cette première soirée fut très belle, et comme elles étaient assises en groupe sur le pont, les petites filles remarquèrent qu'elles ne trouvaient pas que la mer fût aussi terrible qu'elles s'y attendaient, et qu'elles n'avaient pas le moindre mal de mer. Leur père sourit : « Attendez un peu, mes chéris ; il y a un vieux proverbe : « Ne criez pas tant que vous n'êtes pas sorti du bois. » »

Le lendemain fut encore parfaitement calme ; et quand, vers le soir, on apprit aux enfants qu'ils étaient maintenant à peu près entrés dans le golfe de Gascogne, ils purent à peine croire à cette nouvelle.

"Eh bien, on pourrait penser, Maud," dit son père, "que tu étais déçue du calme et que tu avais vraiment envie d'une tempête."

"Oh, papa, je pense que ce serait très amusant ; ce serait si curieux de ne pas pouvoir marcher et de voir tout rouler et basculer. Ne pensez-vous pas, les garçons ?"

"Oui, je pense que oui, Maud ; très amusant", a déclaré Charley.

"Eh bien, jeunes gens," dit le capitaine, qui était debout à regarder le soleil, maintenant proche de l'horizon, et qui avait entendu leurs remarques, "si cela peut vous satisfaire, je peux vous dire que vous êtes il est très probable que votre souhait soit exaucé. Mais je me demande si vous l'aimerez autant que vous l'espérez.

"Ah, vous vous attendez à du vent, Capitaine Trevor ?" » a déclaré M. Hardy. "Je pensais moi-même que le calme presque oppressant d'aujourd'hui, l'aspect du coucher de soleil et ces nuages noirs qui s'accumulent au sud-ouest signifiaient un changement. Que dit le verre ?"

"Il descend très rapidement", répondit le capitaine. "Nous allons avoir un sou'wester, et un dur aussi, ou je me trompe."

Maintenant qu'il semblait probable que leurs souhaits étaient sur le point d'être exaucés, les jeunes Hardy ne semblaient pas aussi heureux qu'ils l'avaient espéré, bien que Charley déclarait toujours avec virilité qu'il était tout à fait sérieux et qu'il souhaitait voir une véritable tempête à l'aube. mer.

Tandis que le soleil se couchait, le groupe s'appuyait toujours contre les pavois pour le surveiller, ainsi que contre le grand banc de nuages, qui semblait à chaque instant s'élever de plus en plus haut. Il régnait encore un calme presque plat autour d'eux, et le battement violent des pagaies, qui fouettaient l'eau en mousse, et le bruit sourd du moteur, étaient les seuls bruits qui rompaient le silence. De temps en temps, cependant, un petit souffle de vent agitait l'eau, puis s'éteignait de nouveau.

« Regarde ce gros nuage, papa, dit Hubert ; "on dirait presque qu'il est vivant."

— Oui, Hubert, c'est très grand ; et il n'y a aucun doute qu'il y ait du vent là-bas.

Le grand banc de nuages semblait être en mouvement constant. Sa forme changeait et changeait sans cesse ; tantôt une grande masse roulait vers le haut, tantôt retombait ; tantôt le corps tout entier semblerait se retourner sans cesse sur lui-même ; alors de petites portions se détachaient de la masse et s'éloignaient d'elles-mêmes, devenant de plus en plus minces, et disparaissant enfin sous la forme de fines banderoles. Instantanément, l'ensemble de la masse soulevée et gonflée s'élevait de plus en plus haut. C'était très grand, mais c'était une grandeur terrible ; et les autres étaient tout à fait enclins à être d'accord avec Ethel, qui se serra près de son père et lui mit la main dans la sienne en disant : « Je n'aime pas ce nuage, papa ; il me fait peur.

À ce moment, Mme Hardy, qui était en bas pour aménager sa cabine, s'approcha du groupe. « Quel nuage sombre, Frank ; et comment il se déplace. Allons-nous avoir une tempête, tu penses ? »

" Eh bien, Clara, je pense que nous allons avoir un coup de vent ; et si vous voulez bien suivre mon conseil, vous descendrez tout de suite pendant qu'il fait calme, et vous veillerez à ce que les malles et tout ce qui peut rouler soient bien attachés. " Je descendrai et vous aiderai. Les garçons, vous feriez mieux de descendre et de voir que tout est bien ajusté dans notre cabine. "

En un quart d'heure, les dispositions nécessaires furent prises, mais même dans ce court laps de temps, on sentit qu'un changement s'opérait. Il y avait maintenant un mouvement de roulement régulier mais décidé, et les jeunes riaient car ils avaient du mal à marcher régulièrement le long de la cabane.

En arrivant sur le pont, ils virent que la surface lisse de la mer était brisée par une longue houle, que le vent soufflait maintenant par bouffées courtes mais violentes, que le banc de nuages couvrait près de la moitié du ciel et que le scud détaché était maintenant survolant. Le calme précédent avait disparu ; et entre les rafales soudaines, on pouvait entendre le rugissement du vent dans la région supérieure. Le soleil s'était couché maintenant, et un voile d'obscurité profonde semblait pendre du nuage jusqu'à la mer ; mais à la ligne où les nuages et l'eau se touchaient, une lueur de faible lumière blanche apparut.

En prévision de la tempête à venir, les marins avaient enfilé d'épais manteaux imperméables. Beaucoup de passagers étaient descendus, et ceux qui restaient avaient suivi l'exemple des matelots et s'étaient enveloppés dans des imperméables.

À chaque instant, les rafales augmentaient en fréquence et en puissance, et la ligne régulière de houle se brisait en vagues confuses à tête blanche. La lueur blanche sous le nuage sombre s'élargissait de plus en plus, et enfin, avec un rugissement pareil à celui de mille bêtes sauvages, le vent se déchaîna sur eux. Juste avant cela, M. Hardy avait emmené Mme Hardy et les filles en bas, promettant à ces dernières qu'elles reviendraient plus tard pour jeter un coup d'œil, si elles le souhaitaient toujours. Charley et Hubert étaient appuyés contre le pavois lorsque le vent les frappa.

Pendant un instant, ils furent aveuglés et à moitié étouffés par la force et la fureur des embruns et du vent, et s'accroupirent derrière leur abri pour se ressaisir. Puis, riant de bon cœur de leur apparence trempée, ils se dirigèrent vers le grand mât, puis, s'accrochant aux goupilles d'assurage, ils purent voir assez loin le vent. Il faisait sombre, si sombre qu'ils pouvaient à peine voir jusqu'au mât de misaine. Autour, la mer était blanche d'écume ; le vent soufflait si fort qu'ils pouvaient à peine entendre la voix de chacun, même lorsqu'ils criaient, et le bateau à vapeur peinait lourdement contre la montée rapide de la mer. Ici, M. Hardy les rejoignit et resta là pendant un moment, observant la fureur croissante du vent ; puis, trempés et presque confus par le conflit des vents et de l'eau qu'ils avaient observé, ils descendirent, avec beaucoup de difficulté, jusqu'à la cabane.

Ici, la sensation du mal de mer, que l'excitation de la scène avait contenue, augmenta rapidement ; et ils étaient heureux d'enlever leurs vêtements d'extérieur et de se jeter sur leur couchette avant que le paroxysme de la maladie n'apparaisse.

Interrogés ensuite sur les événements des trente-six heures suivantes, les jeunes Hardy furent tous obligés d'avouer que cette période était une sorte de vide dans leur mémoire, une sorte d'horrible cauchemar, quand à un moment ils semblaient être sur leur têtes, puis sur leurs pieds, mais jamais couchés dans une position confortable, alors que tantôt le toit de la cabine semblait sous leurs pieds, tantôt le plancher au-dessus de leur tête. Alors, pour changer, tout tournait en rond ; le bruit aussi, les gémissements, les coups sourds et les craquements, le bruit sourd des vagues et le bruit sourd des pagaies, et le frémissement général, les secousses, les craquements et la perplexité – en tout, c'était un cauchemar des plus désagréables. Ils avaient tous de vagues visions de M. Hardy venant plusieurs fois pour les voir, leur donner une tasse de thé et leur dire quelque chose de réconfortant ; et tous les quatre eurent la nette idée qu'ils s'étaient souvent souhaité la mort.

Le deuxième matin après le début de la tempête, elle montra quelques signes d'apaisement et M. Hardy dit à ses fils : « Maintenant, les garçons, faites un effort et montez sur le pont ; cela ne sert à rien de rester là ; l'air frais vous fera du bien. ". Deux gémissements lugubres furent la seule réponse à cet appel.

"Oui, je sais que vous vous sentez très mal tous les deux et qu'il est difficile de s'en sortir; mais cela vaut la peine de faire un effort et vous en serez bien heureux après. Venez, sautez, sinon je viderai l'eau. " Cruche sur vous. Là, vous n'avez pas besoin de vous donner beaucoup de peine pour vous habiller, " continua-t-il, tandis que les garçons, voyant qu'il était sérieux, se détournaient de leur couchette avec un gémissement douloureux. "Accroche-toi à quelque chose et mets ta tête au-dessus du bassin; je vais vider les cruches dessus. Là maintenant, tu te sentiras mieux; enfile tes vêtements et monte."

C'était un dur travail pour Charley et Hubert d'obéir aux ordres, car le navire roulait si énormément qu'ils ne pouvaient procéder à leur habillage que par à-coups, et furent plus d'une fois interrompus par des crises de mal de mer fatigué. Cependant, leur père resta avec eux, les aidant et plaisantant avec eux jusqu'à ce qu'ils soient prêts à monter. Puis, les prenant par le bras, il les aida à monter les escaliers menant au pont.

Aussi malheureux que se sentaient les garçons, ils ne purent réprimer une exclamation d'admiration devant la scène magnifique qui se présentait à eux. La mer était soulevée par de grandes masses d'eau qui, à mesure qu'ils s'approchaient du navire, menaçaient de les submerger, mais qui, à mesure qu'il s'élevait sur leurs sommets, passait sous lui sans danger, projetant cependant des tonnes d'eau sur son pont. Le vent soufflait toujours avec violence, mais une fissure dans les nuages au-dessus, à travers laquelle le soleil jetait un rayon de lumière brillant sur l'eau agitée, montrait que le vent se brisait.

L'excitation de la scène, la difficulté de garder les pieds et l'influence du vent impétueux produisirent bientôt l'effet que prédisait leur père. Les regards des garçons s'éclairèrent, leur courage revint ; et bien qu'ils eussent encore des rechutes occasionnelles de maladie, ils se sentaient des êtres tout à fait différents, et ne seraient pas retournés à la misère vide de leurs cabines sans aucune considération. Ils purent bientôt manger un morceau de pain grillé sec, que M. Hardy leur apportait avec une tasse de thé à l'heure du petit déjeuner, et déguster une bassine de soupe à midi, après quoi ils se déclarèrent guéris.

Dans l'après-midi, la force du vent s'était considérablement atténuée et, même si la mer était toujours forte, le mouvement du navire était sensiblement plus facile. Le soleil aussi brillait brillamment et joyeusement, et M. Hardy put amener sur le pont les petites filles, qui n'avaient pas autant souffert que leurs frères. Deux jours encore de beau temps recrutèrent toute la fête ; Leur joie fut grande lorsque le Barbadoes entra dans le Tage et, naviguant entre ses rives pittoresques et dépassant Cintra, jeta l'ancre au large de Lisbonne.

Mais comme notre objet est de raconter les aventures de nos jeunes colons dans la Pampa de La Plata, nous ne devons pas tarder à décrire le plaisir qu'ils éprouvèrent à cette première expérience en terre étrangère, ni à rendre compte de leur voyage ultérieur. de l'autre côté de l'Atlantique, ou leur admiration devant le superbe port de Rio. Quelques jours plus tard, ils arrivèrent au port de Buenos Ayres, où les deux grands fleuves, l'Uruguay et le Parana, s'unissent pour former la large nappe d'eau appelée rivière La Plata. Il faisait nuit lorsque le Barbadoes jeta l'ancre, et ce n'est que le matin qu'ils obtinrent leur première vue de leur future demeure.

Ils se levèrent très tôt, et dès qu'il fit grand jour, les quatre jeunes furent sur le pont. Leur première exclamation fut celle de la déception. Les rivages étaient parfaitement plats et, vus de la distance à laquelle ils étaient ancrés, on ne pouvait voir que les flèches des églises et les toits de quelques-unes des maisons les plus élevées . Après le magnifique port de Rio, cette côte plate et sans intérêt était des plus décevantes.

« À quelle distance nous sommes ancrés du rivage ! » dit Hubert, quand ils furent un peu revenus de leur première émotion. "Cela doit être à trois ou quatre milles."

— Pas tant que ça, Hubert, dit Maud qui aimait juste un peu contredire ; "pas plus de deux milles, je pense."

Hubert restait fidèle à son opinion ; et lorsque le capitaine monta sur le pont, ils lui en parlèrent.

"La distance des objets sur l'eau est très trompeuse", a-t-il déclaré. "Il y a huit à neuf milles jusqu'aux bâtiments que vous voyez."

Maud avait l'air plutôt découragée et Charley demanda : "Pourquoi ancrons-nous si loin, capitaine ?"

" Parce que le rivage est si plat qu'il n'y a pas d'eau pour que nous puissions nous approcher plus près. Dans quelques heures, vous verrez des bateaux sortir pour vous chercher ; et à moins que la marée ne soit haute, même ceux-là ne peuvent pas accéder. la plage, et vous devrez atterrir en charrette.

"Dans des charrettes, Capitaine Trevor ?" ils répétaient tous ; "ce sera une étrange façon d'atterrir."

"Oui, c'est vrai", répondit le capitaine. "Je pense que nous pouvons affirmer avec certitude que la République argentine est le seul pays au monde où la seule façon d'atterrir dans sa capitale est en charrette."

Le bateau du capitaine était alors abaissé, et il partit aussitôt vers le rivage avec ses papiers. Peu après dix heures, il revint, suivi de plusieurs bateaux. Il apporta également à M. Hardy une lettre d'un vieil ami établi depuis quelques années près de Buenos Ayres, et dont les conseils l'avaient décidé à choisir ce pays comme théâtre de ses travaux. Il contenait un accueil chaleureux et de chaleureuses félicitations pour leur arrivée en toute sécurité. Cette lettre avait été écrite deux ou trois jours auparavant et avait été déposée au bureau de la compagnie des bateaux à vapeur. Il était dit cependant que l'écrivain serait informé de l'arrivée du bateau à vapeur et qu'il aurait tout préparé pour les emmener chez lui dès leur débarquement.

M. Hardy avait été en communication fréquente avec son ami depuis le moment où il avait décidé d'émigrer, et les lettres de M. Thompson contenaient l'assurance la plus chaleureuse d'un accueil et d'une invitation à faire de sa maison leur foyer jusqu'à ce qu'ils aient un de leurs amis. propre à entrer; Et maintenant, cette aimable lettre, envoyée si immédiatement après leur arrivée, les réconforta tous beaucoup et les fit se sentir à la fois moins étrangers et, dans une certaine mesure, chez eux dans leur nouveau pays.

CHAPITRE III.

UNE NOUVELLE VIE.

La marée était heureusement haute, et le bateau contenant les Hardy et la partie la plus légère de leurs bagages put remonter jusqu'au débarcadère sans que les charrettes soient mises en service. Alors qu'ils approchaient de la terre, ils furent salués d'une voix chaleureuse et des salutations furent échangées entre M. Hardy et son ami M. Thompson, un homme à l'air hâlé avec une grande barbe, coiffé d'un chapeau Panama et d'un costume d'un blanc immaculé.

"Eh bien, Mme Hardy," dit-il alors qu'ils atterrissaient, "vous paraissez à peine un jour plus âgée que la dernière fois que je vous ai vue - laissez-moi voir - il y a quatorze ans, juste au moment où ce grand gaillard commençait à marcher. Et maintenant , s'il vous plaît, nous partirons le plus tôt possible, car mon estancia est à quinze milles. J'ai pris toutes les dispositions possibles pour sortir; mais les routes ne sont pas un point fort dans ce pays, et nous avons rarement confiance nous-mêmes dans des véhicules à roues loin de la ville. Vous m'avez dit dans vos lettres, Hardy, que les jeunes gens pouvaient tous monter. J'ai des chevaux en n'importe quel nombre, et j'en ai monté deux très silencieux, avec des selles latérales, que j'ai emprunté à certains voisins pour vos filles ; mais si elles le préfèrent, elles peuvent monter dans le piège avec Mme Hardy.

"Oh, non, s'il te plaît," dit Maud ; "Je préférerais de loin rouler."

Ethel ne dit rien et sa maman comprit qu'elle préférait l'accompagner. En conséquence, Mme Hardy, Ethel. Sarah et quelques-uns des sacs les plus légers furent chargés dans une voiture légère, M. Thompson lui-même prenant les rênes, car il disait qu'il ne pouvait les confier à personne d'autre qu'à lui-même. M. Hardy, les garçons et Maud montèrent sur les chevaux préparés pour eux, et deux des hommes de M. Thompson chargeèrent les malles les plus lourdes dans une charrette à bœufs, qui devait partir immédiatement, mais qui n'atteindrait l'estancia que tard dans la nuit. .

Tandis que le groupe traversait la ville , ils furent frappés par l'étroitesse et la rectitude des rues, ainsi que par l'aspect généralement européen de tout ; et M. Thompson leur a dit que près de la moitié de la population de Buenos Ayres est européenne. Le nombre de personnes à cheval a également surpris nos jeunes voyageurs ; mais les chevaux ne coûtent que trente shillings ou deux livres, et l'herbe est si abondante que la dépense de leur nourriture est presque nulle ; par conséquent tout le monde monte à cheval, même les bergers gardent leurs moutons à cheval. Les chevaux semblaient très calmes, car devant la plupart des bureaux on voyait les chevaux des marchands attachés par une longe à un anneau, les palefreniers n'étant pas considérés comme une nécessité.

Une fois hors de la ville, les chevaux de selle se mirent au galop ; car la route était si bonne que les chevaux de la voiture légère pouvaient avancer à toute vitesse. Au fur et à mesure, ils passèrent devant de nombreuses maisons de riches marchands du lieu, et tous furent charmés par la luxuriance et la beauté des jardins. Les orangers et les citronniers embaumaient l'air de leurs délicieux parfums ; des bananes, des fougères arborescentes et des palmiers les dominaient ; de jolis papillons d'une taille immense et de petits colibris brillants voltigeaient parmi une infinité de fleurs. Le plaisir des jeunes était sans limite.

Bientôt, ils quittèrent les demeures et les jardins et se dirigèrent vers la campagne. De chaque côté, les plaines s'étendaient à perte de vue, par endroits sous la charrue, mais bien plus généralement tapissées d'herbes d'un vert éclatant et de fleurs sauvages multicolores. Partout on voyait des troupeaux de chevaux et de bétail, tandis que parsemées çà et là dans la plaine se trouvaient les estancias des propriétaires.

Ce fut une balade des plus délicieuses. Les chevaux allaient très tranquillement, mais les garçons découvrirent, à leur grande surprise, qu'ils ne trottaient pas, leur allure étant un galop lâche et facile. Les cinq derniers milles de la distance n'étaient pas aussi agréables pour le groupe dans la voiture, car la route était maintenant devenue une simple piste, brisée en de nombreux endroits par des ornières, dans lesquelles la conduite la plus prudente de M. Thompson ne pouvait empêcher les roues de s'enfoncer. marchant avec des secousses qui menaçaient de faire sortir ses occupants de leur place, et ils avaient l'impression que tous les os de leur corps étaient brisés au moment où ils s'arrêtaient à l'estancia de leur hôte.

Ici, Mme Thompson est sortie pour les saluer. Elle avait été une grande amie de Mme Hardy dans leur jeunesse, et leur plaisir de se revoir après une si longue séparation était grand. M. Thompson avait déjà expliqué que sa femme serait venue les rencontrer, mais qu'au moment où il avait quitté la maison, on ne savait pas que les Barbados étaient arrivés. Elle devait arriver et, par mesure de précaution, les chevaux et la charrette étaient prêts depuis deux jours, mais la date exacte de son arrivée était bien entendu incertaine.

L'estancia de M. Thompson était un grand bâtiment pittoresque. Elle était entièrement entourée d'une large véranda, de sorte qu'à toute heure du jour on pouvait se protéger des reflets du soleil. Devant se trouvait un vaste jardin ; et comme M. Thompson en avait fait l'un de ses premiers objets lorsqu'il construisait sa maison pour planter un grand nombre d'arbres et d'arbustes tropicaux, ceux-ci avaient maintenant atteint une taille considérable et offraient une ombre délicieuse. À une courte distance derrière la maison se trouvaient les maisons des hommes et les corrals, ou enclos, pour le bétail.

L'intérieur était joliment meublé dans le style européen, sauf que les sols n'étaient pas recouverts de tapis et étaient composés de planches polies. Partout des signes indiquaient que le propriétaire était un homme prospère et riche. M. Thompson n'avait qu'un seul fils, un garçon à peu près du même âge que Charles Hardy. Mme Thompson confia alors les garçons à ses soins, tandis qu'elle conduisait Mme Hardy et ses filles dans leurs chambres.

Au bout d'une demi-heure, le groupe se réunit de nouveau pour le dîner, auquel ils rendirent tous amplement justice, car leur longue dispute et leur longue chevauchée leur avaient donné le plus vif appétit. Ils étaient servis par un domestique italien ; et Mme Thompson a déclaré qu'il y avait un bon nombre d'hommes de cette nation à Buenos Ayres et que, bien qu'ils ne soient pas considérés comme de bons ouvriers pour les travaux pénibles, ils faisaient d'excellents serviteurs, beaucoup d'entre eux ayant été auparavant serveurs dans des hôtels ou stewards à bord d'un navire. sortir.

Pendant le dîner, la conversation tourna principalement sur les amis et les affaires anglais, ainsi que sur les événements du voyage. Une fois la soirée terminée, George Thompson proposa aux garçons de se promener dans les lieux avant qu'il ne fasse nuit. Les messieurs allumèrent leurs cigares et prirent place sous la véranda ; et les deux dames, avec Maud et Ethel, sortirent dans le jardin. La conversation de M. Hardy et de son ami tournait naturellement sur le pays, sa situation et ses perspectives, ainsi que sur les avantages que les divers districts offraient aux nouveaux arrivants. Bientôt le crépuscule arriva, suivi rapidement par l'obscurité, et au bout d'une demi-heure Ethel vint les inviter à prendre le thé. Les garçons étaient déjà entrés et étaient ravis des immenses troupeaux de bœufs qu'ils avaient vus. Alors qu'ils s'asseyaient autour de la table à thé, recouverte de délicate porcelaine anglaise, avec une bouilloire au-dessus d'une lampe à alcool au centre et éclairée par la lumière tamisée de deux lampes à modérateur abat-jour, Maud dit : « Ce n'est pas du tout comme ce à quoi je m'attendais, papa, après tout ce que tu nous as raconté sur les difficultés et le travail ; cela ressemble exactement à l'Angleterre, à l'exception des arbres, des fleurs et des papillons.

"N'ayez pas peur, Maud", dit son père en riant - car sa voix avait une teinte de déception - "vous ne serez pas trompée dans vos difficultés et dans votre travail, je vous le promets. Mme Thompson le dira. vous dire que c'était un endroit très différent lorsqu'elle est arrivée ici pour la première fois.

"Oui, en effet," dit Mme Thompson en souriant ; "C'était considéré comme un endroit très solitaire lorsque nous nous sommes installés ici. Nous avions une petite cabane avec deux pièces, et il m'a fallu plus de six mois avant de pouvoir faire sortir une servante, et ce n'était alors qu'un de nos bergers. "

des femmes qui ne connaissaient rien à la cuisine et qui n'étaient utiles qu'à puiser l'eau et à balayer les sols. Avec le temps, le pays est devenu plus peuplé et il y a maintenant des stations à soixante ou soixante-dix milles au-delà de nous. "

La semaine suivante fut consacrée à parcourir le domaine, qui comprenait quatre lieues carrées, c'est-à-dire six milles dans chaque sens, et à examiner la disposition des enclos pour le bétail. À la fin de cette période, M. Hardy entreprit une tournée d'inspection dans les provinces les plus susceptibles de convenir, muni de nombreuses lettres d'introduction de son hôte. Pendant son absence, les garçons devaient s'occuper du domaine et s'habituer au travail et aux devoirs de la vie qu'ils devaient mener. Ils y entrèrent avec le plus grand enthousiasme et restèrent en selle du matin au soir, prenant de plus en plus de coups de soleil à cause d'une exposition constante, jusqu'à ce que, comme le leur dit M. Thompson, ils ressemblaient à deux jeunes gauchos. Les gauchos sont les indigènes du pays. Ce sont de beaux hommes, avec des visages espagnols. Leur tenue est très pittoresque. Ils portent des calzoncillas ou des tiroirs amples, travaillés et frangés sur le bas. Au-dessus se trouve une sorte de châle, disposé de manière à faire l'effet d'un pantalon très ample. Ces châles sont généralement de couleurs vives, tissés en rayures, et parfois en drap noir bordé d'écarlate. Les calzoncillas blanches apparaissent en dessous de ce vêtement, et au-dessus une chemise en flanelle colorée est portée. Les bottes sont longues et sont en cuir brut. Ils portent une large ceinture de cuir avec des poches ; là aussi, un couteau est toujours coincé. Les jours *de fête* , ils sortent avec de gais ornements d'argent sur eux-mêmes et sur leurs harnais. Leurs selles sont très encombrantes et lourdes, et sont rarement utilisées par les Européens qui, comme l'avait fait M. Hardy, rapportent généralement de chez eux des selles anglaises. Après un mois d'absence, M. Hardy revint avec la bonne nouvelle qu'il avait fait son choix et qu'il avait acheté aux enchères publiques un terrain de quatre lieues carrées, sur une rivière à environ vingt milles au sud de la ville de Rosario. et par conséquent à seulement quelques jours de voyage de Buenos Ayres. M. Thompson eut l'air un peu grave lorsqu'il apprit l'emplacement de la propriété, mais il dit seulement qu'il était très heureux que son ami ait choisi un endroit qui permettrait aux familles de se voir facilement. Après les premières salutations, M. Hardy entreprit de satisfaire la curiosité de ses auditeurs quant à la nouvelle propriété.

"C'est six milles carrés", dit-il, "soit environ vingt-cinq mille acres, et je l'ai acheté pour environ six pence l'acre. Il y a un ruisseau de bonne taille qui le traverse ; il y a beaucoup d'arbres, étant donné que c'est sur la Pampa, il y a plusieurs élévations qui donnent une belle vue sur la plaine, et sur l'une d'elles se dressera notre future maison. Un petit ruisseau se jette dans le plus grand, et sera, je pense, utile. " Il y a du gibier en abondance ; les canards, les oies et les cygnes pullulent sur la rivière. J'ai vu beaucoup d'autruches dans les plaines. Et enfin, le sol paraît excellent. Ce qui est important, c'est qu'il n'est que distante de vingt milles de Rosario, une ville très en plein essor ; de sorte que la valeur de la terre est sûre d'augmenter chaque année, à mesure que de nouveaux colons arrivent autour de nous.

"C'est un point très important", a déclaré M. Thompson. "Rosario est la ville la plus en plein essor du pays et les terrains qui l'entourent seront certainement très recherchés dans quelques années."

« Y a-t-il des colonies à proximité, Frank ? » a demandé Mme Hardy.

« Le terrain voisin du nôtre appartient à trois jeunes Anglais, et le terrain entre nous et Rosario est également principalement occupé par des Anglais ; de sorte que nous aurons des voisins à proximité, et je ne pense pas qu'il faudra longtemps avant que nous les ayons tout autour. nous."

" Si les avantages de l'endroit sont si grands, Frank, comment se fait-il que vous l'ayez obtenu à si bas prix ? J'ai compris de M. Thompson que les terrains situés dans un quartier en plein essor, et dont la valeur était susceptible d'augmenter, valaient deux dollars. " ou trois shillings, ou même plus, l'acre.

M. Hardy hésita. « Eh bien, Clara, le pays se trouve actuellement à l'extrême limite des colonies, et les Indiens ont tendance parfois à se montrer un peu gênants et à chasser quelques chevaux ou bétail. Sans doute, la chose a été exagérée ; Il y a quelque chose dedans, et la conséquence est que les gens ont plutôt peur d'enchérir, et j'ai acquis cette magnifique parcelle de terrain pour environ deux mille cinq cents dollars ; et, ce qui n'est pas improbable, dans dix ans, elle vaudra peut-être dix fois plus. ".

« Une grande partie de ces contes indiens reposent sur de très petites fondations », dit M. Thompson avec joie ; et le visage de Mme Hardy, qui avait été un peu sérieux, s'éclaircit de nouveau, et en écoutant le récit de son mari sur ses voyages, elle oublia complètement les Indiens. Mais les garçons ne l'ont pas fait ; Et pendant qu'ils allaient se coucher, Charley dit : « Je pense qu'il y a une chance qu'il y ait une dispute avec les Indiens, Hubert, car j'ai remarqué que M. Thompson avait l'air grave lorsque papa a dit pour la première fois où il avait acheté la terre. nous allons nous amuser avec eux après tout. Ils l'auraient cru encore plus probable s'ils avaient entendu la conversation entre leur père et M. Thompson après que les dames se soient couchées.

"Pourquoi, mon cher Hardy, comment avez- vous pensé, avec votre femme et votre famille, à acheter des terres si exposées aux attaques indiennes ? Chaque saison, quand ils descendent, ils balayent les chevaux et le bétail des colonies éloignées, et assassinez les gens s'ils en ont l'occasion. Je considère cela comme de la folie.

« Il y a beaucoup de choses dans ce que vous dites, Thompson, et j'ai réfléchi à toute la question avant de l'acheter. Il y a un risque, un grand risque, si vous voulez ; mais j'ai entendu dire que les Indiens attaquent rarement les maisons des colons. s'ils sont bien préparés et armés. Ils le font occasionnellement, mais très rarement. Je serai bien préparé et bien armé , et je n'aurai donc aucune crainte du tout pour notre sécurité personnelle. Quant à nos animaux, nous devons les protéger aussi bien que nous. Nous pouvons le faire et tenter notre chance. Ce n'est que pour deux ou trois ans tout au plus. Après cela, nous aurons des colonies au-delà et autour de nous; et si l'émigration continue, comme je le prévois, et si, comme je le crois, Rosario doit devenir un endroit très vaste et très important, notre terre vaudra finalement cinq dollars l'acre, au plus bas. Je me garderai bien d'investir tout mon capital dans les animaux, afin de ne pas être ruiné d'un seul coup. Je pense qu'à au bout de cinq ans, vous conviendrez avec moi que j'ai agi avec sagesse.

"Je ne doute pas que votre propriété augmentera beaucoup en valeur, comme vous le dites, Hardy, et qu'à la longue votre spéculation sera très réussie ; mais c'est un risque terrible, je pense."

"Je ne le pense pas, Thompson. Nous formerons un groupe assez fort : nous aurons certainement deux hommes en plus de nous. Les garçons pourraient abattre leur homme à trois cents mètres, et je devrais effectuer une exécution considérable parmi un corps d'Indiens à six ou sept ; je n'ai donc aucune crainte, pas la moindre au monde. »

Deux jours plus tard, M. Hardy et les garçons, accompagnés de M. Thompson, descendirent à Buenos Ayres et prirent leurs quartiers à l'hôtel pour une nuit. Au moment de se séparer, M. Thompson leur présenta deux beaux chiens, qu'il avait élevés à partir de mastiffs anglais : M. Hardy avait amené avec lui deux excellents retrievers. Puis, avec un chaleureux adieu et de nombreuses poignées de main, ils se dirent « Au revoir » alors que le bateau à vapeur s'éloignait du rivage. Les lourds bagages devaient suivre dans un voilier le lendemain.

CHAPITRE IV.

LA PAMPA.

La remontée du fleuve Parana ne fut marquée par aucun incident particulier. La distance jusqu'à Rosario depuis Buenos Ayres est d'environ deux cent cinquante milles, ce qui a été parcouru par le bateau à vapeur en un jour et demi environ. Le fleuve a près de vingt milles de largeur et est entièrement parsemé d'îles. Le paysage est plat et sans intérêt, et les berges mal boisées. Nos voyageurs étaient donc contents en arrivant à Rosario. Les garçons étaient déçus de l'aspect de la ville qui, bien que prospère, contenait moins d'un millier d'habitants et paraissait misérablement pauvre et sordide après Buenos Ayres. Ici, ils furent accueillis par un gentleman à qui M. Thompson avait présenté M. Hardy et avec qui il avait séjourné lors de sa première visite à Rosario. Il avait amené des chevaux pour eux et des charrettes à bœufs pour leurs bagages.

" Quoi ! Ce sont vos garçons, M. Hardy ? Je ne m'attendais pas à voir des gars aussi grands. Eh bien, ils seront des hommes en un rien de temps. "

Charley et Hubert méritaient les éloges de M. Percy. Ils avaient maintenant respectivement seize et quinze ans, et étaient des garçons remarquablement forts et bien adultes, paraissant au moins un an de plus qu'ils ne l'étaient réellement. En quelques minutes, les bagages furent chargés dans deux chars à bœufs, et ils se rendirent à la gare de M. Percy, qui se trouvait à peu près à mi-chemin du camp de M. Hardy. Le mot camp dans la pampa signifie gare ou propriété ; c'est une corruption du mot espagnol *campos* , littéralement plaines ou prairies.

Ici, ils ont constaté que M. Percy avait exécuté de la manière la plus satisfaisante la mission que M. Hardy lui avait confiée. Il avait acheté deux chars à bœufs de campagne, trois paires de bœufs habitués au joug, une demi-douzaine de chevaux de selle, deux vaches laitières et une vingtaine de moutons et de bovins pour alimenter le garde-manger. Il avait embauché quatre hommes : un éleveur nommé Lopez, qu'on appelait le capitaz ou chef, un homme grand et basané, dont le père était espagnol et sa mère une indigène ; deux ouvriers, l'un un Allemand, nommé Hans, qui avait vécu quelque temps dans la colonie, l'autre un Irlandais, Terence Kelly, dont les garçons se souvinrent immédiatement du visage, comme étant sorti dans le même bateau qu'eux. Le dernier homme était un Américain, un de ces gens errants qui ne se contentent jamais de rester quelque part, mais qui continuent toujours à avancer, comme s'ils pensaient que plus ils allaient loin, mieux ils s'en sortiraient. Il était engagé comme charpentier et homme utile, et il y avait peu de choses auxquelles il ne pouvait pas se consacrer. M. Hardy était satisfait de leur apparence ; c'étaient tous des hommes puissants, habitués au travail. Leurs vêtements étaient des plus grossiers et des plus divers, un mélange de costumes européens et indiens, à l' exception de Terence, qui s'accrochait encore au long manteau à queue bleue et aux boutons de cuivre du « vieux pays ».

Ils attendirent le lendemain à la gare de M. Percy et partirent le lendemain matin avant le jour, car ils avaient encore dix milles à parcourir et désiraient arriver au sol le plus tôt possible.

Les garçons étaient de très bonne humeur à l'idée d'être enfin réellement dans la pampa, et, lorsque le jour se leva, ils rirent de bon cœur à l'apparition de leur cavalcade. Il n'y avait ni route ni piste d'aucune sorte, et par conséquent, au lieu de suivre en file, comme ils l'auraient fait dans n'importe quel autre pays, le groupe avançait en traînant dans un corps confus. Viennent d'abord les animaux : les moutons, les bœufs et les vaches. Derrière eux marchait Lopez, en habit de gaucho, et un long fouet à la main, qu'il faisait claquer de temps en temps avec un bruit semblable à celui d'un pistolet, non qu'il y ait eu aucune difficulté à conduire les animaux à une allure suffisante. de se tenir bien en avance sur les chars à bœufs, car les moutons de la pampa sont des bêtes beaucoup plus actives que leurs parents anglais. Habitués à se nourrir dans les plaines ouvertes, ils parcourent de grandes étendues de terrain et leur allure ordinaire est de quatre milles à l'heure. Lorsqu'ils sont effrayés, ils peuvent parcourir de nombreux kilomètres à une vitesse qui mettra un bon cheval à la hauteur. La première charrette à bœufs était conduite par Hans, qui était assis au sommet d'un tas de bagages, la tête couverte d'un chapeau Panama très vieux et cabossé, à travers plusieurs larges trous dans lesquels ses cheveux roux se hérissaient d'une manière des plus comiques, et sur sa chemise de flanelle bleue, une grande barbe rouge lui descendait presque jusqu'à la taille. Terence marchait à côté du deuxième chariot, vêtu d'une culotte de velours côtelé, de guêtres et d'un manteau bleu, avec un haut chapeau noir, battu et déformé de toutes formes, sur la tête. Dans sa main, il tenait un shillalah préféré , qu'il avait apporté avec lui de son pays natal, et avec le bout duquel il piquait de temps en temps les côtes des bœufs, avec de nombreuses éjaculations irlandaises, ce qui sans doute alarmait pas peu les animaux. Le Yankee chevauchait tantôt près de l'un, tantôt près d'un autre, échangeant rarement un mot avec qui que ce soit . Il portait un bonnet de fourrure en peau de renard ; une couverture décolorée, avec un trou au milieu pour passer la tête, tombait de ses épaules jusqu'à ses genoux. Lui et Lopez conduisaient chacun quelques chevaux de rechange. Les dogue trottaient à côté des chevaux, et les deux beaux retrievers, Dash et Flirt, galopaient dans les plaines. La plaine qu'ils traversaient était un plat, interrompu seulement par de légères houles, et par un arbre çà et là ; et le jeune Hardy se demandait bien comment Lopez, qui lui servait de guide, savait la direction qu'il devait prendre.

Après trois heures de route, Lopez désigna au loin un bouquet d'arbres un peu plus grand que d'habitude et dit : « C'est le camp.

"Hourra", crièrent les garçons. « Pouvons-nous continuer, papa ?

"Oui, les garçons, je continuerai avec vous." Et ils se mirent en route, laissant leur groupe suivre tranquillement.

« Faites attention à la façon dont vous galopez, les garçons ; le sol est alvéolé de trous de tatous, et si votre cheval marche dans l'un d'entre eux, vous lui passerez par-dessus la tête.

"Je ne pense pas que je devrais faire cela", a déclaré Charley, qui avait une assez bonne opinion de lui-même; "Je peux me tenir assez fermement, et..." Il n'eut pas le temps de terminer sa phrase, car son cheval sembla soudain tomber sur sa tête, et Charley fut envoyé voler à deux ou trois mètres dans les airs, descendant avec un bruit sourd. sur le sol meuble.

Il se releva aussitôt, indemne, à l'exception d'un coup à l'œil contre son fusil qu'il portait devant lui ; et après une minute de regard triste, il se joignit chaleureusement aux éclats de rire de son père et de son frère à ses dépens : « Ah, Charley, Brag est un bon chien, mais Holdfast est un meilleur. Je n'ai jamais vu de preuve plus littérale de ce dicton. . Là, sautez à nouveau, et je n'ai pas besoin de vous dire de faire attention aux trous.

Ils repartirent bientôt, mais cette fois à un rythme plus modéré. Cette chute n'était pas, de loin, la seule qu'ils eurent avant d'être six mois dans les plaines ; car les tatous étaient les plus abondants, et dans les hautes herbes il était impossible de voir leurs trous. En plus des tatous, le sol est en plusieurs endroits nid d'abeilles par des bischachas , qui ressemblent un peu par leur taille et leur apparence à des lapins, et par une petite chouette des terriers.

Les Hardy traversèrent bientôt un petit ruisseau qui courait vers l'est pour se jeter dans le ruisseau principal, qui formait la limite de la propriété de ce côté ; et M. Hardy dit aux garçons qu'ils étaient maintenant sur leur propre terre. Il y eut un autre hourra, puis, malgré les risques de chute, ils se précipitèrent vers le petit bosquet d'arbres qui se dressait sur un terrain légèrement surélevé. Ici, ils tirèrent les rênes et regardèrent autour de eux le pays qui devait être leur maison. A perte de vue, une plaine plate, avec quelques légères élévations et quelques demi-douzaine d'arbres, s'étendait. L'herbe était d'un vert éclatant, car c'était maintenant le mois de septembre. L'hiver était fini, et la plaine, rafraîchie par les pluies, revêtait une nappe verte éclatante, parsemée d'innombrables fleurs. On apercevait des objets bouger au loin, et un bref examen permit à M. Hardy de décider qu'il s'agissait d'autruches, pour le plus grand plaisir des garçons, qui se promettaient une chasse matinale.

"Où as-tu fixé la maison, papa ?" demanda Hubert.

" Là, là où poussent ces trois arbres, sur la plus haute houle que vous puissiez voir, environ un mille et demi plus loin. Nous partirons tout de suite ; les autres nous verront. "

Dix minutes supplémentaires les conduisirent à l'endroit indiqué par M. Hardy, et les garçons convinrent tous deux que rien ne pouvait être mieux.

Au pied de la pente coulait la rivière qui formait la limite orientale, à environ un quart de mille du sommet de la colline. À droite, un autre ruisseau descendait entre la pente et une autre élévation moins élevée au-delà. Ce ruisseau avait ici une chute assez rapide et était éloigné d'environ trois cents mètres de l'emplacement prévu de la maison. La rivière principale mesurait trente ou quarante mètres de large et était maintenant pleine d'eau ; et à sa surface, les garçons pouvaient voir des troupeaux de canards, d'oies et d'autres oiseaux. Dans certains endroits, la berge était nue, mais dans d'autres, d'épaisses touffes de buissons et de broussailles poussaient à côté.

Ils ôtèrent alors les selles et les brides de leurs chevaux et les laissèrent se promener à leur guise, sachant que les chevaux indigènes étaient habitués à être laissés en liberté et qu'il n'y avait aucune crainte qu'ils s'égarent. "Maintenant, les garçons," dit M. Hardy, "commençons par préparer notre premier dîner. Vous descendez directement à l'eau; je garderai la droite. Vous prenez Dash, je prendrai Flirt."

Dix minutes plus tard, les détonations des canons se succédèrent, et les garçons eurent la satisfaction d'abattre deux oies et huit canards que Dash ramena à terre, à côté d'autres qui s'échappèrent. Cinq minutes plus tard, ils entendirent un cri de leur père, qui avait capturé deux autres oies et trois canards. "Cela suffira, les garçons ; nous en avons assez pour un jour ou deux, et nous ne devons pas les alarmer par trop de massacres."

« Quatre oies et onze canards, papa, en cinq minutes », dirent les garçons en rejoignant M. Hardy ; "Ce n'est pas un mauvais tir pour commencer."

"Pas du tout, les garçons. Avec les volailles sauvages et les tatous, je pense qu'à la rigueur nous pourrions vivre quelque temps des produits du domaine."

"Tu ne veux pas dire, papa, qu'ils mangent les tatous ?" dit Hubert avec un air méfiant.

— En effet, Hubert, et on me dit qu'ils ne mangent pas mal du tout. Maintenant, remontons à la montée ; nos charrettes doivent être presque montées.

Au moment où ils atteignirent les trois arbres, ils découvrirent que le reste de la cavalcade se trouvait à moins d'un quart de mile, et en quelques minutes ils arrivèrent.

Les bovins et les moutons ne nécessitaient aucune surveillance. Immédiatement, ils comprirent qu'il n'était pas nécessaire d'aller plus loin, ils se dispersèrent et commencèrent à paître. Les bœufs étaient dételés des charrettes, et tout le monde était prêt à décharger les diverses marchandises qui avaient été amenées. Seules les choses que M. Hardy avait considérées comme les plus indispensables à l'usage actuel avaient été apportées, car le bateau à vapeur de Buenos Ayres ne transportait pas de lourdes marchandises et les outils agricoles et autres bagages devaient monter dans un voilier et étaient ne devrait pas arriver avant une semaine supplémentaire.

Les chariots contenaient trois petits porte-manteaux contenant les vêtements de M. Hardy et des garçons, ainsi qu'une grande caisse contenant les carabines, les fusils et les munitions. Il y avait un certain nombre de boîtes contenant du thé, du café, du sucre, du sel et du poivre ; un sac de farine ; des marmites et poêles à frire, des assiettes en fer blanc, des plats et des tasses ; deux sacs de charbon et une quantité de bois de chauffage ; des pelles, des outils de menuisier, une faucille, la charpente d'une cabane avec deux portes et fenêtres, trois rouleaux de feutre, quelques douzaines de poteaux en bois et deux grandes bobines de fil de fer. Pendant que les autres étaient occupés au déchargement, l'Allemand avait coupé du gazon et construit une cheminée grossière, et bientôt un feu vif s'alluma.

"Allons-nous plumer les canards ?" » a demandé Charley.

"Je pense que nous pouvons gérer plus vite que ça", a déclaré le Yankee ; et prenant un des canards, il lui coupa la tête et les pignons ; en une minute, il l'avait grossièrement écorché et l'avait jeté à l'Allemand, qui l'avait découpé et mis les morceaux dans la poêle. Un processus similaire a été effectué avec les autres canards, un peu de poivre et de sel secoués dessus, et en un temps record, le premier lot était prêt. Tous se rassemblèrent et s'assirent sur l'herbe ; les plaques de fer blanc furent distribuées mais ne furent utilisées que par M. Hardy et ses fils, les autres prenant simplement les joints en main et coupant des morceaux avec leurs couteaux. L'opération d'écorchage des volailles n'avait pas été agréable à regarder et aurait, à tout autre moment, coupé l'appétit aux garçons ; mais leur long voyage les avait rendus trop affamés pour être particuliers. Le résultat de cette cuisine primitive fut jugé excellent ; et après avoir bu une tasse de thé, tous se sentaient prêts à travailler.

" Que faut-il faire en premier, papa ? "

" La première chose est d'enfoncer ces poteaux dans le sol, et d'élever un grillage, de manière à faire un enclos pour les animaux la nuit. Nous mettrons cinq poteaux de chaque côté, à dix mètres l'un de l'autre ; cela prendra " Dix-huit postes. Avec les autres, nous pouvons faire une division pour séparer les moutons du bétail. Sans cela, certains d'entre eux pourraient s'aviser de partir de nuit et de retourner à leur ancienne maison. "

Un emplacement fut bientôt choisi entre la maison et le ruisseau à droite. La distance fut bientôt mesurée et marquée ; et pendant que Hans descendait un à un les lourds poteaux sur son épaule, les autres se mettaient au travail. Le sol était meuble et riche, et les trous ont été creusés à la profondeur requise dans un temps plus court qu'on aurait pu le croire. Le fil était tendu et attaché, et avant le coucher du soleil, tout était prêt. Les animaux furent conduits à l'intérieur et l'entrée, qui était étroite, fut obstruée par des broussailles provenant de la rivière. S'ensuivit encore une demi-heure de travail pour construire un petit abri avec les caisses et une partie du feutrage, pour M. Hardy et ses fils. À ce moment-là, tous étaient vraiment fatigués et heureux lorsque Hans les convoqua à un autre repas, cette fois à base d'un des moutons. Alors M. Hardy et les garçons, prenant leurs tasses de thé, se retirèrent dans l'abri préparé pour eux, et s'assirent et parlèrent des événements de la journée et du travail du lendemain ; puis, s'enveloppant dans leurs couvertures, ils s'endormirent, écoutant pendant quelque temps d'un air rêveur le bourdonnement des conversations des hommes qui fumaient autour du feu, et le rugissement rauque des innombrables grenouilles dans le ruisseau en contrebas. .

Le matin, ils se levaient et partaient à la lumière du jour, et une tasse de café chaud et un morceau de pain les préparaient au travail. M. Hardy, ses garçons et le Yankee s'installèrent sur la charpente des deux huttes ; tandis que les autres descendaient au ruisseau et coupaient une quantité de joncs longs et grossiers, qu'ils faisaient en fagots et qu'ils transportaient jusqu'à la maison dans une charrette à bœufs. La charpente des cabanes, qui mesuraient chacune environ quinze pieds carrés, était déjà montée et numérotée : il fallut donc très peu de temps pour la construire ; et quand l'un fut terminé, M. Hardy et le Yankee se mirent à ériger l'autre à une distance de quarante à cinquante mètres, tandis que Charley et Hubert enfonçaient les clous et fixaient le travail déjà fait.

À l'heure du dîner, le travail était terminé et une pile parfaite de joncs était prête. Un grand nombre de longues tiges avaient été coupées dans les buissons, et comme la plupart d'entre elles étaient aussi flexibles et résistantes que des saules, elles étaient bien adaptées à cet usage.

Après le dîner, tout le groupe s'est réuni pour terminer l'une des huttes. Les tiges étaient fendues en deux et clouées à intervalles réguliers sur les chevrons du toit. Sur eux étaient posés les longs joncs, et sur tout le feutre était cloué. Les côtés étaient traités de la même manière, sauf que les joncs étaient tressés entre les barbillons, de manière à former un mur assez serré et compact, sans qu'aucun feutre n'y soit cloué. L'autre maison fut traitée de la même manière

; et ce ne fut que la troisième nuit que les deux huttes furent terminées et prêtes à être occupées.

M. Hardy et ses fils prirent alors possession de celle située près du sommet de la colline. Il ne s'agissait que d'une demeure temporaire, qui serait supprimée lors de la construction de la maison. Les hommes l'avaient plus bas et un peu plus près du bétail. Des lits de joncs étaient entassés dans trois coins, et les garçons pensaient qu'ils n'avaient jamais passé une nuit aussi délicieuse que la première dans leur nouvelle maison. Le lendemain, M. Hardy a dit à ses garçons qu'ils devraient prendre des vacances et parcourir les lieux à cheval.

La pression du travail était passée, et les choses allaient désormais se stabiliser de manière régulière. Hans et Terence avaient pris contrat pour creuser les trous des poteaux de la forte clôture qui devait entourer la maison, y compris un espace de cent mètres carrés. Cette précaution était considérée comme indispensable pour se défendre contre les Indiens. Seth, le Yankee, s'était également engagé à creuser un puits près de la maison. Aucune surveillance de leur part n'était donc nécessaire. Lopez devait les accompagner. Chacun a pris un fusil à double canon et un revolver. La journée était très belle, à peu près aussi chaude que lors d'une chaude journée de juin en Angleterre. M. Hardy proposa qu'ils se dirigent d'abord vers l'ouest jusqu'à la limite de la propriété, à six milles de la rivière ; qu'ils se dirigeraient ensuite vers le sud jusqu'à ce qu'ils atteignent cette limite, et la suivraient jusqu'à la rivière, sur les rives de laquelle ils retourneraient et rapporteraient un sac de volailles sauvages pour le garde-manger. Toute une meute de chiens les accompagnait : les deux dogues, les setters et quatre chiens, dont deux appartenaient à Lopez, et les autres à Hans et Seth : ces derniers, voyant que leurs maîtres n'avaient pas l'intention de sortir, résolurent de partir. rejoindre la fête pour leur propre compte.

Ces chiens étaient tous des métis sans race particulière, mais utiles à la chasse, et prêts à attaquer un renard, animal qui pullule dans la pampa et fait de grands dégâts parmi les jeunes agneaux.

Pendant les trois ou quatre premiers milles, on ne voyait rien d'autre que la plaine verte sans limites, s'étendant dans toutes les directions ; puis, en gravissant une légère colline, ils aperçurent dans le creux devant eux deux autruches. Presque simultanément, les créatures aperçurent leurs ennemis et s'en allèrent à une vitesse prodigieuse, suivies par les chiens et les cavaliers. Pendant un certain temps, leur allure fut si rapide que leurs poursuivants ne gagnèrent que peu d'avance sur eux. Bientôt, cependant, les chiens gagnèrent l'un d'eux et, par leurs aboiements et leurs cris, gênèrent ses mouvements. Les cavaliers étaient rapprochés et les garçons avaient sorti leurs revolvers pour tirer, lorsque leur père cria : « Ne tirez pas, les garçons ! Surveillez Lopez.

A ce moment le gaucho tira du pommeau de sa selle deux balles semblables à de grosses balles, reliées par une longue corde. Il les fit tournoyer autour de sa tête et les lança sur l'autruche. Ils frappèrent ses pattes et s'enroulèrent en rond, et l'instant d'après l'oiseau était tombé dans la poussière. Avant que Lopez ait pu sauter à terre, les chiens l'avaient tué, et le gaucho arracha les plumes de la queue et les remit à M. Hardy. "Est-ce que la chair est bonne ?" » a demandé M. Hardy.

"Non, monsieur; nous pouvons le manger quand il n'y a rien d'autre à manger, mais ce n'est pas bon."

"Je suis plutôt content que l'autre soit parti", a déclaré Hubert. "Cela semble cruel de les tuer simplement pour leurs plumes."

"Oui, Hubert, mais les plumes valent vraiment de l'argent", a déclaré M. Hardy. "Je devrais être la dernière personne à accepter qu'on tue quoi que ce soit simplement pour le plaisir de tuer ; mais on tue une autruche comme on tuerait un animal à fourrure précieuse. Mais qu'est-ce que c'est ?"

Tandis qu'il parlait, les chiens s'arrêtèrent devant un buisson en aboyant bruyamment. Les retrievers et les chiens indigènes se tenaient à une distance prudente, faisant le tumulte le plus furieux ; mais les molosses s'approchaient lentement, le poil hérissé, et visiblement préparés à un combat avec un redoutable antagoniste. "Ce doit être un lion !" s'exclama Lopez. "Préparez vos revolvers, sinon il pourrait blesser les chiens."

L'avertissement est arrivé trop tard. Un instant plus tard, un animal sauta du fourré et se posa immédiatement devant Prince et Flora. Il était autant que possible de la même couleur que les dogue, et peut-être n'était-il pas aussi haut ; mais c'était un animal beaucoup plus lourd et plus long sur le dos. Les chiens se précipitèrent dessus. Prince, qui était le premier, reçut un coup de patte qui l'abattit ; mais Flora s'était accrochée. Prince la rejoignit en un instant, et les trois se roulèrent immédiatement sur le sol en une masse confuse. M. Hardy et Lopez sautèrent aussitôt de leurs chevaux et se précipitèrent sur place ; et le premier, saisissant l'occasion, plaça son pistolet près de l'oreille du lion, et mit fin au combat en un instant. L'animal tué était un puma, appelé en Amérique du Sud lion ; à quel animal cependant il ressemble plus par sa couleur que par d'autres rapports. Il n'a pas de crinière et sa puissance est bien inférieure à celle du lion d'Afrique. Ils attaquent rarement les hommes ; mais s'ils sont attaqués, ils auront des antagonistes très redoutables. Le projet actuel était, affirmait Lopez, d'une ampleur remarquable.

Le premier soin de M. Hardy fut d'examiner les chiens. L'épaule de Prince a été ouverte par le coup de griffes et les deux chiens présentaient de nombreuses égratignures. Flore l'avait heureusement saisi par le cou, et il n'avait ainsi pu se servir de ses dents.

M. Hardy résolut de rentrer chez lui immédiatement pour panser l'épaule de Prince ; et laissant Lopez écorcher le puma, les autres reprirent le chemin du retour. Quand ils arrivèrent, les blessures des chiens furent soigneusement lavées, et un bandage humide fut attaché avec quelque difficulté à la blessure de Prince. Laissant tous les chiens derrière eux, à l'exception des retrievers, M. Hardy et les garçons se mirent en promenade le long de la rivière, conduisant avec eux un cheval pour rapporter le gibier, car leur expérience précédente leur avait appris qu'en portant une demi-douzaine les canards et les oies sous un soleil de plomb n'étaient pas une blague. Ils furent cette fois plus longs qu'auparavant pour faire un bon sac ; et l'expérience leur apprit que c'était tôt le matin ou tard le soir qu'il fallait descendre au ruisseau, car à ces heures-là des vols d'oiseaux approchaient constamment, et ils pouvaient toujours compter sur un retour chargé après une heure de chasse. . Mais cette fois-ci, ils ne s'en sortirent pas mal, et revinrent avec un cygne, trois oies et douze canards, juste à temps pour trouver les hommes qui préparaient le dîner.

Le lendemain matin, les deux chars à bœufs furent envoyés avec Hans et Terence à Rosario, pour chercher les poteaux de la clôture, ainsi que deux autres bobines de fil de fer, qui avaient été laissées là faute de place dans les charrettes lors de leur arrivée. Charley fut envoyé avec eux, afin de vérifier si le voilier était arrivé avec les charrues et de lourds bagages. Pendant son absence, M. Hardy et Hubert étaient occupés à faire une exploration complète de la propriété et à ériger un entrepôt pour les marchandises.

Au bout de cinq jours , Charley revint avec les charrettes qu'il avait prises et avec quatre autres qu'il avait louées à Rosario, apportant les lourds bagages arrivés le lendemain de son arrivée là-bas. Les marchandises furent placées pour le moment dans le nouveau magasin, puis tout le monde se mit au travail à la clôture. Hans et Terence avaient déjà creusé les trous ; et la mise en place des poteaux, en enfonçant étroitement la terre autour d'eux et en étirant les fils, leur prit deux jours.

La défense habituelle dans les établissements éloignés contre les Indiens est un fossé de six pieds de largeur et autant de profondeur ; mais un fossé de cette largeur peut être facilement franchi, tant par les hommes à cheval que par les hommes à pied. Le fossé lui-même servirait également d'abri, car les hommes actifs n'auraient aucune difficulté à en sortir et pourraient entourer la maison en rampant au fond du fossé, puis attaquer ouvertement tout autour à la fois, ou ramper. inaperçu de ceux qui veillaient de l'autre côté.

La clôture ne présentait aucun de ces inconvénients. Il mesurait six pieds de haut. Les fils étaient placés à six pouces de distance sur quatre pieds du bas et à neuf pouces au-dessus. Ensuite, les câbles supérieurs n'étaient pas aussi tendus que les câbles inférieurs, ce qui rendait extrêmement difficile l'escalade. De cette manière, un attaquant n'aurait aucune protection et, tout en tentant de franchir la clôture, serait exposé, impuissant, au feu des personnes présentes dans la maison. Ceux qui s'en sortiraient eux aussi ne pourraient recevoir aucune aide de leurs camarades extérieurs, tandis que leur retraite serait complètement interrompue.

La porte d'entrée de la clôture était une porte de fer ordinaire et solide que M. Hardy avait achetée à Rosario, et à laquelle de fortes palissades pointues, longues de six pieds, étaient attachées côte à côte, avec des intervalles de six pouces entre elles. C'était la touche finale à la fortification ; et tous sentirent, une fois cela fait, qu'ils pourraient résister à l'attaque de toute une tribu d'Indiens.

Les charrettes furent de nouveau envoyées à Rosario pour rapporter du bois supplémentaire pour faire la charpente de la maison. Hubert les accompagnait cette fois, car M. Hardy souhaitait que les garçons deviennent aussi autonomes que possible. Il devait également embaucher trois peons, ou ouvriers indigènes. Avant de commencer, le plan de la future maison fut discuté et convenu. Au milieu devait se trouver le salon général, de quinze pieds carrés ; d'un côté se trouvait la cuisine, quinze par dix et demi ; de l'autre, la chambre des domestiques, de même dimension ; derrière se trouvaient trois chambres à coucher, de douze pieds sur quinze chacune, ouvrant toutes sur le salon. La maison devait donc former un bloc de trente-six pieds sur trente.

Du côté voisin de la cuisine, et ouvrant sur celle-ci, devait se dresser une petite tour carrée à deux étages. Il devait faire dix pieds carrés ; la pièce inférieure serait une buanderie et une arrière-cuisine, et celle du dessus, accessible par des marches droites en bois, serait le magasin. Le toit devait être plat, avec un parapet de trois pieds de haut. De là, on pouvait avoir une vue dégagée sur le pays sur des kilomètres et tout le contour de la clôture était contrôlé en cas d'attaque. Les murs de la maison devaient être en pisé ou en terre cuite, les cloisons intérieures en briques cuites au soleil .

CHAPITRE V

LA MAISON DU COLON.

Juste avant d'entrer dans la maison, M. Hardy apprit qu'une vente d'actions devait avoir lieu dans une estancia à environ vingt milles à l'ouest de Rosario, à la suite du décès de son propriétaire. Il prit donc Lopez et les nouveaux employés et partit. Il serait probablement absent cinq jours. Les garçons devaient faire le travail qu'ils jugeaient le mieux en son absence. Ils décidèrent de se lancer dans la fabrication de briques. Heureusement, Hans était habitué au travail et connaissait la manière dont les indigènes du pays s'y prenaient ; l'Américain Seth n'en savait rien, mais il était toujours prêt à se lancer dans n'importe quoi. Tout d'abord, un terrain fut débarrassé de l'herbe et nivelé pour recevoir les briques une fois fabriquées ; puis quelques planches furent assemblées de manière à former une table grossière. Deux moules à briques ont été fabriqués, plus grands que ceux utilisés en Angleterre. Un terrain a été choisi à proximité. Le gazon fut enlevé, le sol fut creusé et les péons y conduisirent les bœufs en rond, le piétinant dans une boue épaisse, en y jetant de l'eau si nécessaire.

Comme il fut suffisamment piétiné, Terence le porta dans une auge et le vida sur la table voisine, où Hans et Seth le façonnèrent dans les moules, tournant les briques sur une planche d'un pied de large et de six pieds de long. Quand celui-ci fut plein, les garçons prirent chacun une extrémité et l'emportèrent sur le terrain préparé, où ils enlevèrent soigneusement les briques avec deux petites tranches de bois, et les placèrent sur le sol pour les faire sécher, revenant avec la planche vide pour en trouver une autre. un rempli pour eux. C'était un travail dur pour tous, et de onze heures à trois heures, la chaleur était trop forte pour qu'on puisse y travailler ; mais ils commençaient avec la lumière du jour, et faisant une sieste pendant la chaleur du jour, étaient prêts à reprendre leur travail tant qu'il faisait jour.

Les briques devaient bien entendu être séchées au soleil, car le combustible était trop rare pour qu'on puisse penser à les brûler ; mais cela n'avait que peu d'importance, d'autant plus qu'elles devaient être utilisées à l'intérieur, la chaleur du soleil étant tout à fait suffisante pour fabriquer des briques très belles sans recourir au feu.

Dans l'après-midi du cinquième jour , ils avaient fabriqué une quantité de briques qui, selon leurs calculs, suffirait à la construction des cloisons de leur maison.

Les garçons venaient de déposer la dernière brique sur le séchoir et s'éloignaient, quand Hubert cria : « Arrête, Charley, ne fais pas un pas.

Surpris par la soudaineté et l'acuité du cri, Charley resta immobile et fut surpris de voir son frère ramasser une des briques mouillées à deux mains et la jeter sur le sol juste devant l'endroit où ils marchaient.

"Je l'ai tué !" Hubert s'écria triomphalement ; et Charley, baissant les yeux, aperçut un serpent d'environ trois pieds de long se tordant dans l'herbe, sa tête étant complètement enfoncée dans le sol sous la force du morceau d'argile humide. Deux ou trois coups de leurs lourdes bottes achevèrent l'ouvrage. Et les hommes s'approchant pour voir ce qui se passait, Hans dit que Charley, qui aurait marché sur le reptile en un instant si son frère n'avait pas appelé, avait eu une évasion très serrée, car le serpent était la vivora *de la crux* , ainsi appelé à cause d'une marque semblable à une croix sur sa tête, et que sa morsure était presque toujours mortelle.

C'était un joli serpent, avec des bandes rouges, blanches et noires sur son corps. Charley devint très pâle à la pensée de l'évasion serrée qu'il avait eue, et tordit très fort son frère par la main ; tandis qu'Hubert était à moitié enclin à pleurer à la pensée de ce qui aurait pu arriver.

Le soleil venait de se coucher lorsqu'ils aperçurent une foule d'objets au loin ; Les garçons sellèrent aussitôt leurs chevaux et partirent à la rencontre de leur père et pour l'aider à conduire les animaux. Ils trouvèrent, en arrivant chez lui, qu'il avait acheté mille moutons, cinquante bœufs et vingt chevaux ; trois de ces derniers étant remarquablement bien élevés et rapides, et achetés spécialement pour leur propre conduite. À leur arrivée à la maison, les moutons ont été mis dans l'enclos, les chevaux ont été piquetés et le bétail a été laissé en liberté à sa guise, car il n'était pas probable qu'ils tentent de retourner dans leurs foyers éloignés, surtout après deux jours. ' marche fatigante.

M. Hardy était très heureux à la vue des longues rangées de briques posées devant la maison et a rendu hommage à tous pour la quantité de travail qui avait été accompli pendant ses quelques jours d'absence. Le lendemain matin, il assigna à chacun sa part des travaux futurs. Lopez et un des péons sortirent avec les chevaux, le bétail et les moutons. Au bout d'un certain temps , il ne serait plus nécessaire d'employer deux hommes pour ce travail, car le bétail et les chevaux, une fois habitués à leur nouvelle demeure, ne s'éloigneraient jamais très loin. Charley, Hubert et Terence devaient prendre trois paires de bœufs et les trois charrues, et commencer à préparer la terre pour la culture ; le terrain choisi comme point de départ étant celui situé en contrebas de la maison près de la rivière. M. Hardy, Hans et les deux hommes devaient travailler à la maison, et Seth devait achever le puits, qui, bien que commencé, avait été arrêté pendant la pression de travaux plus urgents, et l'eau nécessaire avait été puisée au puits. ruisseau dans un tonneau placé dans une charrette à bœufs. La manière dont les maisons en pisé ou en terre sont construites est la suivante : La terre est préparée comme pour la fabrication de briques ; mais au lieu d'être transformé en briques, il est immédiatement transformé en mur. La fondation ayant été creusée et nivelée, deux planches sont placées sur le bord à dix-huit pouces ou deux pieds l'une de l'autre. Ceux-ci sont maintenus à leur place par deux morceaux de bois cloués dessus. L'espace entre ces planches est rempli de boue, dans laquelle du foin haché et des joncs ont été mélangés pour le lier ensemble. Les planches sont laissées pendant un jour ou deux, pendant que les constructeurs procèdent à l'autre partie du mur. On les enlève ensuite, et la chaleur du soleil sèche bientôt le mur en une masse presque aussi dure qu'une brique. Les planches sont ensuite remontées plus haut et le processus est répété jusqu'à ce que les murs aient atteint la hauteur souhaitée.

Au bout de quinze jours, les murs furent terminés et les chars à bœufs furent envoyés à Rosario pour chercher de la chaux, car M. Hardy avait décidé de plâtrer les murs intérieurs pour retenir la poussière qui, autrement, s'échappe continuellement des murs en terre battue. À cette époque, une grande partie des terres étaient labourées et désormais plantées de maïs, d'ignames ou de patates douces et de citrouilles : une petite partie, à titre expérimental, était également plantée de graines de pommes de terre, mais le climat est presque trop chaud. pour que la pomme de terre prospère.

Au retour des chariots avec la chaux les cloisons furent construites avec les briques. Les murs terminés, tout le monde s'est mis au travail sur le toit. Ce M. Hardy avait eu l'intention d'avoir régulièrement un toit de chaume ; mais lors de sa dernière visite à Rosario, il avait entendu dire que les Indiens s'efforçaient fréquemment, dans leurs attaques, de mettre le feu aux toits, et il résolut donc d'utiliser des tuiles. Les charrettes devaient faire deux voyages jusqu'à Rosario pour obtenir suffisamment de tuiles et de lattes. Mais enfin tout était fini ; les murs étaient enduits à l'intérieur et blanchis à la chaux ; le sol était nivelé, battu durement et recouvert d'un mélange d'argile et de chaux, qui durcissait pour former un sol ferme et plat.

C'était exactement deux mois après leur arrivée à la ferme que les portes furent posées et la touche finale apportée à la maison, et ils furent tous très heureux en poussant trois acclamations pour leur nouvelle demeure. La tour, convinrent-ils tous, était un élément particulier. Il était construit en pisé jusqu'à la hauteur des autres murs, mais l'étage supérieur avait été construit en briques de deux épaisseurs et recouvertes de mortier. Le sommet avait été crénelé ; et les garçons ont ri et ont dit que la maison ressemblait exactement à une petite chapelle dissidente à la maison.

Ce fut un jour joyeux lorsqu'on alluma pour la première fois un feu dans la cheminée de la cuisine, qui, comme celle du salon, était revêtue de briques ;

et tout le monde s'assit pour un dîner composé de mouton et de volaille sauvage de trois ou quatre espèces.

Le soir même, M. Hardy dit aux garçons qu'il devrait commencer le lendemain à élever leur maman et les filles, qui devenaient toutes très impatientes d'être dans la pampa. Il leur expliqua qu'il devrait installer des lits en fer avec de la literie, mais qu'il comptait sur eux pour augmenter leur stock de tables et de bancs et pour installer des étagères, ce qui suffirait jusqu'à ce que des armoires et des placards réguliers puissent être fabriqués. M. Hardy pensait qu'il ne devrait pas s'absenter plus d'une semaine, car, en faisant un long voyage jusqu'à Rosario le lendemain, il devrait prendre le bateau qui partait le lendemain matin pour Buenos Ayres ; et comme il avait déjà écrit à M. Thompson pour lui dire quand il devrait probablement arriver, il n'y aurait pas de perte de temps. Le lendemain matin , il partit avant le jour, les derniers mots des garçons furent : " N'oublie pas, papa, d'apporter pour nous tous les rideaux anti-moustiques ; ils vont de pire en pire. Nous avons à peine fermé l'œil toute la nuit. "

Malgré la chaleur qu'il faisait maintenant, les garçons travaillèrent sans relâche à leur menuiserie pendant la semaine suivante, et à la fin ils eurent la satisfaction de voir une grande table pour dîner dans le salon, et une petite pour servir de buffet. deux longs bancs et deux courts. Dans les chambres de leur mère et de leurs sœurs, il y avait une table et deux bancs, ainsi qu'une table et un long rabat pour servir de commode dans la cuisine. Ils avaient également installé deux longues étagères dans chacune des chambres et quelques clous sur les portes pour les robes. Ils étaient très fatigués à la fin de la semaine, mais ils regardaient autour d'eux d'un air satisfait, car ils savaient qu'ils avaient fait de leur mieux. Le lendemain matin, ils devaient se rendre à Rosario pour rencontrer le groupe. Les charrettes étaient parties ce jour-là sous la garde de Terence.

Ce fut en effet une joyeuse rencontre lorsque M. et Mme Hardy et les filles descendirent du bateau à vapeur ; mais à peine la première étreinte était-elle terminée que les garçons s'écrièrent simultanément : « Eh bien, les filles, qu'avez-vous avec vos visages ? Je n'aurais pas dû vous connaître.

"Oh, ce sont ces affreux moustiques ; il y en avait des millions à bord du paquebot hier soir. Je pensais vraiment que nous aurions dû être dévorés. N'est-ce pas, maman ?"

"Eh bien, ma chérie, je pensais qu'ils laisseraient peut-être quelque chose de nous jusqu'au matin, mais j'avais presque envie de devenir fou et de sauter par-dessus bord. C'était une nuit épouvantable. J'espère qu'ils ne sont pas si mal ici, Frank."

"Non, Clara, ils ne sont pas aussi mauvais qu'hier soir; mais néanmoins, comme nous sommes si près de la rivière, ils seront sans aucun doute gênants, et je me demande si les lits de l'hôtel ont des rideaux anti-moustiques. mais si vous suivez mon conseil et que vous dormez tous avec le drap sur la tête, vous vous en sortirez plutôt bien. Il vaut mieux avoir chaud que d'être mordu de partout.

Cependant, malgré l'avantage des draps, tout le monde passa une mauvaise nuit et était tout à fait prêt à se lever avant le jour pour partir en route vers l'estancia de M. Percy. Ils devaient tous monter à cheval, à l'exception de Sarah, qui prit place dans l'une des charrettes à bœufs ; et ils arriveraient donc à l'estancia avant que la chaleur du jour ne s'installe assez. Terence ayant été informé que Sarah allait monter à cheval, avait coupé quelques branches, avec lesquelles il fit une sorte de tonnelle au-dessus de la charrette pour la protéger du soleil. — une méthode générale du pays, et dont Sarah était très satisfaite. Elle s'était d'abord sentie un peu inquiète à l'idée de partir sans sa maîtresse ; mais Terence lui assura : « Bien sûr, mademoiselle, et c'est moi-même , Terence Kelly, qui prendra soin de vous ; et aucun danger ne s'approchera de votre joli visage, du tout ; vous serez tout aussi en sécurité que si vous l'étiez. dans le vieux pays. Et quant aux bastes, bien sûr et ce sont les bastes les plus calmes qu'ils soient, et ils n'ont jamais pensé à s'enfuir depuis le jour de leur naissance.

donc place sans inquiétude, et les autres se mirent au petit galop vers l'estancia de M. Percy.

Pendant leur séjour chez M. Thompson, Mme Hardy et les filles montaient régulièrement à cheval tous les jours, de sorte que tous étaient tout à fait à l'aise sur leurs chevaux et pouvaient parler sans cesse de tout ce qui s'était passé depuis leur séparation. La seule mise en garde que M. Hardy devait donner, en jetant un regard oblique à Charley, était : « Faites attention aux trous de tatous ; parce que j'ai connu des gars qui étaient merveilleux à monter sur leurs chevaux, qui leur ont fait du mal.

Ce dont Hubert rit ; et Charley a dit : "Oh, papa !" et il s'est coloré et a ri, comme c'était son habitude lorsque son père le plaisantait sur ses petites faiblesses.

Ils n'avaient pas parcouru plus de la moitié du chemin lorsqu'ils rencontrèrent M. Percy, qui était venu jusqu'ici pour accueillir ses invités, car les dames anglaises sont très rares dans la pampa et sont honorées en conséquence. L'une des premières questions posées par les filles après les premières salutations fut : « Avez-vous beaucoup de moustiques dans votre estancia, M. Percy ?

"Pas beaucoup", a déclaré M. Percy; "Je n'ai pas de ruisseau à proximité, et c'est seulement près de l'eau qu'ils sont si mauvais."

Après avoir attendu pendant la chaleur de la journée chez M. Percy, les garçons rentrèrent chez eux, car six invités étaient au-delà des capacités de M. Percy.

Le lendemain matin, les garçons se levèrent bien avant le jour et descendirent au ruisseau où, au lever du jour, ils réussirent à abattre un cygne et cinq canards sauvages, et avec eux ils retournèrent à la maison. Puis ils balayèrent la place avec le plus grand soin, dressèrent la table, disposèrent les bancs, arrangeèrent le tout au mieux, puis consacrèrent toutes leurs énergies à préparer un très excellent déjeuner, dont ils étaient sûrs que les voyageurs seraient prêts dès le lendemain. leur arrivée. Tout était prêt lorsque, du belvédère de la tour, ils aperçurent le groupe approcher. Le petit-déjeuner était trop important pour être abandonné et ils ne purent donc pas sortir à leur rencontre. Cependant, ils étaient à la porte alors qu'ils montaient à cheval.

"Hourra, hourra !" » ont-ils crié, et les filles ont lancé des acclamations en retour.

Les hommes accoururent pour prendre les chevaux, et une minute plus tard, tout le groupe était dans leur nouvelle maison. Les filles couraient partout avec joie, montaient au guet, battaient des mains à la vue des moutons et du bétail, et il était difficile de les persuader d'enlever leurs affaires et de s'asseoir pour le petit déjeuner.

Mme Hardy faisait moins d'éloges sur tout, mais elle était très satisfaite de sa nouvelle maison, qui était beaucoup plus finie et confortable qu'elle ne l'avait imaginé.

"C'est amusant, maman, n'est-ce pas ?" dit Maud. "C'est comme un pique-nique. Comme nous allons en profiter, bien sûr ! Pouvons-nous nous installer immédiatement après le petit-déjeuner et nous laver ?"

"Certainement, Maud ; Sarah ne sera pas là avant deux heures, et il est préférable que vous commenciez à vous rendre utiles tout de suite. Nous devrons tous être sur notre courage aussi. Voyez comme les garçons ont bien cuisiné. " Le déjeuner. Ces canards à l'arrache sont excellents, et les côtelettes de mouton cuites à merveille. Ils se moqueront bien de nous, si nous, les cuisiniers de métier, ne faisons pas au moins aussi bien. "

"Ah, mais regarde l'entraînement qu'ils ont eu, maman."

"Oui, Maud," dit Hubert; " et je peux vous dire que nous ne pouvons bien faire que deux ou trois choses. Les canards et les oies cuits ainsi, ainsi que les côtelettes et les steaks, sont à peu près à la limite. Si nous essayions autre chose, nous en ferions un terrible gâchis : comme aux puddings, nous ne les avons jamais essayés ; et nous serions très heureux de quelque chose comme du pain, car nous en avons profondément marre de ces gâteaux plats et flasques.

"Pourquoi n'as-tu blanchi à la chaux ce haut mur du milieu qu'à mi-hauteur, Frank ?"

"En premier lieu, ma chère, nous n'avons pas réussi à blanchir à la chaux; et ensuite, nous allons nous mettre immédiatement au travail pour mettre quelques chevrons légers en travers, clouer du feutre en dessous et blanchir à la chaux de manière à ce que quant à faire un plafond. Cela rendra les pièces moins nues et, ce qui est bien plus important, cela les rendra beaucoup plus fraîches.

"Tu as du lait, j'espère ?"

"Oui," dit Charley; " Deux des vaches du dernier lot acheté par papa sont habituées à être traites, et Hubert et moi l'avons fait jusqu'à présent ; mais nous vous les remettrons, et vous, les filles, devrez apprendre. "

Maud et Ethel se regardèrent triomphalement. "Peut-être en savons-nous plus que vous ne le pensez", a déclaré Ethel.

"Oui", a déclaré Mme Hardy; "Les filles vont être deux petites femmes très utiles. Je vais vous dire un secret. Pendant que vous étiez au travail le matin, les filles, comme vous le savez, se rendaient souvent chez M. Williams, le fermier, pour apprendre comme Mme Williams vit combien ils étaient désireux d'apprendre à être utiles, alors elle proposa de leur apprendre à traire, à gérer une laiterie et à faire du beurre et du fromage. Et elles travaillèrent régulièrement, jusqu'à ce que Mme Williams me dise qu'elle pensait qu'elles pouvaient faire du beurre aussi bien qu'elle le pouvait. C'était un grand secret, car les filles ne voulaient même pas que leur papa le sache, afin que ce soit une surprise. ".

« Très bien fait, petites filles, » dit M. Hardy ; "C'est une surprise en effet, et des plus agréables. Maman a gardé votre secret capitalement, et ne m'en a jamais dit un mot."

Les garçons aussi étaient ravis, car ils n'avaient pas goûté de beurre depuis leur arrivée, et ils promirent assez volontiers d'en faire une baratte grossière dans le plus bref délai possible.

Vers dix heures, les charrettes arrivèrent avec Sarah et les bagages, puis il y eut du travail pour l'après-midi, monter les lits et tout mettre en ordre. Les rideaux anti-moustiques étaient installés sur les lits, et tous se réjouissaient à l'idée de pouvoir défier les petits sangsues. Le lendemain était un dimanche, jour pendant lequel, comme d'habitude, aucun travail ne devait être fait. Après le petit-déjeuner, les bancs furent apportés des chambres et les hommes rassemblés, M. Hardy lut des prières, offrant une prière spéciale pour la bénédiction et la protection de Dieu sur leur maison. Ensuite, Mme Hardy et les filles furent emmenées dans les lieux et leur montrèrent le magasin, la tente des hommes, la rivière et le champ nouvellement planté.

"Le sol est en train de brûler beaucoup, papa", a déclaré Charley. "Il faisait assez humide lorsque nous avons semé les récoltes, et elles poussent à merveille ; mais je crains qu'elles n'aient été semées trop tard et qu'elles ne soient brûlées."

"Ah, mais j'ai un plan pour empêcher cela", a déclaré M. Hardy. "Voyez si vous pouvez penser à ce que c'est."

Aucun des garçons ne pouvait imaginer.

"Quand je vous ai décrit l'endroit pour la première fois, je vous ai dit qu'il y avait un ruisseau principal auquel se jetait un plus petit, et que je pensais que ce dernier serait très utile. J'ai examiné le terrain très attentivement et j'ai constaté que le petit ruisseau coule sur une certaine distance entre deux légères houles, qui se rétrécissent brusquement juste au-dessous de la maison. Or, je trouve qu'un barrage de pas plus de cinquante pieds de large et huit pieds de haut fera une sorte de lac à un quart de distance. " Un mile de long et une moyenne de cinquante mètres de large. De là, l'eau coulera sur tout le plat près de la rivière en face de la maison et au loin vers la gauche, et nous pourrons irriguer au moins trois ou quatre cents acres de terre. C'est grâce à elles que nous pourrons faire quatre ou cinq récoltes par an, et une culture en particulier, la luzerne, sorte de luzerne pour engraisser le bétail en temps de sécheresse, quand l'herbe est toute desséchée. Une viande d'une valeur ordinaire de seulement quinze dollars peut être vendue, si elle est grasse, pour quarante-cinq ou cinquante dollars. Alors vous voyez, les garçons, il y a une grande perspective devant nous. »

Les garçons se joignirent au projet avec enthousiasme, et le groupe alla immédiatement inspecter l'endroit que M. Hardy avait fixé pour le barrage. Il fut convenu que cela commencerait dès le lendemain ; et M. Hardy a déclaré qu'il n'avait aucun doute, si la terre était correctement flaquée ou tamponnée lorsqu'elle était mouillée, que cela empêcherait l'eau de passer.

Dans l'après-midi, Mme Hardy, Maud et Ethel ont fait un tour autour de la propriété et ont eu la chance de voir des autruches, pour le plus grand plaisir des filles.

Au thé, M. Hardy dit : « Il y a un point très important lié à notre maison qui a été jusqu'ici inexplicablement négligé. L'un d'entre vous sait-il ce que c'est ?

Les garçons et leurs sœurs se regardèrent avec une grande perplexité et cherchèrent en vain une omission importante.

"Je veux dire," dit enfin leur père, "l'endroit n'a pas de nom. Je suggère que nous en choisissions un immédiatement. Il est seulement marqué dans le plan gouvernemental comme étant le lot 473. Maintenant, quel nom va-t-il porter ?"

Les suggestions faites étaient innombrables, mais aucune ne rencontra l'approbation universelle. Enfin Mme Hardy dit : « J'ai entendu parler en Angleterre d'un endroit appelé Mount Pleasant, même si j'avoue que je ne sais pas où il se trouve. Maintenant, que dites-vous à Mount Pleasant ? C'est une montagne, et nous le pensons sincèrement. être un endroit très agréable avant d'en finir. »

L'approbation de la suggestion fut générale, et au milieu de grands applaudissements, il fut décidé que la maison et le domaine porteraient désormais le nom de « Mount Pleasant ».

Le matin, les garçons travaillaient sur deux brouettes pour lesquelles M. Hardy avait apporté des roues et des ferronneries ; et M. Hardy et les hommes descendirent jusqu'au ruisseau et commencèrent à enlever le gazon et à creuser une bande de terre de vingt-cinq pieds de large le long de la ligne où le barrage devait arriver. La terre était alors mouillée et formée d'une flaque d'eau. Une fois les brouettes terminées, elles furent mises au travail ; et en dix jours, un barrage fut élevé de huit pieds de haut, trois pieds de large en haut et vingt-cinq pieds de large en bas. Au milieu, il restait un espace de deux pieds de large, à travers lequel coulait actuellement le petit ruisseau. Deux poteaux, avec des rainures, étaient enfoncés, un de chaque côté ; et ainsi le travail fut laissé quelques jours, le temps que le soleil cuise sa surface, pendant que les hommes creusaient une tranchée pour que l'eau coule jusqu'au sol pour être irriguée.

Une petite écluse fut placée à l'entrée de celui-ci, pour régler la quantité d'eau à laisser couler, et tout était maintenant prêt pour achever l'opération finale de fermeture du barrage. Une quantité de terre fut d'abord ramassée et mise en flaques, puis entassée au sommet du barrage et sur les pentes à côté, de manière à être prête, et Mme Hardy et les filles descendirent pour observer l'opération.

On y glissa d'abord un certain nombre de planches de deux pieds de long, taillées pour s'adapter aux rainures, formant un mur solide, puis sur la face supérieure de celles-ci, la terre flaque fut jetée dans l'eau, Terence se tenant en bas dans l'eau. ruisseau et martelant la terre avec une pilonneuse. Le succès fut complet : en quelques heures la brèche du barrage fut comblée, et ils eurent la satisfaction de voir le petit ruisseau déborder de ses rives et s'élargir au-dessus, tandis que pas une goutte d'eau ne s'échappait par le ancienne chaîne.

Pendant que ce travail se poursuivait, les garçons étaient occupés à la maison. Il s'agissait d'abord de faire une baratte, puis d'installer de grands placards et quelques étagères supplémentaires, et il fallut envoyer les chars à bœufs à Rosario pour se ravitailler en planches. Cela les a occupés jusqu'à ce que le barrage soit terminé. Les filles avaient fait leur première expérience avec du beurre et le résultat avait été très satisfaisant. Les dîners aussi furent considérés comme une immense amélioration par rapport à l'ancien état de choses.

Peu de temps après que le barrage fut terminé, Hans, qui était un voyageur depuis trop longtemps pour s'installer, exprima son désir de partir ; et comme M. Hardy avait décidé de réduire son effectif — comme, maintenant que les gros travaux étaient terminés, s'il n'était plus nécessaire de garder autant de bras — il ne fit aucune objection à son départ sans le préavis qu'il avait accepté de donner. Les salaires étaient élevés et M. Hardy désirait garder son capital restant en main, au cas où ses moutons et son bétail seraient chassés par les Indiens. L'un des péons fut également démis de ses fonctions, et il ne resta plus que Lopez, Seth, Terence et deux péons.

CHAPITRE VI.

UN CONTE DE LA GUERRE MEXICAINE.

M. Hardy était plutôt surpris que Seth Harper, le Yankee, soit resté si longtemps à son service, car l'homme l'avait clairement déclaré lors de son premier engagement, qu'il pensait qu'il était probable qu'il ne se prépare pas, comme il l'a exprimé, pour plusieurs semaines, cependant, il resta et s'était visiblement pris d'affection pour les garçons ; et il s'intéressait encore plus aux jeunes filles, dont les paroles et les manières devaient lui être étranges et très agréables après tant d'années d'errance en tant qu'homme solitaire. C'était généralement un homme de peu de mots, utilisant des signes là où des signes suffisaient, et rendant ses réponses, lorsqu'il était obligé de parler, aussi brèves que possible. Cette habitude de taciturnité lui était sans doute acquise au cours d'une longue vie passée soit seul, soit au milieu de dangers où un bruit inutile aurait pu lui coûter la vie. Pour les jeunes, cependant, il détendrait sa règle habituelle du silence. Le soir, une fois le travail terminé, ils descendaient vers le banc qu'il avait érigé devant sa hutte et lui demandaient de leur raconter ses expériences indiennes. À une de ces occasions, Charley lui dit : « Mais de toutes les évasions rapprochées que vous avez eues, laquelle a été la plus dangereuse que vous ayez jamais eue ? laquelle considérez-vous comme étant la plus courte que vous ayez jamais eu d'être tué ?

Seth réfléchit un moment en silence, tourna son bouchon de tabac dans sa bouche, cracha deux ou trois fois, comme c'était son habitude lorsqu'il réfléchissait, puis dit : « Ce n'est pas une question tout à fait facile à répondre. J'ai été si près de moi. effacé tant de fois, qu'il n'est pas facile de dire lequel était le plus proche. En y réfléchissant, j'en conclus tantôt qu'un coup était le plus proche, tantôt qu'un autre; ce n'est pas facile de dis maintenant. Mais je pense qu'à l'époque, je n'avais jamais autant senti que le moment de la chute de Seth Harper était venu, comme je l'ai fait lors d'une affaire près de San Louis.

"Et comment ça s'est passé, Seth ? Parle-nous-en," dit Maud.

"C'est plutôt une longue histoire", a déclaré le Yankee.

"Tant mieux, Seth," dit Charley ; "Au moins, tant mieux en ce qui nous concerne, si cela ne vous dérange pas de le dire."

"Non, ça ne me dérange pas, pas comment," répondit Seth. "Je vais juste y réfléchir et voir par où commencer."

Il y eut un silence pendant quelques minutes, et les jeunes Hardy se ressaisirent confortablement pour une longue séance, puis Seth Harper commença son histoire.

"Il y a moins de cinq ans, en 1947, je combattais au Mexique. Nous n'avions pas beaucoup de combats réguliers, même si nous avions aussi des batailles plus difficiles , mais il y avait des escarmouches ici, des escarmouches là, en gardant un œil. toujours ouverts, car hommes, femmes et enfants nous haïssaient comme des pisons , et un retardataire pouvait s'attendre à peu de pitié s'il se laissait arracher à ses amis. Leurs chefs partisans , moitié soldats, moitié voleurs, nous faisaient encore plus de mal. que les réguliers, et aucune pitié n'a jamais été accordée ou demandée entre eux et nous. Rube Pearson et moi avons travaillé principalement ensemble. Nous avions « aménagé » les Indiens dans les prairies pendant des années côte à côte, et quand l'Oncle Sam voulait que les hommes lèchent le Mexicains, nous avons décidé d'entrer ensemble. Nous nous sommes inscrits comme éclaireurs auprès des "Rangers", c'est-à-dire que nous avons convenu de nous battre autant que nous le souhaitions et d'avancer en éclaireur, de cette manière nous devions nous avons fait beaucoup de petites mêlées pour notre propre compte, mais nous n'avons pas porté d'uniforme ni fait d'exercice militaire, ce qu'on ne pouvait pas attendre de nous. Nous n'aurions pas dû être de mauvais soldats réguliers, et tout le monde savait qu'il n'y avait pas de meilleurs éclaireurs dans l'armée que Rube Pearson et Seth Harper. Lor', quel type Rube était, bien sûr ! Je ne suis pas un poulet," et le Yankee baissa les yeux sur ses propres membres osseux, "mais j'étais un bébé aux côtés de Rube. Il mesurait six pieds quatre s'il mesurait un pouce, et si large qu'il paraissait petit à moins qu'on ne le voie à côté d'un autre homme. Je pense que Rube Pearson était l'homme le plus fort du monde. J'ai entendu parler, continua Seth en méditant, d'un type appelé Samson : les gens disent que c'était un homme fort. Je n'ai jamais rencontré personne qui l'ait rencontré à juste titre, mais bon nombre ont entendu parler de lui. J'aurais aimé le voir lui et Rube aux prises. Je suppose que Rube l'aurait étonné , Rube venait du Missouri — c'est le cas de la plupart de ces très grands types. Je ne devrais pas me demander si Samson l'a fait, même si je n'en ai jamais entendu parler avec certitude. »

Les jeunes Hardy eurent beaucoup de mal à s'empêcher de rire à haute voix de l'idée de Seth au sujet de Samson. Charley, cependant, au prix d'un grand effort, parvint à dire : « Samson est mort il y a de nombreuses années, Seth. Son histoire est dans la Bible.

"Mais c'est vrai ?" » dit Seth, très intéressé. "Eh bien, qu'est-ce qu'il a fait ?"

"Il a emporté les portes de Gaza sur son dos, Seth."

Seth resta pensif pendant un moment. "Tout dépend de la taille des portes", dit-il enfin. "Cette porte là-bas est assez lourde , mais Rube Pearson aurait pu en emporter deux comme celle-là, et moi assis dessus. Qu'a-t-il fait d'autre ?"

"Il était attaché avec de nouvelles cordes, et il les a brisées, Seth."

Seth ne semblait pas attacher beaucoup d'importance à cela et demanda : « A-t-il fait autre chose ?

"Il a tué trois cents hommes avec une mâchoire d'âne."

"Il a tué…" commença Seth, puis il s'arrêta, complètement étonné. Puis il se retourna brusquement : « Tu te moques de moi, mon garçon.

"Non, en effet, Seth," dit Charley ; "c'est tout à fait vrai."

" Quoi ! qu'un homme ait tué trois cents hommes avec une mâchoire d'âne ? Cela n'aurait pas pu être possible ; c'était purement impossible — à moins qu'ils ne dorment tous, et même alors, ce serait un travail affreux . "

"Je ne sais pas comment ça s'est passé, Seth, mais la Bible nous le dit, et donc ça doit être vrai. Je pense que c'était une sorte de miracle."

"Oh, c'était un miracle !" » dit Seth pensivement, puis il resta silencieux, réfléchissant visiblement dans son esprit à ce qu'était un miracle, mais n'aimant pas demander.

"C'était il y a très longtemps, Seth, et ils étaient sans aucun doute un peuple différent à l'époque."

"C'était il y a très, très longtemps ?" » a demandé Seth.

"Oui, Seth ; ça fait très, très, très longtemps."

"Ah!" Seth dit d'un ton pensif mais plus satisfait : « Je comprends maintenant. appelez- les . Je ne m'attends pas à ce qu'ils soient plus courageux qu'ils ne le sont maintenant ; mais une chose pousse, voyez-vous, comme un arbre, avec l'âge. Oh, bénis-les ! S'ils racontent maintenant de telles histoires à propos d'un Juif, qu'est- ce que feront-ils un jour à propos de Rube Pearson ? »

Le jeune Hardy n'y put plus longtemps, mais il partit dans un cri de rire, que même les regards surpris et offensés de Yankee, ignorant et simple d'esprit, mais astucieux, ne purent arrêter. Il était tellement offensé, en effet, qu'aucune supplication ou explication ne suffisait à l'apaiser, et l'histoire fut brusquement interrompue. Ce ne fut que deux ou trois jours que les explications et les assurances des garçons suffirent ; puis, quand Charley lui eut expliqué toute l'histoire de Samson, il dit :

"Je n'ai aucun doute que tout cela est vrai, et j'aimerais pouvoir le lire par moi-même. Je me souviens juste que ma mère accordait une grande importance à sa Bible et l'appelait le bon livre. Je ne peux pas lire moi-même, et je ne devrais pas avoir le temps de le faire si je le pouvais ; donc dans la mesure où cela ne fait qu'un. Je ne suis qu'un chasseur et un combattant indien, et je ne sais pas si depuis des années je me suis jamais arrêté aussi longtemps sous un toit comme je l'ai ici. Ma religion est la religion de la plupart d'entre nous dans les prairies. Soyez honnête et fidèle à votre parole. Restez fidèle à un ami jusqu'à la mort et ne tuez jamais un homme sauf dans un combat loyal. C'est à peu près tout, et je j'espère que ça ira ; de toute façon, il est trop tard pour que j'essaie d'en apprendre un nouveau maintenant. J'écoute un dimanche la lecture de ton père , et j'aurais aimé parfois qu'on m'apprenne ; et pourtant c'est mieux comme ça. Un homme qui agirait ainsi ne serait pas très utile pour une vie difficile dans les prairies, même si je suis convaincu que cela pourrait être fait dans les colonies. Maintenant, je dois continuer mon travail. Si vous et les autres venez à la cabane ce soir , je continuerai ce fil que je commençais à peine.

Après le thé, les jeunes Hardy descendirent à la cabane, devant laquelle ils trouvèrent Seth attendant leur arrivée. Ils étaient maintenant confortablement assis et Seth, sans autre introduction, continua.

"Un jour, notre capitaine nous a fait appeler Rube et moi et nous a dit : 'J'ai un travail pour vous deux éclaireurs. C'est un travail dangereux, mais cela ne vous plaira pas plus, je sais.'

"'Pas du tout", dit Rube en riant. C'était l'homme le plus léger, c'était Rube; toujours gai et joyeux, et il n'aurait pas blessé un écureuil, sauf dans un combat debout et pour des raisons d'affaires. .

« Qu'est-ce qu'il y a, Cap ? » dis-je, vous n'avez qu'à nous donner le mot, et c'est parti.

« J'ai reçu un message, dit-il, du colonel Cabra de leur service, selon lequel il est prêt à se transformer en traître et à nous remettre une correspondance de Santa Anna, dont il s'est d'une manière ou d'une autre possédée. Être un traître , il ne fera confiance à personne , et le seul plan que nous puissions imaginer est qu'il fasse un voyage à San Miguel, à trente milles au nord de là, comme s'il était pour affaires. Je dois faire une expédition dans cette direction. " Je dois le faire prisonnier. Il nous remettra ensuite les papiers. Nous l'amènerons ici et, après l'avoir gardé pendant un certain temps, nous le laisserons en liberté conditionnelle. Aucun soupçon ne s'élèvera donc à l'avenir contre lui, ce qui n'est pas le cas. Ce serait peut-être le cas si nous nous rencontrions d'une autre manière. Les journaux sont très importants et il ne faut pas laisser cette affaire passer inaperçue. Le pays entre ici et San Miguel est assez paisible, mais nous entendons dire que le groupe d'El Zeres est quelque part dans Il a environ deux cents acharnés avec lui, et il y a une rumeur selon laquelle d'autres groupes l'ont rejoint. Maintenant, je veux que tu partes demain à San Miguel. Entrez-y après le crépuscule, et prenez vos quartiers à cette adresse ; c'est un petit caviste dans une rue à l'écart du marché. Levez-vous comme des Mexicains ; il suffit d'un grand manteau et d'un sombrero. Vous parlez tous les deux assez bien espagnol pour réussir. Restez toute la journée du lendemain, et jusqu'à l'aube du lendemain matin, puis revenez sur cette route. Vous saurez d'abord si Cabra est arrivé, et ensuite si El Zeres est dans le quartier. Je n'amènerai que quarante hommes, car je ne veux pas laisser croire que je fais autre chose qu'une simple expédition de reconnaissance. Vous comprenez?'

"'Très bien, Cap, nous le ferons', dis-je, et nous partîmes vers nos quartiers.

"Je ne peux pas dire que j'ai vraiment aimé ce travail. C'était loin du quartier général et, quoi qu'ils puissent, deux hommes ne peuvent pas se battre à plus de, disons, dix ou douzaines. J'ai été plutôt surpris de voir par Le visage de Rubé a montré qu'il aimait plutôt cela, mais je n'ai découvert que tard dans la nuit ce qui lui plaisait - alors la vérité a éclaté.

« « Nous ferions mieux de commencer tôt, Seth », dit-il ; « disons à l'aube. »

« Pourquoi, Rubé ? » J'ai dit : "Le Cap a dit que nous devions y aller après le crépuscule. Il n'y a que trente milles ; nous ne voudrons pas partir avant trois heures."

"Rube a ri. 'Je ne veux pas arriver avant le crépuscule, mais je veux commencer au lever du jour, et je vais vous dire pourquoi. Vous vous souvenez de Pepita ?'

" " Voilà, dis-je, si je ne pensais pas que cela avait quelque chose à voir avec une femme. Tu cours toujours après quelqu'un , Rube. Ils te mettront dans le pétrin un jour .

"Rube a ri. 'Je suis assez grand pour m'en sortir si c'est le cas, Seth; mais tu sais que je me sentais inhabituellement doux envers Pepita, et j'ai vraiment pensé à l'épouser et à la ramener au Missouri.'

"'Seulement, elle ne voulait pas venir, Rube ?'

"'C'est vrai, Seth,' dit-il en riant. Nous avons donc convenu que nous serions les meilleurs amis; et elle m'a demandé, si jamais j'allais à San Miguel, d'aller la voir. Elle a dit que son père était généralement absent. , mais serait heureux de me voir s'il était là. Elle vit dans une petite hacienda, à une lieue de ce côté de la ville.

" J'ai vu qu'il ne servait à rien de discuter, mais je n'aimais pas ça. Les femmes mexicaines nous détestaient plus que les hommes, et cela n'était pas facile à faire ; et beaucoup de nos camarades avaient été assassinés après avoir été tués. " mais, dans le cas présent, je ne voyais pas que la jeune fille aurait pu s'attendre à ce que Rube soit là si nous n'étions pas tous à portée de main, et je n'ai pas essayé pour s'opposer aux souhaits de Rube.

"Nous sommes donc partis le lendemain matin et, à dix heures, nous sommes arrivés à la porte de l'endroit qui, selon Rube, répondait à la description que Pepita lui avait donnée. C'était un joli endroit, entouré d'arbres, et aurait pu être la résidence d'un petit propriétaire tel que Pepita avait décrit son père. Alors que nous nous approchions de la porte, elle s'ouvrit et je vis tout de suite que Rube avait raison, car une jeune Mexicaine aux yeux noirs sortit et nous regarda d'un air interrogateur. .

« Que puis-je faire pour vous, sénateurs ? » elle a demandé.

'"Tu ne te souviens pas de moi, Donna Pepita ?' » dit Rubé en riant en soulevant le sombrero qui lui protégeait le visage.

" La jeune fille sursauta violemment. " Ah, Signor Americano, c'est vous ? J'aurais pu le savoir, en effet, " dit-elle en souriant, " à votre taille, même enveloppée. Ceci, bien sûr, c'est Signor Seth - vous êtes toujours ensemble, mais entrez, dit-elle.

'"Qui as-tu à l'intérieur, Donna Pepita ?' " Demanda Rube. " Je sais que je peux te faire confiance, mais je ne peux pas faire confiance aux autres, et je ne veux pas que l'on sache que je suis ici. "

'"La maison est vide', dit Pepita. 'Mon père est absent. Il n'y a que la vieille Jacinta à la maison.'

" A ce moment une vieille femme se présenta à la porte, et sur un mot de Pépita prit nos chevaux, tandis que Pépita nous faisait signe d'entrer.

« Excusez-moi, signora, dis-je. Nous allons d'abord aller voir nos chevaux à l'écurie. C'est notre coutume ; on ne sait jamais quand il en aura besoin. »

"Je pensais que Pepita avait l'air ennuyée, mais ce n'était qu'un instant, puis elle dit quelque chose dans un des dialectes du pays à la vieille femme. Elle hocha la tête et partit vers l'arrière de la maison, nous conduisant notre chevaux, et la suivit. Les écuries, j'observai, étaient singulièrement grandes et bien entretenues pour une maison de sa taille ; mais, à ma grande surprise, au lieu de se rendre dans le long rang de bâtiments, la vieille femme me conduisit vers une petite maison. hangar."

'" Ce n'est pas ces écuries ?' dis-je.

"Elle secoua la tête et dit en espagnol : 'Ils l'étaient autrefois, mais nous n'avons que deux chevaux. Maintenant, ils servent de magasin à grains ; le maître en a la clé.'

"Je ne pouvais pas la contredire, même si je croyais qu'elle me mentait. Cependant, nous avons attaché nos chevaux dans le hangar, mis les pistolets de nos étuis dans nos ceintures et, prenant nos fusils à la main, nous sommes entrés dans la maison. .

"Pepita nous reçut très chaleureusement et s'occupa d'aider la vieille femme à nous apporter quelque chose à manger; après quoi elle et Rube commencèrent à faire l'amour, et il semblait vraiment que la jeune fille voulait changer d'avis et repartir avec Rube. Après tout, il n'y avait rien, en fait, qui justifiait mon inquiétude, si ce n'est que, alors que Pepita m'avait promis, en entrant dans la maison, de ne pas dire à la vieille qui nous étions, j'étais convaincu qu'elle l'avait fait dès mon entrée dans la maison. " Les regards de haine renfrognée que la vieille sorcière nous jetait chaque fois qu'elle entrait dans la chambre. Cependant , j'étais inquiet et je trouvai bientôt une excuse pour quitter la chambre et flâner autour et autour de la maison, pour m'assurer que Pépita avait dit vrai quand elle J'avais dit qu'il n'y avait personne là-bas, à part la vieille femme et elle-même. Je n'ai rien trouvé qui puisse exciter le moindre soupçon, et j'étais donc content de retourner dans la chambre et de me jeter paresseusement et de partir faire la sieste, dans les intervalles de veille. dont j'entendis dire que Pépita avait cédé, et que Rubé, ravi, s'arrangeait avec elle pour s'échapper et le rejoindre lorsque l'armée se retirerait ; car, bien sûr, ni l'un ni l'autre ne se doutait que son père consentirait à ce qu'elle épouse l'un des ennemis détestés de son pays.

« A trois heures, je me suis réveillé et peu après, la vieille femme est entrée dans la chambre avec de la limonade. J'ai remarqué que Pepita avait changé de couleur, mais elle ne disait rien, et un instant après, se préparant une excuse, elle quittait la chambre. J'étais sur le point d'en parler à Rubé, lorsque la fenêtre fut obscurcie par des hommes. Cinq ou six coups de feu furent tirés sur nous, et avec un cri, une foule de Mexicains se précipita dans la pièce.

"Quand ils apparurent, Rube sursauta avec l'exclamation : 'Piégé, par le tonnerre !' puis il est tombé à plat sur le dos et a reçu une balle, je crois, dans la tête.

"Je me suis précipité vers mon fusil, je l'ai saisi, mais avant de pouvoir le porter à mon épaule, il m'a été arraché des mains. Une demi-douzaine d'individus se sont jetés sur moi et j'étais prisonnier. Je n'ai pas essayé de résister quand ils m'a imposé les mains, parce que je savais que je devrais avoir un couteau dans le corps immédiatement ; et même si je savais que ma vie ne valait pas une heure – non, ni cinq minutes – après avoir été attrapé, dans l'ensemble, c'était quand même comme Eh bien, vivez ces cinq minutes comme non.

"Au début, il y avait un tel brouhaha et des cris que je n'entendais pas un mot, mais finalement j'ai compris qu'il s'agissait d'un groupe de la bande d'El Zeres, qui était dans le quartier et qui avait été récupéré par un garçon que la traîtresse Pepita avait envoyé pour eux dès notre arrivée. Pepita elle-même était l'épouse d'un des autres chefs de la bande. On se moquait beaucoup du pauvre Rube et de moi-même à propos de notre cour. Je me sentais en colère contre moi-même d'avoir été pris si bêtement. Je ne pouvais pas me sentir en colère contre Rube, qui gisait mort là, mais j'étais en colère contre moi-même de l'avoir écouté. Je n'aurais pas dû le laisser faire ce qu'il voulait. Je ne vous préviens pas en amour , et J'aurais dû savoir que la tête d'un homme, quand il court après une fille, ne sert pas plus qu'une citrouille. Pendant que je réfléchissais à cela, j'avais les yeux fixés sur le pauvre Rube, que personne ne pensait à remarquer, quand tout d'un coup, j'ai sursauté, car je l'ai vu bouger, je ne voyais pas son visage, mais j'ai vu une main se diriger peu à peu vers la jambe d'un homme qui se tenait à proximité . Puis il y eut une pause, puis l'autre main commença à bouger. Cela ne ressemblait pas du tout à la façon dont les bras d'un homme gravement touché bougeaient sans but, et j'ai tout de suite compris que Rube jouait à "l'opossum" depuis le début."

« Tu fais quoi, Seth ? » a demandé Ethel.

"Je faisais juste semblant d'être mort. J'ai retenu mon souffle, car j'ai vu qu'il était parvenu à la conclusion qu'il ne pouvait plus être négligé plus longtemps et qu'il allait agir.

"Une minute plus tard, il y eut un fracas et un cri tandis que les deux hommes tombaient au sol, les jambes arrachées sous eux, attrapant d'autres hommes et les entraînant avec eux. Du milieu de la confusion, Rube sauta vers lui. pieds et se précipita vers la fenêtre ; il abattit un homme d'un coup de poing ; il en rattrapa un autre comme s'il eût été un bébé et le jeta contre deux autres, les fit tomber à terre l'un contre l'autre, puis sauta par-dessus leurs corps, précipités par la fenêtre avant que les Mexicains fussent revenus de leur étonnement. J'aurais pu rire aux éclats du cri de rage et d'étonnement avec lequel ils se lancèrent à ma poursuite ; mais deux ou trois d'entre eux restèrent pour me garder, et je J'avais peut-être un couteau dans les côtes, alors je suis resté silencieux. J'étais si heureux de voir Rube vivant que je me souvenais à peine qu'il était peu probable que lui ou moi serions si longtemps, car je ne le savais pas. Attendez-vous un instant à ce qu'il réussisse son évasion : les chances étaient trop grandes contre lui, surtout en plein jour. Même à cheval, ce serait presque impossible. Personne d'autre que Rube n'aurait tenté une telle chose ; mais il ne s'arrêtait jamais pour réfléchir aux probabilités ou aux chances lorsque ses squames étaient en hausse. En moins d'un rien de temps, j'ai entendu un coup de feu ou deux, puis il y a eu un silence pendant un moment, puis un cri de triomphe. Je savais que tout était fini et que Rube avait été repris.

"Il m'a raconté plus tard qu'il s'était précipité vers l'écurie, où il avait trouvé sept ou huit Mexicains qui gardaient les chevaux; qu'il en avait renversé un ou deux qui se trouvaient sur son chemin, qu'il avait sauté sur l'animal le plus proche, et s'était enfui à toute vitesse, mais une douzaine d'autres le poursuivaient en un instant, et voyant qu'il allait être attrapé au lasso et jeté à bas de son cheval, il s'était arrêté et avait levé les bras en signe de capitulation. les mains furent étroitement liées derrière lui et il fut ramené dans la pièce.

"Il a éclaté de rire en me voyant : 'C'était un truc de garçon, n'est-ce pas, Seth ? Mais je n'aurais pas pu m'en empêcher si on m'avait tiré dessus une minute plus tard. Les jambes de ces gars bougeaient. comme si j'étais une bûche de bois. Les pensées me traversèrent : « Un bon coup sec au-dessus de la cheville et tu passerais par-dessus » ; et quand j'y ai pensé une fois, j'ai été obligé de le faire. Mais c'était amusant, Seth, n'est-ce pas ?

« C'était, comme vous le dites, Rube, un tour de garçon, et ce n'est pas vraiment le moment pour cela. Mais ne disons rien que nous ne voudrions pas entendre, Rube ; certains de ces gars peuvent comprendre. '

""Tu as raison, Seth. Je suis surtout désolé, mon vieux, de t'avoir mis dans cette situation, mais j'espère que nous nous en sortirons d'une manière ou d'une autre. Je ne pense pas que Rube Pearson va encore être anéanti. .

"Je ne l'espérais pas non plus. Je préviens, je ne suis pas du tout fatigué de la vie, mais je ne voyais pas comment m'en sortir. Cependant, j'avais un réconfort : je savais que si deux hommes pouvaient se sortir d'un vilain pétrin, ces deux-là les hommes étaient Rube et moi.

"On nous a alors dit de nous asseoir par terre dans un coin de la pièce, deux types prenant place à nos côtés. Puis il y a eu une discussion animée sur notre sort, qui n'est pas vraiment agréable à écouter. Certains étaient mais la majorité était pour nous amener au corps principal dirigé par El Zeres lui-même, parce que le chef serait si heureux de nous avoir en son pouvoir. Il avait souvent juré de se venger de nous, car nous étions connus comme les éclaireurs les plus actifs de l'armée, et avait mené des troupes à sa poursuite à maintes reprises, et avait été une ou deux fois très près de l'attraper. Il avait juré solennellement à son saint patron que si nous tombions entre ses mains, il le mettrait entre ses mains . et comme El Zères était plutôt célébré ainsi — et c'était l'anticipation d'un régal insolite qui décida la majorité à nous réserver — ce n'est pas tout à fait agréable à écouter. bonne mine sur la question, car il n'aurait jamais été utile de laisser ces vermines mexicaines voir que deux hommes des forêts qui les avaient « adaptés » et battus à maintes reprises avaient peur de mourir quand leur heure serait venue. Bientôt, il y eut un petit mouvement et Pepita entra dans la pièce. Je pense plutôt que, même si la fille nous détestait comme un pison , elle n'aimait pas entrer dans la pièce où l'un de nous se trouvait, pensa-t-elle, étendu mort. Maintenant, elle entra, semblant, dirai-je, particulièrement jolie. Elle s'est approchée de nous et nous a regardé en face. Je ne lui prêtai aucune attention, mais Rube hocha la tête avec entrain.

« Eh bien, signora, vous vous moquiez donc de nous, après tout ! Eh bien, je ne suis pas le premier type à se laisser berner par une jolie femme ; c'est un réconfort, en tout cas. Je suppose que nos fiançailles doivent être considérées à un moment donné. c'est fini, hein ? et il a ri.

"'Chien américain !' dit la jeune fille avec des yeux brillants de rage, pensiez-vous que vous étiez si belle que les femmes de la nation sur laquelle vous marchez vont toutes perdre leur cœur à cause de vous ? Nous sommes Mexicains et nous vous détestons ! et elle tapa du pied avec passion.

" Rube rit sans s'inquiéter. " Eh bien, signora, après ce que vous me permettez maintenant de voir de vous, je suis vraiment reconnaissant que vous soyez si gentil et indulgent. Tonnerre ! quel sort le mien aurait été si vous l'aviez pris en tête. pour m'épouser !

"Il y eut un rire général parmi les hommes devant la manière froide avec laquelle Rube traitait la jeune fille, et Pepita enragé lui frappa un coup de poing sur l'oreille. C'était un rire chaleureux, mais le visage de Rube ne changea guère, et il dit, toujours souriant. :

"'Nous avons une coutume aux États-Unis, Pepita, selon laquelle lorsqu'une fille frappe les oreilles d'un homme, il a le droit de lui donner un baiser. Vous inversez cela; j'ai eu les baisers cet après-midi, et maintenant j'ai la boîte. sur l'oreille.

« Il y eut de nouveau un éclat de rire parmi les Mexicains, et la femme enragée sortit un couteau et aurait poignardé Rubé au cœur si elle n'avait pas été saisie par les hommes qui l'entouraient et forcée de quitter la pièce. chambre sous une garde si vigilante que toute tentative de fuite était hors de question jusqu'à trois heures du matin. Les chevaux furent alors sellés et nous partîmes bientôt, Rube et moi chevauchant au milieu de la fête avec notre les mains liées devant nous, pour que nous puissions simplement tenir la bride. Nous avions appris par la conversation qu'El Zeres et sa bande étaient à environ vingt-cinq milles.

"Lors de notre balade, j'ai trouvé l'occasion, pour la première fois depuis notre capture, de discuter avec Rube.

"'Qu'en penses-tu, Seth ?'

« Ça n'a pas l'air bien, Rube », dis-je. « Si nous trouvons El Zeres dans le camp, je pense qu'il ne nous fera qu'une bouchée de nous ; s'il est absent , je suppose que nous aurons jusqu'à demain matin. Si nous voulons nous échapper du tout, ce doit être ce soir.

"'S'échapper!' Rube dit d'un ton moqueur : "Bien sûr, nous allons nous échapper. La question est : laquelle de toutes les voies qui s'offrent à nous devons-nous choisir ?" et il rit joyeusement.

"'Je ne vois pas encore tout à fait tous les chemins, Rube; cependant, nous verrons dans quel genre d'endroit nous sommes placés ce soir, et nous pourrons alors arriver à une conclusion. Voilà le soleil.'

« Il était environ neuf heures lorsque nous arrivâmes au camp ; et à mesure que nous nous en approchions, nous reconnaissâmes qu'un meilleur endroit pour éviter une surprise soudaine n'aurait guère pu être choisi. Le terrain était plat sur des kilomètres à la ronde ; mais l'emplacement du camp s'élevait. dans un léger monticule, de forme presque circulaire et peut-être d'une centaine de mètres de large ; la partie centrale était à environ trente pieds au-dessus du niveau général. Autour de cela, la bande d'El Zeres était campée . Rube et moi les avons devinés au nombre de quatre cents hommes. Là C'était une tentative de rétablir l'ordre militaire, car, d'après les paquets de vêtements, etc., il était évident que les hommes dormaient autour d'une série de feux de bivouac, s'étendant en cercle autour du pied du monticule . Les chevaux étaient disposés en deux rangées. Au centre du cercle, au point culminant de la colline, se trouvait une petite maison. Alors que nous nous approchions , nous avons pu voir un mouvement dans le camp : un groupe d'hommes montaient à cheval comme pour un plaisir. une expédition.

« J'espère qu'El Zérès est sur le point de commencer quelque part, Rubé, dis-je, et qu'il est trop pressé de s'arrêter pour s'amuser avec nous comme il l'a menacé : cela nous donnera un autre jour. »

« Je l'espère », a déclaré Rube ; « c'est difficile si nous ne parvenons pas à tracer des traces si nous avons vingt-quatre heures. »

"En arrivant au camp, on nous ordonna de descendre ; et dès qu'on connut qui nous étions, il y eut autant de cris de triomphe que si nous avions été généraux.

"'Nous sommes des personnages assez célèbres, Seth', a déclaré Rube avec son rire habituel.

"'Ah, dis-je, nous pourrions nous passer d'une telle célébrité pour le moment.'

"'Je ne sais pas', a déclaré Rube. 'Si nous étions de simples soldats américains, ils nous trancheraient la gorge immédiatement : dans l'état actuel des choses, ils pourraient nous garder pour un meurtre plus cérémoniel.'

« Pendant que nous parlions, on nous conduisait vers la cabane centrale, qui était évidemment la demeure du chef. Il se tenait à la porte, frappant impatiemment sa botte de cheval avec un lourd fouet ; un homme tenait son cheval prêt à le faire. Un des autres chefs était debout et lui parlait. « Jehoshophat ! dis-je, il sort. Nous sommes en sécurité pour un moment .

" El Zérès était un homme mince et nerveux, avec un petit œil méchant qui donnait des « tortillons » à regarder, et une bouche mince courbée dans un sourire cruel. C'était le plus sauvage et le plus sanguinaire de tous les hommes. Partisans mexicains. L'homme qui l'accompagnait était un grand méchant basané et à l'air féroce.

" El Zeres nous a regardés pendant un moment sans un mot. Puis il a dit : " Je t'ai enfin eu ; je te guettais depuis longtemps. "

« Ce n'est pas de notre faute si nous ne nous sommes pas rencontrés auparavant », a déclaré Rube ; ce qui était assez vrai, car nous l'avions poursuivi de près à plusieurs reprises. El Zeres a seulement eu un sourire méchant, mais l'autre Mexicain s'est exclamé sauvagement. , 'Espèce de chien, oses-tu répondre ?' et frappa Rubé au visage de toutes ses forces avec son lourd fouet.

"Rube est devenu tout blanc, puis, avec un effort énorme, il a brisé les lanières de peau de vache qui attachaient ses mains - pas une corde neuve, remarquez, mais de la peau de vache - comme s'il s'agissait d'une quantité d'herbe, et il s'est dirigé droit vers l'homme qui avait Les Mexicains poussèrent un cri d'étonnement et se jetèrent sur Rubé, El Zérès criant à pleine voix : " Ne tirez pas de couteau, ne tirez pas de couteau ; je pendrai tout homme qui blesse ". lui.'

"Rube avait attrapé l'homme à la gorge à deux mains, et bien que la foule d'hommes qui se précipitaient sur lui l'ait tiré à terre, il ne l'a jamais lâché, mais l'a fait tomber aussi. Je savais que tout était fini avec lui. " J'étais assez fou de me joindre à moi et d'aider ; mais bien que j'aie tiré et tendu mes lanières jusqu'à ce qu'elles me coupent les poignets, je n'ai pas pu y parvenir. Pendant un moment, ils sont restés en masse en lutte sur le sol, puis Rube s'est secoué. Libéré d'eux pendant un moment et se leva. Une douzaine d'hommes furent sur lui en un instant; mais il était aveuglé par la rage et n'aurait pas dérangé s'il y en avait eu un millier. Ceux qui étaient venus en tête tombèrent comme si abattu avant les coups de poing; mais d'autres se sont jetés sur lui par derrière, et puis la lutte a repris. Je n'ai jamais vu une chose pareille auparavant et je ne le reverrai plus jamais. C'était carrément horrible. Ils ne pouvaient pas tenir ses bras. Leur poids , encore et encore, le mettait au sol, et encore et encore il se relevait; mais ses bras, d'une manière ou d'une autre, ne pouvaient pas tenir, et le travail qu'il faisait avec eux était horrible. Tout ce qu'il frappait tombait, et quand il ne pouvait pas frapper , il s'agrippait. C'était comme un terrier avec des rats : il les attrapait à la gorge, et quand il le faisait, c'était fini avec eux. Certains d'entre eux s'emparèrent de leurs couteaux, mais ils n'eurent pas le temps de s'en servir. En un instant, leurs yeux semblaient sortir de leur tête ; et puis, alors qu'il les jetait , ils sont tombés en un morceau mort.

Combien de temps cela a duré, je ne peux pas le dire — quelques minutes, cependant — lorsqu'un Mexicain a arraché le lasso, que chaque Mexicain porte, de la selle du cheval d'El Zeres, et a laissé tomber la corde autour du cou de Rube. Un instant plus tard, il gisait à moitié étranglé sur le sol, et une douzaine de mains lui liaient les mains derrière lui et les pieds ensemble avec des lanières de peau de vache. Puis ils le regardèrent comme s'il était un diable. Et ce n'est pas étonnant. Sept Mexicains gisaient morts sur le sol, et de nombreux autres haletaient et saignaient. Les Mexicains sont une race d'hommes actifs, mais pas forts – rien à voir avec un Américain moyen – et Rube a toujours été un géant, même parmi nous, les éclaireurs ; et dans sa rage, il semblait avoir dix fois sa force naturelle. El Zeres n'avait jamais bougé ; et à part crier à ses hommes de ne pas se servir de leurs couteaux, il n'y avait pris aucune part, observant la lutte avec ce sourire cruel, comme s'il s'agissait seulement d'un terrier attaqué par des rats. Quand ce fut fini , il monta à cheval et dit à l'un de ses lieutenants qui se tenait à proximité : « Il faut que je parte maintenant. Je laisse ces hommes à votre charge, Pedro. Attachez les mains de celui-là derrière lui ; puis emmenez-les à l'intérieur. Mettez-les dans la pièce intérieure. Videz mes affaires. Prenez dix hommes d'élite, et ne laissez personne entrer ou sortir jusqu'à mon retour. Je serai de retour avant le lever du jour. Je m'amuserai aujourd'hui à réfléchir à la manière dont je mettrai à rude épreuve les nerfs de ces Américains. En tout cas, je peux vous promettre à tous un bel amusement. Et il est parti.

" J'ai souvent affronté la mort et je n'en ai pas peur ; mais le visage imperturbable et le sourire cruel de cet homme m'ont fait glisser ma chair sur mes os, alors que je pensais à ce que Rube et moi devions traverser le lendemain. "... Et maintenant," dit Seth en s'interrompant, "il se fait tard, et je n'ai pas autant parlé depuis des années. Je finirai mon fil un autre soir."

Les jeunes Hardy ont été très chaleureux dans leurs remerciements à Seth pour cette histoire passionnante tirée de sa propre expérience, et la discussion entre eux a été grande sur la façon dont les deux Américains auraient pu sortir de leur terrible situation.

CHAPITRE VII.

SETH CONTINUE SON RÉCIT DE L'AVENTURE MEXICAINE.

Le lendemain soir, les jeunes Hardy reprirent place à côté de Seth et, sans tarder, il poursuivit son histoire.

"Après le départ d'El Zeres, le lieutenant Pedro en choisit dix parmi les hommes autour - car presque tout le camp s'était rassemblé autour de nous - et leur dit, en premier lieu, de débarrasser la maison du hamac et des autres affaires . Ce fut pour amener Rubé à l' intérieur . Aussi lié et impuissant qu'il était, il y avait une répugnance visible de la part des hommes à le toucher, tant était grande la peur que sa force immense avait excitée. Six d'entre eux le relevèrent et le portèrent dans la cabane - car ce n'était guère plus - et le jetèrent comme une bûche dans la pièce intérieure. J'entrai de mon propre gré et m'assis par terre près de lui. J'entendis Pedro a donné l'ordre à certains hommes à l'extérieur d'emporter les cadavres et de les enterrer, et aux autres de descendre vers leurs feux de camp, puis il est entré dans la maison avec ses quatre autres hommes.

"La maison n'était qu'une hutte mexicaine ordinaire. Elle contenait deux pièces, ou plutôt une pièce partiellement divisée en deux, le compartiment intérieur formant la chambre à coucher de la famille. Il n'y avait pas de porte entre les pièces, ni de fenêtre. ; la lumière entrant par la large ouverture dans la pièce extérieure. La pièce extérieure n'avait pas de fenêtres régulières, seulement quelques fentes ou meurtrières, par lesquelles une certaine quantité de lumière pouvait passer ; mais celles-ci étaient bouchées avec de la paille, car les Mexicains sont un des gens froids ; et comme la porte était toujours ouverte, beaucoup de lumière entrait par elle. La maison n'était pas construite en adobe, comme le sont la plupart des huttes mexicaines, mais en pierres, avec les interstices enduits de boue. "

"Jamais de ma vie je n'ai senti que le jeu était terminé comme lorsque je m'asseyais là et regardais autour de moi. Les hommes étaient assis par terre dans la pièce voisine, bien en vue de nous, et de temps en temps l'un d'eux marchait. Aussi impuissants que nous étions, ils avaient un doute inquiet sur ce que nous pourrions faire. Rube était toujours étendu de tout son long sur le sol. Pendant un quart d'heure, je n'ai pas parlé, car je pensais qu'il valait mieux laisser parler " Il s'est calmé et s'est calmé un peu ; et j'ai réfléchi et réfléchi, mais je n'ai pas pu, pour ma vie, imaginer un plan pour m'enfuir. Finalement, j'ai pensé que j'allais remuer Rube . "

« Comment te sens-tu, Rubé ?

«Eh bien, je me sens presque fatigué», dit Rube; c'est comme si j'avais parcouru cent milles d'un bout à l'autre. J'ai encore été un imbécile, Seth, bien sûr ; mais j'en ai donné du goss à certains , c'est un réconfort. Je vais juste dormir quelques heures, et ensuite nous verrons à propos de cette affaire. 'Bonjour!' il a crié en espagnol ; 'eau.' Pendant un certain temps , personne ne s'est occupé de lui ; mais il continua à crier, et je le rejoignis, de sorte que les hommes de la pièce voisine furent obligés de cesser leur conversation pour faire ce que nous voulions qu'ils fassent. L'un d'eux se leva, prit une grande casserole en cuivre, la remplit d'eau provenant d'une outre et la posa entre nous ; puis, me donnant un bon coup de pied – même alors il n'osa pas donner un coup de pied à Rube – il retourna à son oreiller. Il nous a fallu du mal et beaucoup de retournements avant de pouvoir mettre la bouche au-dessus de la casserole pour boire. Lorsque nous eussâmes notre soif, nous nous retournâmes de nouveau, nous nous installâmes aussi confortablement que possible étant donné les circonstances – qui ne disent pas grand-chose – et en peu de temps nous nous endormiâmes tous les deux, car nous n'étions restés au lit que quatre heures depuis deux nuits. . J'étais assez habitué à dormir par terre, et j'ai dormi sans me réveiller pendant près de sept heures ; car ce faisant, je vis aussitôt que le coucher du soleil était presque proche. Je ne peux pas dire que ce fut un réveil agréable, ça ; car j'avais l'impression que mes épaules étaient désolidarisées et que j'avais deux bandes de fer chauffé au rouge autour de mes poignets. Mon premier geste a été de me retourner et de prendre un autre verre. Puis je me suis assis et j'ai regardé autour de moi. Rube était assis et me regardait.

« Alors tu es réveillé, Seth ?

« Oui, dis-je. Est-ce que ça va maintenant, Rube ? »

« Aussi juste que possible, » dit Rube de son ton joyeux habituel ; "sauf que j'ai l'impression qu'un type me sciait les chevilles et les poignets avec un couteau émoussé."

«Cela dépend de l'état de mes poignets», dis-je.

« Mes poignets ne me dérangent pas tellement, dit-il ; 'ce sont mes pieds qui me dérangent. J'aurai ce temps avant de pouvoir marcher.

« Ne vous inquiétez pas de ça, Rube, dis-je. Ce n'est pas grand-chose de plus que marcher avec vos pieds. »

« J'espère qu'ils ont encore plus à faire qu'ils n'ont jamais fait, mon vieux, dit Rube ; en tout cas, ils ont encore une bonne trentaine de milles à faire ce soir.

«Êtes-vous sérieux, Rube ? dis-je.

« Jamais plus », dit-il. « Tout ce que nous avons à faire, c'est de nous enfuir, puis de le piétiner. »

« Comment comptez-vous vous enfuir, Rube ?

— Assez facile, dit Rube avec insouciance. "Lâchez d'abord nos mains, puis nos jambes, puis tuez-les, les gars, et tracez des traces."

Maintenant, ce n'est pas très souvent que je m'égare . Je ne pense pas m'être amusé trois fois depuis que je suis enfant ; mais le sang-froid de Rubé me chatouilla au point que je m'éloignai comme une hyène. Quand j'ai commencé, Rube a-t-il commencé ; et quand il s'est amusé, c'était formidable. Je ne pense pas que Rube savait à quoi je faisais la guerre larfin ' à; mais il m'a dit par la suite qu'il avait adoré me voir , ce qu'il n'avait pas vu depuis tout le temps que nous étions ensemble. Ce qui nous a encore aggravé, c'est que les Mexicains ont été si surpris qu'ils ont saisi leurs fusils et se sont précipités vers la porte et nous ont regardés comme si nous étions des bêtes sauvages. Les fusils pointés sur nous, ils firent le tour avec beaucoup de précautions et tâtèrent nos cordes pour s'assurer qu'ils allaient bien ; et constatant qu'ils l'étaient, il retourna dans la pièce voisine, sauvage et plutôt effrayé. Nos plaisanteries les mettaient terriblement mal à l'aise, je le voyais ; et ils avaient une idée que nous n'aurions pas pu jouer ainsi si nous n'avions pas eu l'idée de nous enfuir. Quand nous avons eu fini, j'ai dit :

"Maintenant, Rube, dis-moi ce que tu as prévu, du moins, si tu es vraiment sérieux . "

« En vérité ! » dit-il presque en colère ; 'bien sûr, je suis sérieux . Pensez-vous que je serai assez idiot pour m'arrêter ici et me faire trancher et friser par cet El Zeres demain ? « Non, c'est exactement ce que j'ai dit : il faut avoir les mains libres ; nous devons tuer tous ces gars et partir.

« Mais comment pouvons-nous avoir les mains libres, Rube ?

"C'est le seul point que je n'arrive pas à comprendre", a-t-il déclaré. « Si ces gars nous laissaient tranquilles, ce serait assez facile ; nous pourrions nous ronger les lanières en dix minutes ; mais ils ne nous laissent pas faire ça. Tout le reste est assez simple. Réfléchissez-y, Seth.

J'y ai réfléchi, mais je n'ai pas trouvé comment me débarrasser de nos tongs. Cela fait, le reste était assez possible. Si nous parvenions à nous procurer quelques fusils et à les surprendre, de manière à en éliminer quatre ou cinq avant qu'ils ne puissent se remettre sur pied, je n'avais aucun doute que nous pourrions gérer le reste. Sans doute ils fermeraient la porte plus tard, et il était possible que la dispute ne soit pas entendue. Si nous y parvenions, j'étais sûr que nous pourrions traverser les files d'attente et descendre. Oui, c'était assez simple si nous pouvions nous débarrasser de nos cordons. Pendant que j'y réfléchissais, mon œil tomba sur la casserole d'eau. Une idée m'est venue.

« Je ne sais pas, Rube, si cela les étirerait suffisamment pour que nos mains puissent en sortir, mais si nous pouvions mouiller ces lanières de peau en les trempant dans l'eau, nous pourrions quand même les étirer un peu et les détendre.

« De toute façon, ce serait quelque chose, Seth.

Nous nous sommes traînés tour à tour, à côté de la casserole, et nous nous sommes penchés en arrière pour que nos poignets soient assez dans l'eau. L'eau a soulagé la douleur et je sentais les lanières céder un peu, mais ce n'était qu'un peu ; ils avaient été trop soigneusement et trop bien attachés pour qu'il soit possible de les détacher. Nous sommes arrivés à cette conclusion après une heure d'efforts et au prix de beaucoup de douleur. Nous avons convenu que cela ne servait à rien, et nous sommes restés assis à réfléchir à la prochaine chose à faire et à nous rafraîchir les poignets à tour de rôle. Nous n'avons pas complètement perdu espoir, car nous avons convenu que nous devions essayer, dans les courts intervalles entre les visites des Mexicains, de dénouer les nœuds de nos cordes mutuelles avec nos dents. C'était pourtant possible, car les nœuds se feraient assez facilement maintenant que le cuir était mouillé. Soudain, une idée m'est venue. Je me blottis contre le mur et m'y appuyai.

« Tout va bien, Rube, dis-je ; "Nos cordons sont presque arrachés."
« Comment ça va ? dit Rubé. « Ce mur est fait de pierres brutes, Rube, et il y a de nombreuses arêtes vives qui dépassent de la boue. Elles trancheront ces lanières mouillées comme des couteaux.

« Hourah ! » » cria Rubé à pleine voix, avec un cri qui fit de nouveau sursauter les Mexicains de leurs sièges, puis il se mit à tonner une des chansons que les soldats chantaient pendant la marche. Plusieurs Mexicains accoururent du camp pour demander si quelque chose n'allait pas, le cri de Rubé étant parvenu à leurs oreilles. On leur a dit que c'étaient seulement ces Américains fous qui s'amusaient, et avec de nombreuses menaces furieuses des différentes sortes de cris que nous devrions pousser le lendemain, ils sont repartis d'un pas nonchalant.

«C'est plutôt une bonne chose», m'a dit Rube lorsqu'il a cessé de faire du bruit. « Si le bruit du petit combat que nous allons avoir ici parvient au camp, ils nous l'attribueront en criant pour notre amusement.

À ce moment- là , il faisait complètement noir et le garde alluma un feu au milieu de la pièce dans laquelle ils étaient assis. Un tas de bois avait été apporté à cet effet, et lorsque la fumée se fut un peu calmée, la porte fut fermée et barrée. Toutes les trois ou quatre minutes, un des hommes prenait un tison allumé et entrait pour voir que nous n'étions pas proches les uns des autres et que tout était en sécurité.

« À quelle heure devons-nous commencer, Seth ? » a demandé Rubé.

«Dans environ une heure», dis-je; 'à huit heures. Vers neuf heures, ils joueront et se disputeront autour du feu ; et les paroles et le bruit des chevaux les empêcheront d'entendre quoi que ce soit ici. Il ne faut pas penser à sortir avant deux heures, et même alors ils ne dormiront pas tous ; mais nous n'osons pas retarder cette date, car El Zérès pourrait revenir plus tôt qu'il ne l'avait prévu, et s'il le fait, c'est notre affaire. Organisons nos projets pour de bon, dis-je, et alors nous pourrons chacun nous asseoir contre un coin et faire semblant de nous endormir. Quand je vais couper mon cordon, je tousserai très peu, et puis vous ferez de même quand vous serez libre. Nous ferions mieux de le faire avant très longtemps, car il vous faudra beaucoup de temps avant de ressentir la moindre sensation dans vos pieds. Frottez-les aussi fort que possible ; mais vous ne pouvez pas faire cela tant que vous n'avez pas l'usage de vos mains. Lorsque vous êtes tout à fait prêt, ronflez doucement ; Je répondrai de la même manière si je suis prêt. Ensuite, nous nous tiendrons tranquilles jusqu'à ce que l'homme revienne, et dès qu'il sera parti, rampons tous les deux en avant : choisissons un moment où le feu est bas. Vous vous glissez de votre côté de la pièce ; Je garderai le mien jusqu'à ce que nous nous retrouvions dans le coin où sont entassés les fusils. Il faut alors ouvrir les casseroles, secouer toute la poudre, et, quand cela est fait, chacun en saisir une par le canon et frapper. Comprenez-vous bien et êtes-vous d'accord ?

- Tout à fait , Seth. Y a-t-il autre chose?'

«Oui», dis-je; « tu prends la porte, je prendrai le coin où sont les armes. Nous devons essayer de les empêcher de venir à portée de main pour utiliser leurs couteaux ; mais si l'un de nous est pressé, il doit appeler, et l'autre doit venir à lui.

« Très bien, mon vieux, j'ai hâte d'être au travail. »

«Moi aussi», dis-je. « Et maintenant, ne parlons plus ; ferme les yeux et reste tranquille jusqu'à ce que je tousse.

Les hommes étaient maintenant occupés à discuter des actes qu'ils avaient commis, et les atrocités dont ils se vantaient étaient si révoltantes et si froides que j'aspirais ardemment au moment où Rube et moi tomberions sur eux. Au bout d'une demi-heure, j'ai donné le signal. J'avais choisi une pierre pointue dans une position commode, et il ne fallut pas une minute avant que je sente l'enroulement des cordes se desserrer avec une secousse soudaine et que je sache que j'étais libre. J'ai trouvé que mes mains étaient complètement engourdies et il m'a fallu beaucoup de temps avant de pouvoir rétablir la circulation. Il dut s'écouler une bonne demi-heure avant que Rubé ne donne le signal qu'il avait desserré les cordes qui lui attachaient les chevilles, car il ne pouvait naturellement pas commencer à les utiliser avant d'avoir le libre usage de ses mains. Comme je l'avais prévu, les visites de nos gardes étaient un peu moins fréquentes maintenant qu'ils nous croyaient endormis. Heureusement, le vacarme et les discussions dans la pièce voisine étaient désormais bruyants et incessants, ce qui permettait à Rube de se frotter et même de taper un peu du pied. Au bout d'une demi-heure, j'ai entendu un ronflement auquel j'ai répondu. Dès la fin de la visite suivante, j'ai rampé jusqu'à la porte, puis, allongé presque sur le ventre, je me suis glissé vers l'endroit où les fusils étaient entassés.

Le feu était faible, et les gardes étaient assis si près autour du feu que la partie inférieure de la pièce était plongée dans une ombre noire ; de sorte que, bien que je cherchais Rubé, je ne le vis que lorsqu'il fut assez près pour me toucher. C'était un travail délicat d'ouvrir toutes les casseroles, mais nous le faisions sans faire autant de bruit qu'il pourrait effrayer un cerf, et puis, prenant chacun un fusil par le canon, nous étions prêts. Pedro racontait simplement comment il avait forcé un vieil homme à dire où était caché son argent , en torturant ses filles sous ses yeux, et comment, après avoir révélé son secret et obtenu l'argent, il les avait attachées. se leva et mit le feu à la maison — une histoire qui fut accueillie par des éclats de rire approbateurs. Alors qu'il terminait sa course, la crosse du fusil de Rube lui tomba sur la tête avec un bruit sourd, tandis que le mien faisait de même sur la tête de l' homme suivant. Pendant un instant, il y eut une pause d'étonnement, car personne ne savait exactement ce qui s'était passé ; puis il y eut un cri sauvage de surprise et de peur, tandis que nos fusils retombèrent avec un bruit sourd. Tous se levèrent d'un bond, l'homme sur lequel je visais mon prochain coup se retourna et s'en échappa de peu. Rube a eu plus de chance et a juste eu son homme alors qu'il montait.

« Hourra ! Seth, cria-t-il, cinq sur onze.

Nous nous retirâmes maintenant à nos postes comme convenu, et les Mexicains, sortant leurs couteaux, se précipitèrent en avant. Ce ne sont pas des lâches, les Mexicains, je le dis pour eux ; et quand ces gens se sont aperçus qu'ils étaient pris comme des rats dans un piège, ils se sont battus désespérément. Ils savaient qu'il n'y avait aucune pitié à attendre de Rube et de moi. Ils se sont divisés et trois sont venus vers chacun de nous. Deux sont tombés comme si on leur avait tiré dessus, et j'étais justement en train de faire tourner mon fusil pour un autre coup, quand j'ai entendu un fracas, puis un cri de Rube :

« Au secours, Seth ! »

J'ai vu tout de suite ce qui s'était passé. Le fusil de Rubé, alors qu'il frappait un homme, avait heurté une poutre au-dessus de sa tête, et le choc l'avait fait voler de ses mains à travers la pièce. Un instant plus tard, les deux Mexicains l'attaquèrent avec leurs couteaux. Il a frappé sauvagement, mais il a eu une entaille au front et une autre au bras en un instant. Je fis deux enjambées à travers la cabane, et les Mexicains qui m'attaquaient, au lieu de chercher à m'en empêcher, se précipitèrent vers le coin où étaient leurs fusils, que j'avais laissé sans surveillance. Ce fut une erreur fatale. Mon arme s'est écrasée sur la tête d'un des assaillants de Rube avant qu'il ne se rende compte de mon approche, et une minute supplémentaire a pris le dessus sur la seconde. Tandis que je me détournais de lui, les deux Mexicains restants se tournèrent vers Rube, qui s'était précipité pour récupérer son arme, ainsi que moi-même, et poussèrent un cri tandis que les silex tombaient et il n'y eut aucun rapport. Pendant une minute ou deux, ils se battirent désespérément avec leurs fusils ; mais cela ne servait à rien, et ce fut bientôt fini, et nous nous trouvâmes maîtres de la cabane, avec onze morts autour de nous. Car ils étaient tous morts, car nous les avons examinés. Les crosses de nos fusils s'étaient brisées au premier coup, et le reste avait été donné avec le fer, et en aucun cas nous n'avions à frapper deux fois. Je ne dis pas que c'était quelque chose comme Samson et la mâchoire de l'âne dont vous me parliez, mais c'était une guerre très juste. A peine la fin de la journée, nous entendîmes plusieurs hommes accourir dehors.

« Est-ce qu'il y a quelque chose, Pedro ? Nous avons cru entendre un cri.

« Non, rien », dis-je en imitant la voix bourrue de Pedro, dont j'étais sûr qu'ils ne le reconnaîtraient pas à travers la porte ; "Il n'y a que ces Américains fous qui crient."

Les hommes étaient apparemment très satisfaits de l'explication, car au bout d'une minute ou deux nous entendîmes leurs voix s'éloigner, puis tout se tut. Nous avons alors ouvert la porte et regardé dehors. Beaucoup de feux avaient commencé à s'éteindre, mais autour d'autres, on entendait encore des rires et des chants.

«Encore une heure», dit Rube, «et ils dormiront tous».

Nous avons jeté encore du bois sur le feu, avons sorti du tabac et du papier à cigarette de la poche d'un des Mexicains et nous sommes assis pour fumer confortablement. Nous étions tous deux terriblement anxieux et ne pouvions pas prétendre ne pas avoir prévenu , car à tout moment ce coquin d'El Zeres pourrait arriver, et alors tout serait fini avec nous. Finalement , nous convînmes que nous n'en pouvions plus, et décidâmes d'aller dehors et de nous asseoir contre le mur de la cabane jusqu'à ce que nous puissions prendre un départ en toute sécurité, et alors, si nous entendions des chevaux arriver au loin, nous pourrait agir immédiatement. Nous avons chacun pris un chapeau et un manteau, une paire de pistolets et un fusil, et sommes sortis. Là, nous sommes restés assis pendant encore une heure, jusqu'à ce que le camp devienne suffisamment calme pour tenter notre chance. Même alors, nous pouvions entendre par les conversations que beaucoup d'hommes étaient encore éveillés, mais nous n'osions plus attendre, car nous estimions qu'il devait déjà être près de onze heures. Nous choisissions un endroit où les feux avaient brûlé le moins et où tout était calme, et, rampant sur le sol, nous nous retrouvâmes bientôt parmi les chevaux. Nous étions depuis trop longtemps parmi les Indiens pour avoir un peu peur de nous en sortir; et, couchés sur la face, nous rampions, les touchant parfois presque, car ils étaient très serrés l'un contre l'autre, mais ne faisaient pas plus de bruit que deux gros serpents. Au bout d'un quart d'heure, nous les avions parcourus, et assez loin dans la plaine pour pouvoir nous relever et faire une longue enjambée. Encore dix minutes et nous nous mettons à courir : nous ne craignons plus que nos pas soient entendus.

"C'est fait, par le tonnerre !" Rubé a dit : "El Zeres ne maudira-t-il pas ?"

Nous étions peut-être à un kilomètre et demi du camp lorsque, dans l' air calme de la nuit , nous entendîmes le hurlement d'un chien. Nous nous sommes arrêtés tous les deux comme si on nous avait tiré dessus.

'Tonnerre!' Rube s'est exclamé furieusement, "si nous n'avons pas oublié le limier."

Zeres se vantait bien que personne ne pourrait jamais lui échapper, car son limier les traquerait jusqu'au bout du monde.

« Il n'y a qu'une chose à faire, dis-je ; 'nous devons revenir en arrière et tuer cette créature.'

« Attendez, Seth, dit Rube ; « Nous ne savons pas où est gardée cette foutue brute. Il n'a pas prévenu à la cabane, et nous pourrions perdre une heure à le retrouver, et quand nous l'avons fait, ce n'est plus une créature à éliminer comme un bébé .

« Nous devons prendre le risque, Rube. J'ai dit . "C'est fini avec nous s'il est une fois mis sur notre piste." Rubé ne répondit rien et nous nous tournâmes vers le camp.

Nous n'avions pas parcouru vingt mètres lorsque Rube a dit : « Écoutez. J'ai écouté et, bien sûr, j'ai pu entendre dans la plaine devant moi un faible piétinement. Il n'y avait plus besoin de parler. Nous avons couru en avant de toutes nos forces, en déviant un peu de notre route pour laisser passer les cavaliers qui arrivaient.

— Dans un quart d'heure, ils sauront tout, Rube. Il leur en faudra d'autant plus pour se préparer et mettre le chien sur la piste. Ils auront du mal à lui faire prendre notre odeur avec tout ce sang dans la pièce. Je dois dire qu'on peut raisonnablement compter trois quarts d'heure avant, ils sont bien hors du camp.

«C'est à peu près tout», dit Rube. «Ils devront attacher le chien pour ne pas le perdre dans l'obscurité. Ils ne nous rattraperont pas très vite pendant les deux prochaines heures ; nous pouvons garder cela pour cela à la rigueur. Après, si nous ne touchons pas l'eau, nous sommes foutus.

« Nous avons dépassé un ruisseau hier, Rube ; jusqu'où était-il en arrière ?

« Environ une heure après le lever du jour. Oui, à près de trois heures du camp. Mais nous allons plus vite aujourd'hui qu'à l'époque. Nous devrions le faire dans deux heures.

"Après cela, nous n'avons plus rien dit. Nous avions besoin de tout notre souffle. C'était bien pour nous que nous ayons tous les deux marché la moitié de notre vie, et que nos jambes nous aient sauvé la tête plus d'une fois dans les prairies. Nous étions tous les deux Nous étions assez sûrs de pouvoir courir seize milles en deux heures. Mais nous n'osions pas courir tout droit. Nous savions que s'ils s'apercevaient que nous gardions une ligne, ils laisseraient le chien aller à son meilleur rythme et galoper à côté ; nous devions donc zigzaguer, parfois . revenant presque sur notre propre chemin. Nous ne l'avons pas fait aussi souvent que nous aurions dû le faire si nous avions eu plus de temps.

"Mais comment savais-tu quelle direction prendre, Seth," demanda Hubert.

"Nous sommes passés par les étoiles", a déclaré Seth. "C'était plus facile que de jour, car lorsque le soleil est juste au-dessus de notre tête, il n'est pas très simple de savoir où l'on va ; mais il n'y aurait alors aucune difficulté pour des éclaireurs comme Rube et moi. Eh bien, nous avions couru peut-être une heure et quart lorsque nous avons entendu un aboiement faible et court loin derrière.

« La brute est sur nos traces, dit Rube ; 'ils ne nous ont pas donné autant de départ que je l'espérais. Encore une demi-heure et il sera certainement à nos trousses.

J'ai senti que c'était vrai et je me suis senti très mal pendant un moment. Au bout d'un autre quart d'heure, la barque était un peu plus proche, et nous ne pouvions pas aller plus vite que nous allions. Tout d'un coup , j'ai dit à Rube : « Rube, j'ai entendu dire que ces chiens perdent leur odorat s'ils goûtent du sang. Essayons; c'est notre seule chance. Tiens, fais-moi une coupure au bras, je peux l'épargner mieux que toi ; vous avez perdu beaucoup ce soir à cause de cette coupure.

Nous nous sommes arrêtés une minute. J'ai arraché la manche de ma chemise de chasse, puis Rube m'a fait une petite coupure au bras. J'ai laissé le sang couler jusqu'à ce que la manche soit trempée et dégoulinante, puis Rube a arraché une bande de sa chemise et m'a bandé le bras. Nous avons roulé la manche en boule et l'avons jetée, puis nous avons fait un tour, fait un ou deux zigzags pour intriguer la brute, puis avons repris notre ligne. Pendant encore dix minutes, nous avons entendu les aboiements se rapprocher de plus en plus, puis ils se sont arrêtés d'un seul coup. Nous avons continué, et il nous a fallu encore une demi-heure avant de l'entendre, et puis c'était loin.

«Je pense que tout va bien maintenant, Seth», dit Rube.

«Je suppose que oui», dis-je; "mais plus tôt nous trouverons l'eau, mieux je serai content."

Il était encore près d'une demi-heure, et nous avions tous les deux presque fini, lorsque nous arrivâmes au ruisseau, et le chien ne devait pas être à plus d'un mile. C'était un peu quelque chose de cinq ou six mètres de large et d'un pied ou deux de profondeur au milieu.

'Quelle direction?' dit Rubé. « C'est notre chemin le plus proche, alors nous ferions mieux de descendre. »

« Non, non », dis-je ; "Ils soupçonneront sûrement que nous allons essayer la mauvaise voie pour les dévier, alors prenons la bonne."

Sans un autre mot, nous sommes allés en courant, aussi fort que nous le pouvions. Au bout de quelques minutes, nous entendîmes le chien cesser d'aboyer, alors que nous aurions pu nous trouver à un demi-mile en amont.

« Nous devons sortir de là, Rube, dis-je. « Quelle que soit la manière dont ils essaient avec le chien, ils peuvent envoyer des cavaliers dans les deux sens en toute sécurité.

« De quel côté allons-nous sortir, Seth ?

«Ça n'a pas d'importance», dis-je; « C'est une question de chance de savoir de quel côté ils prendront le chien. Prenons notre propre parti.

Nous sommes sortis ; et nous n'avions pas parcouru un quart de mille que nous entendîmes un piétinement de chevaux qui arrivaient près du ruisseau. Nous nous sommes arrêtés pour écouter, car nous savions s'ils avaient le chien avec eux, et s'il était de notre côté de la rivière, nous étions comme morts.

— S'ils suivent la piste, Seth, dit Rube, c'est fini pour nous. Ne courons plus. Nous sommes assez hommes pour fusiller les quatre premiers qui arriveront, et j'espère seulement que l'un d'eux sera El Zérès ; cela nous laissera chacun un pistolet, et nous les garderons pour nous. Mieux vaut le faire, de loin, que d'être mis en pièces avec des pinces brûlantes.

« Un long chemin, Rube, dis-je. — C'est donc convenu. Quand je te le dirai, mets le canon contre ton œil et tire ; c'est un coup sûr.

Alors que les Mexicains arrivaient à l'endroit où nous étions sortis, nous nous sommes arrêtés et avons retenu notre souffle. Il n'y eut pas de pause : ils continuèrent leur route ; encore une minute, et nous étions sûrs qu'ils avaient dépassé l'endroit.

« Sauvé par le tonnerre ! Rubé a dit : et nous nous tournâmes et partîmes d'un trot régulier que nous pourrions tenir pendant des heures. « Combien de temps aurons-nous, pensez-vous, Seth ? »

« Tout dépend de la durée pendant laquelle ils suivent le courant . Ils ne peuvent pas dire jusqu'où nous sommes en avance. Je devrais penser qu'ils descendront deux milles ; puis ils traverseront le ruisseau et reviendront ; et s'ils ne se trouvent pas du côté droit du ruisseau lorsqu'ils passent par là où nous sommes sortis, ils monteront encore deux ou trois milles, et presque autant en bas, avant de rejoindre le sentier. Nous sommes à peu près en sécurité avec une demi-heure de départ, et nous pourrions avoir, si nous avons de la chance, près d'une heure. Nous ne sommes pas encore en sécurité, Rube, et de loin. Il y a près de trente milles entre chez Pepita et le camp. Nous en avons bien fait seize, je devrais dire dix-huit ; nous en avons encore douze sur la route, et nous ne sommes alors pas en sécurité. Non; notre seule chance est de tomber sur une hacienda et d'acquérir des chevaux. Il y en a un bon nombre dispersés ; mais il fait si sombre que nous pourrions passer à cinquante mètres sans le voir. Il n'y aura pas un rayon de jour avant quatre heures, et il n'est pas encore deux heures.

« Pas loin, Seth. » À ce moment- là , nous avions repris le vent et avons accéléré notre élan ; mais notre travail nous avait laissé des traces, et nous n'aurions pas pu dépasser les sept milles à l'heure. Plusieurs fois, tandis que nous avancions, nous entendîmes un piétinement dans l'obscurité, et nous savions que nous avions effrayé quelques chevaux ; mais même si nous avions emporté un lasso, nous aurions tout aussi bien pu essayer d'attraper un oiseau avec. Au bout d'une heure, nous entendîmes à nouveau le chien, mais il était loin derrière. Il n'y avait plus qu'à courir dur, et nous étions encore à sept milles de la route, et même cela ne signifiait pas la sécurité. J'ai commencé à penser que nous allions perdre la course, après tout. Au bout d'un autre quart d' heure , nous nous arrêtâmes brusquement.

'Tonnerre!' dit Rubé ; 'Qu'est ce que c'est?' Un animal qui était couché s'est levé juste devant nous.

'C'est un cheval ! Ton lasso, Rubé ! Rubé, cependant, s'était précipité en avant et, avant que l'animal ait pu se mettre au galop, il s'était approché et l'avait saisi par la crinière.

« Ce n'est pas possible, » dit Rube, tandis que le cheval faisait un pas en avant ; "C'est un vieux, mort boiteux."

«Ne pars pas, Rube», dis-je. "Il fera l'affaire à notre tour." C'était une vieille bête misérable, mais je sentais qu'il ferait aussi bien que le meilleur cheval du monde pour nous. Rube a compris ce que je voulais dire et en une minute , nous étions tous les deux à califourchon sur son dos. Il a chancelé et j'ai cru qu'il serait tombé sur la tête. Les coups de pied ne servaient à rien ; alors je suis sorti avec mon couteau et je lui ai donné un coup de pouce, et nous sommes partis. Ce n'était pas loin, environ deux cents mètres, mais c'était comme je le voulais, juste de l'autre côté de la ligne où nous allions. Puis il tomba.

« Très bien, dis-je. Vous avez fait votre travail, vieil homme ; mais vous ne devez pas rester allongé ici, sinon ils pourraient vous surprendre et deviner ce qui se passe.

donc mis sur ses pieds, lui avons donné un autre coup de pouce, ce qui l'a fait boiter ; et nous poursuivions notre route, sûrs d'être enfin en sécurité, car nous avions complètement écarté le limier de notre piste. Pendant environ un mile, nous nous sommes éloignés de notre route, de peur qu'ils ne continuent tout droit et, manquant l'odeur, conduisions le chien à travers la piste et le reprenons ainsi ; puis nous avons tourné et sommes allés tout droit vers la route.

« Je ne pense pas, Rubé, dis-je au bout d' un moment , que nous prendrons la route très loin de l'endroit où nous l'avons laissée chez Pepita.

« Non, je ne m'y attendais pas, Seth. Nous ferions mieux de nous diriger un peu plus vers le sud, car ils se dirigeront probablement vers chez Pepita, et le jour va bientôt se lever.

« Nous ferions mieux de ne pas prendre la route du tout, Rube ; il est fort probable qu'ils le suivront sur quelques kilomètres dans l'espoir de venir nous chercher.

«J'espère qu'ils le feront», dit Rube; 'et je m'y attendais. Ne serait-ce pas une plaisanterie, n'est-ce pas ?

« Que veux-tu dire, Rubé ?

'Signifier? Pourquoi le Cap ne nous a-t-il pas dit de quitter San Miguel avant le lever du jour et de partir à sa rencontre ? Il est peu probable qu'il ait voulu que nous parcourions plus de dix milles environ ; de sorte qu'il sera à cette distance de San Miguel une heure après le lever du jour, et qu'il sera chez Pepita une demi-heure plus tard. Si ces gars-là continuent leur route, ils risquent de tomber dans un piège aussi agréable que… »

« Joshophat ! dis-je. « Vous avez raison, Rube. Faisons des traces. Il ne peut pas y avoir plus de quatre ou cinq milles jusqu'à la route, et le jour se lèvera dans une demi-heure.

« À quel point les estimez-vous forts, Seth ?

« Cinquante ou soixante, dis-je, au bruit régulier des chevaux.

"C'est à peu près ce que j'avais deviné", a déclaré Rube. « Nous sommes quarante de nos gars, et ils seront frais. Nous leur donnerons putain .'

"Nous n'entendions plus depuis longtemps les aboiements du chien, qui étaient devenus très désagréablement clairs lorsque nous descendions du vieux hoss qui nous avait si bien servi. Nous nous assurions également d'être bien en avance, car ils Nous attendrions probablement une heure pour essayer de retrouver la piste. Le jour est enfin arrivé, et quand il a fait assez clair pour voir, nous nous sommes arrêtés et avons jeté un coup d'œil depuis une légère élévation, et là, à travers la plaine, nous pouvions voir la route. juste là où nous nous attendions. Rien ne bougeait dessus et, en regardant en arrière, nous ne pouvions voir aucun signe des Mexicains. À gauche, à environ un kilomètre et demi, nous pouvions voir un bouquet d'arbres et quelque chose comme le toit d' un maison parmi eux. Celle-ci, nous n'en doutions pas, était celle de Pepita. À environ un mile plus loin sur la route, dans l'autre sens, il y avait un plus grand bois, à travers lequel la route passait.

« Allons vers ce bois, Rube, et attendons ; le Cap sera levé dans encore une demi-heure, et il est peu probable que les Mexicains soient là bien avant. Ils vont probablement s'arrêter boire un verre chez Pepita.

Au bout de dix minutes, nous étions à l'abri dans le bois, en prenant garde de ne pas prendre la route, de peur que les Mexicains ne viennent avec le chien avant nos hommes. Nous n'y étions pas depuis vingt minutes que nous entendîmes tous deux un piétinement de chevaux ; mais il nous fallut encore une minute ou deux avant de pouvoir décider de quelle direction ils venaient. Finalement, pour notre plus grand confort, nous avons découvert que c'était la bonne voie. Juste avant qu'ils n'arrivent , j'ai eu l'idée que j'avais capté un son venant de l'autre côté, mais je n'aurais pas pu le jurer. Nous restâmes jusqu'à ce que la troupe atteigne assez près, comme s'il s'agissait peut-être d'un autre groupe de Mexicains ; mais tout allait bien, et nous avons sauté, en applaudissant, au milieu d'eux. Très surpris qu'ils nous voient, à pied, dans toute la poussière et la sueur. Le visage de Rube était également ligoté ; et dans l'ensemble, nous n'avions pas l'air tout à fait nous-mêmes. Ils commencèrent tous à parler en même temps ; mais j'ai levé la main avec urgence, et quand ils ont vu que c'était quelque chose de particulier , ils se sont tus, et j'ai dit au Cap : « Ne pose pas de questions, Cap ; Je vous dirai tout plus tard . El Zeres et une cinquantaine de ses hommes seront là dans environ trois minutes, je pense. Ils ont parcouru trente milles, et les bêtes ne sont pas fraîches ; c'est donc votre faute si quelqu'un s'enfuit.

Le Cap ne perdit pas un instant en mots. Il ordonna à la moitié de ses hommes de reculer de deux cents mètres et de charger dès qu'ils entendraient son sifflet ; et lui et les autres se dirigèrent vers le bois, qui était très épais, et les protégeaient de tous les passants. Rube et moi, n'ayant pas de chevaux, n'étions pas bons pour une charge ; nous avons donc continué dans le bois, aussi près que nous pouvions le deviner, à mi-chemin entre eux, afin d'être prêts à sauter et à nous joindre à la mêlée . Tout cela prend du temps à raconter, mais cela n'a pas pris deux minutes, et une minute plus tard , nous pouvions entendre les Mexicains se rapprocher. Ils arrivèrent : nous savions maintenant qu'ils avaient dépassé le Cap, et nous serraient fermement nos fusils et regardions à travers les feuilles. Ils arrivèrent et nous vîmes El Zérès chevauchant le premier, avec le limier trottant à côté de son cheval. Juste au moment où il se trouvait en face , nous entendîmes un sifflement fort et aigu, et les Mexicains s'arrêtèrent avec un air inquiet. Ils ne restèrent pas longtemps à réfléchir, car en un instant il y eut un piétinement de chevaux, et nos camarades tombèrent des deux côtés d'eux. Juste avant qu'ils ne se lèvent, nous nous sommes avancés avec nos fusils levés.

"El Zérès !" » cria Rube, et, si surpris que fût le Mexicain, il regarda autour de lui. Il avait juste le temps de voir de qui il s'agissait, lorsque la balle de Rube le frappa à la tête, et il tomba mort comme une pierre. Le chien s'est retourné et s'est précipité vers nous avec un profond grognement de rage. Je lui ai envoyé une balle dans la poitrine et je l'ai fait rouler, et juste au même moment, nos camarades sont tombés sur les Mexicains. Ce fut un combat acharné, car les Mexicains étaient pris au piège et savaient qu'il n'y avait aucune pitié pour eux. Rube et moi sommes sortis et avons payé un bon nombre d' entre eux pour la peur qu'ils nous avaient fait. Nous les avons éliminés jusqu'au dernier homme, n'en perdant que six nous-mêmes. Je ne sais pas si j'ai toujours vu une meilleure escarmouche tant que cela a duré. Après que ce fut fini, Rube et moi montâmes deux de leurs chevaux et partîmes avec les autres jusqu'à San Miguel ; mais avant de partir, nous racontâmes notre histoire au Cap, et il envoya quelques hommes avec une dépêche au général, demandant cinq cents hommes pour détruire d'un seul coup la bande d' El Zérès . Nous nous sommes arrêtés chez Pepita et je n'ai jamais vu une fille avoir une peur bien pire que celle que nous lui avons fait. Elle s'est assurée qu'il s'agissait bien d'El Zeres et est sortie en courant pour voir s'il nous avait attrapés ; et lorsqu'elle s'aperçut qu'elle était tombée entre les mains des Rangers et que nous étions parmi eux, elle devint blanche comme une chemise en une minute. Mais elle était assez courageuse ; car dès qu'elle parvint à tirer la langue, elle nous maudissait comme une femme sauvage. J'imagine qu'elle s'est assurée que nous aurions dû l'abattre pour sa trahison – et bon nombre de nos bandes l'auraient fait d'emblée – mais les Rangers n'ont jamais touché aux femmes. Cependant, elle prévient de ne pas s'en sortir indemne ; alors nous avons pris le feu et avons mis le feu à la maison et à l'écurie.

Alors que nous partions, Rube a crié : « Si vous changez encore d'avis et envisagez de venir avec moi dans le Missouri, écrivez-moi simplement, Pepita.

"Je pensais, en la regardant, que c'était une chance pour Rube qu'elle n'ait pas de fusil à la main ; elle lui aurait tiré dessus si elle avait été pendue pour cela une minute après. Nous sommes allés à San Miguel, avons pris Le colonel Cabra fut prisonnier avec ses papiers et nous le renvoyâmes sous escorte. Le même jour, au crépuscule, nous montâmes à cheval et retournâmes à l'endroit où se trouvait la maison de Pépita et où notre capitaine attendait les troupes qu'il avait envoyées chercher . Une heure plus tard, ils sont arrivés. Ils ont eu quelques heures pour reposer leurs chevaux, puis Rube et moi les avons conduits directement au camp mexicain. Sans aucun doute, ils nous ont entendus arriver quand nous étions proches, mais ils se sont assurés que c'était El Zeres , et ils ne se sont donc pas dérangés ; et nous ne les avons pas avertis avant que nous les ayons contournés et bien encerclés qu'ils ont senti un rat. Mais il était alors trop tard, car une minute plus tard, nous étions sur eux, et je ne crois pas. " Vingt sur tout le lot ont réussi à s'enfuir. C'était, dans l'ensemble, l'une des entreprises les plus prospères de toute la guerre. Et je pense que c'est à peu près toute l'histoire. "

"Oh, merci beaucoup, Seth. C'est une histoire des plus passionnantes. Et qu'est devenu Rube ?"

"Rube s'est marié un an après notre retour aux États-Unis, il a déménagé dans une clairière et s'est installé. C'est à ce moment-là que je me suis senti seul et j'ai décidé d'aller dans le sud pendant un moment. J'ai promis à Rube que j'irais m'installer . par lui au bout d'un moment, et j'ai conclu qu'il était temps de le faire. J'ai économisé quelques centaines de dollars ici, et je vais partir demain matin au lever du jour pour prendre le bateau à vapeur à Rosario. Je Je monterai directement de Buenos Ayres à la Nouvelle-Orléans, et un bateau à vapeur m'emmènera sur le fleuve dans trois jours jusqu'à l'emplacement de Rube. Au revoir, vous tous. Je l'ai dit à votre père cet après-midi.

Il y eut de chaleureux adieux et de nombreuses expressions de regret à son départ ; et après une poignée de main et de nombreux vœux, les jeunes Hardy montèrent à la maison, vraiment désolés de se séparer de leur ami Yankee.

CHAPITRE VIII.

TRAVAUX AGRICOLES ET AMUSEMENTS.

Même si deux mois seulement s'étaient écoulés depuis que le sol avait été labouré et semé, les progrès réalisés par la récolte du maïs et des citrouilles étaient surprenants : le premier, surtout, atteignait maintenant près de six pieds de haut. Cette croissance rapide était le résultat de l'extrême fertilité du sol vierge, aidée par l'abondance tardive de l'eau et la chaleur du soleil. Le maïs leur avait donné à tous beaucoup de travail ; car lorsqu'il atteignait environ six pouces de haut, il fallait l'éclaircir pour que les plantes soient espacées de neuf ou dix pouces. Cela avait été fait par la force unie du parti, M. Hardy et les garçons travaillant deux heures chaque matin et autant le soir. Les filles aussi avaient aidé, et les péons avaient travaillé toute la journée, sauf de onze heures à trois heures, où la chaleur était trop forte même pour eux. De nombreuses mains effectuent un travail léger, et en conséquence, toute la terre consacrée à la culture du maïs a été éclaircie en un peu plus d'une semaine. Dernièrement, le maïs avait poussé si vite que les garçons déclaraient qu'ils pouvaient presque le voir pousser, et au bout de deux mois après le semis, tout était en fleur. Le maïs, ou maïs indien, ressemble fortement en apparence aux joncs d'eau, et la fleur plumeuse ressemble également à celle du jonc. Le maïs indien constitue le principal aliment de l'Amérique du Sud et dans tous les États de l'Amérique du Nord, à l'exception des États du Nord. Il est également utile et courant en Inde et dans d'autres pays tropicaux.

On l'utilise à peine moins en Italie et dans d'autres régions du sud de l'Europe. Il a été introduit pour la première fois en Europe depuis l'Est par la grande famille de Polenta, qui a régné sur l'importante ville de Ravenne pendant près de deux cents ans. Le maïs moulu est encore appelé Polenta dans toute l'Italie ; et la grande famille vivra au nom des céréales utiles qu'elle a introduites lorsque tout souvenir de ses actes de guerre sera perdu, sauf pour les érudits.

Un soir, alors que M. Hardy, avec sa femme et ses enfants, se promenaient dans la fraîcheur du soir pour contempler avec plaisir le vert éclatant de leurs récoltes saines et précieuses, Hubert dit :

"Le maïs indien, papa, n'est-il pas les grosses têtes jaunes couvertes de perles semblables à des grains qu'on voit chez les marchands de maïs en Angleterre ?"

"Oui, Hubert."

"Eh bien, si tel est le cas, je n'arrive pas à comprendre comment ces longues tiges délicates peuvent supporter ce poids. Elles se courbent comme du maïs à chaque souffle de vent. Il ne semble pas possible qu'elles puissent supporter le quart du poids de leurs lourdes tiges. têtes jaunes."

"Ils ne le pourraient pas non plus, Hubert; mais la nature a pris des dispositions sages et très extraordinaires pour résoudre cette difficulté. Toutes les autres plantes et arbres que je connais ont leurs fruits ou leurs graines là où la fleur poussait auparavant. Dans le maïs, elle est placée dans un endroit entièrement Dans un laps de temps très court, vous verrez — en effet, vous pouvez le voir maintenant dans la plupart des plantes — la tige commencera à s'épaissir à un pied ou dix-huit pouces du sol, et en peu de temps elle éclatera ; et la tête de maïs, tellement enveloppée de feuilles qu'elle semble n'être qu'un simple bouquet, sortira. Elle deviendra de plus en plus grande pendant un certain temps, puis la plante se fanera et mourra jusqu'à l'endroit d'où la tête jaillit. " La partie qui reste va sécher jusqu'à ce que le champ apparaisse couvert de souches mortes, avec des bouquets de feuilles mortes au sommet. Alors il est prêt pour la récolte. "

"Quelle plante étrange, papa ! J'attends avec impatience le moment où les épis sortiront. Qu'allez-vous planter sur ce bout de terre que vous avez préparé pour semer maintenant ? Il fait environ six acres."

— J'ai l'intention d'y planter du coton, Hubert. J'ai envoyé à Buenos Ayres chercher des graines de ce qu'on appelle Carolina Upland, et je les attends ici dans quelques jours.

"Mais cela demande beaucoup de travail, n'est-ce pas, papa ?"

« Le calcul dans les États du Nord, Hubert, est qu'un homme peut cultiver huit acres de coton, aidé de sa femme et de ses enfants à certaines périodes ; et que comme son travail n'est pas toujours requis, il peut avec sa famille en cultiver huit ou huit autres. dix acres d'autres produits ; de sorte qu'environ la moitié du travail d'un péon sera nécessaire, et pendant le binage et la cueillette, nous pouvons tous aider.

"Ne faut-il pas une machinerie pour séparer les graines du coton ?" » a demandé Charley.

" Ce n'est pas absolument nécessaire, Charley, même si c'est bien sûr économique lorsque la culture est faite à grande échelle. La variété que je vais essayer est parfois appelée Carolina "courbée", car autrefois elle était nettoyée en la plaçant sur un certain nombre de cordes très tendues, qui étaient frappées avec une sorte d'arc, et la vibration provoquait la séparation de la graine du coton. J'ai un dessin d'un de ces appareils dans un livre à la maison, et quand le Le moment venu, vous m'en ferez un. Ce sera un travail pour nous de le faire à l'intérieur quand il fait trop chaud pour sortir. Bien sûr , si je trouve que cela réussit et que cela paie bien, je prendrai plus de mains, je m'occuperai correctement. machines, et étendre la culture. J'ai l'intention de planter les rangées assez espacées, de manière à utiliser la charrue légère avec les planches de faîtage entre elles, au lieu de biner, pour économiser du travail.

« Combien de coton obtiennent-ils par acre ? » » a demandé Mme Hardy.

« Dans les États du Sud, on attend douze cents livres de terre neuve, c'est-à-dire douze cents livres de cosses, ce qui donne environ trois cents de coton nettoyé. Quand j'ai mis le coton assez en terre J'ai l'intention de planter un acre ou deux de tabac et la même quantité de canne à sucre, à titre expérimental. Mais avant cela, il faut aménager un jardin à la maison : c'est un besoin vraiment urgent."

"On ne pourrait pas faire pousser du riz ici, papa ?"

" Sans doute, nous le pourrions, Hubert ; mais je n'ai pas l'intention de l'essayer. Pour réussir avec le riz, il faudrait maintenir le sol sur lequel il pousse à l'état de marécage, ce qui serait très malsain. C'est pourquoi je le fais. "Il ne faut pas irriguer les champs plus souvent que ce qui est absolument nécessaire. Tout ce qui s'approche des terres marécageuses, ou même humides, dans un climat comme celui-ci, serait presque certainement engendrer le paludisme. De plus, nous serions mangés vivants par les moustiques. Non, je n'essaierai certainement pas Je ferai un jour l'essai d'autres productions tropicales. Le gingembre, la vanille et d'autres choses prospéreraient sans aucun doute ici. Je ne crois pas qu'aucune d'entre elles donnerait un taux de profit extraordinaire, car bien que la terre soit bon marché, la main- d'œuvre " est rare. Cependant , ce serait intéressant et provoquerait un peu de variété et d'amusement dans notre travail, ce qui est toujours un point important, et sans aucun doute il y aurait généralement un certain profit, même si parfois nous pouvons faire un échec total. "

Très souvent, au lever du jour, les filles descendaient avec leurs frères à la rivière et observaient les oiseaux aquatiques à sa surface ; ils étaient si amusants qu'ils barbotaient et jouaient dans l'eau, sans se douter du danger. Leurs favoris, cependant, étaient les magnifiques flamants écarlates, avec leurs pattes fines et leur cou long et gracieux, et dont le principal emploi semblait être de se tenir tranquilles dans l'eau, où elle n'avait que deux ou trois pouces de profondeur, et de se lisser. leurs plumes rouges brillantes. À maintes reprises, les filles souhaitaient pouvoir se faire apprivoiser quelques oiseaux aquatiques, notamment des flamants roses, afin qu'ils puissent nager sur l'étang du barrage et venir se nourrir ; et les garçons eurent plusieurs entretiens entre eux sur la manière la plus pratique d'en capturer quelques-uns. Finalement , ils pensèrent faire une sorte d'enclos de branches légères, avec une entrée dans laquelle les oiseaux pourraient facilement passer, mais par laquelle ils ne pourraient pas facilement revenir, et disperser du grain vers et dans l'enclos, pour inciter les oiseaux à entrer. . En expliquant ce plan à M. Hardy, il dit qu'il n'avait aucun doute sur le fait qu'il réussirait à capturer des oiseaux, mais qu'une fois capturé, il serait impossible d'apprivoiser les oiseaux sauvages adultes et que le seul plan était de retrouver leur nids et prélevez les œufs ou les très jeunes oiseaux. C'est ce qu'ils décidèrent de faire ; et comme les buissons près de la rivière étaient trop épais pour permettre une inspection depuis le rivage, ils partirent un matin de bonne heure, descendirent vers la rivière, y entrèrent et pataugèrent sur une distance considérable. Ils ont découvert deux nids de cygnes et plusieurs descriptions différentes de canards. Dans certains cas, les oiseaux couvaient leurs œufs, dans d'autres, les jeunes couvées venaient juste d'éclore et se précipitaient dans les buissons avec les oiseaux parents après avoir été dérangées.

Charley et Hubert ne firent aucune remarque au déjeuner sur le succès de leur expédition ; mais lorsque Charley se rendit deux jours après à Rosario, il se procura de M. Percy, qui élevait une quantité de poulets, deux poules assises. Ceux-ci étaient placés avec leurs nids dans la charrette à bœufs dans un panier ; et Mme Hardy, qui n'avait aucune idée de la destination à laquelle ils devaient être destinés, fut très heureuse, à leur arrivée à Mount Pleasant, de cet ajout au poulailler. En effet, il était convenu depuis longtemps qu'ils élèveraient des poules dès que le maïs serait mûr. Le lendemain matin, les garçons revinrent et rapportèrent vingt œufs de diverses espèces de canards sauvages, dont quatre œufs de cygnes - pour les obtenir, ils durent abattre les oiseaux parents, qui fournissaient le garde-manger pendant des jours - qu'ils placèrent sous les poules. à la place de leurs propres œufs, puis a emmené les filles en triomphe voir le début de leur projet de canard apprivoisé. Les petites filles étaient ravies, et c'était pour elles un immense amusement de descendre constamment pour voir si les œufs éclosaient, car naturellement personne ne pouvait dire combien de temps ils étaient restés assis dessus avant d'être pris. Ils avaient remarqué que quatre des œufs étaient beaucoup plus gros que les autres, mais ne savaient pas qu'il s'agissait de cygnes . En quelques jours, six jeunes canetons ont éclos, et les poules étaient toutes deux si mécontentes de leur difficulté à rester assises alors qu'elles avaient en tête le soin de leurs petits, cette poule et tous les petits. ont été éloignés du nid de l'autre, et la totalité des œufs a été placée sous la poule restante. Les quatre cygnes et cinq autres canards ont éclos en toute sécurité, lorsque la poule a refusé de rester assise plus longtemps et les œufs restants ont été perdus. Maintenant que les cygnes étaient éclos en toute sécurité, les garçons racontèrent à leurs sœurs ce qu'ils étaient réellement, et leur joie fut extrême.

En quelques jours, ils furent tous descendus au barrage et se retrouvèrent bientôt dans l'eau, au grand désarroi de leur mère nourricière, qui fut obligée de rester sur la rive, appelant en vain jusqu'à ce que les petits veuillent venir. à terre. Un poulailler fut bientôt fabriqué à partir d'une vieille boîte, et celui-ci fut placé près du barrage, et bientôt les poules s'habituèrent à la fantaisie de leurs charges pour l'eau, et se promenaient en ramassant des insectes pendant que les petits nageaient sur l'eau. l'étang. Deux fois par jour, les filles descendaient les nourrir de grains et de morceaux de citrouille bouillie (car les citrouilles commençaient bientôt à produire) et les canetons et les cygnets, qui étaient actuellement mais à peine plus gros que les autres, nageaient rapidement vers quand ils les voyaient, et se nourrissaient avidement de leurs mains.

Ce n'est que quelques semaines plus tard que le désir de jeunes flamants roses fut satisfait. Les garçons étaient sortis faire une promenade, et tombant sur la rivière où elle était large, avec des berges plates et sablonneuses, autour desquelles poussait le bois, ils décidèrent d'attacher leurs chevaux et d'entrer dans le ruisseau, pour voir s'ils pourraient en obtenir davantage. œufs. Avec quelque difficulté, ils se frayèrent un chemin à travers les buissons et, entrant dans l'eau, pataugèrent jusqu'à ce qu'un détour dans la rivière les amène en vue de la rive plate. Il y avait là une vingtaine ou une trentaine de flamants roses, car ces oiseaux sont très grégaires. Certains se tenaient dans l'eau comme d'habitude, mais les garçons ne pouvaient pas comprendre ce que faisaient les autres. Sur le rivage plat se trouvaient plusieurs tas de terre, et en travers d'eux certains oiseaux étaient apparemment assis, une patte écartée de chaque côté. Leur aspect était si comique que les garçons éclatèrent de rire, ce qui effraya tellement les flamants roses qu'ils s'enfuirent tous instantanément. Les garçons se dirigèrent alors vers l'endroit, puis descendirent à terre pour voir à quoi servaient ces étranges tas. À leur grande joie, ils découvrirent qu'il s'agissait de nids, et au sommet de plusieurs d'entre eux se trouvaient huit ou neuf œufs soigneusement disposés. Les pattes du flamant rose sont si longues que l'oiseau est incapable de les replier et de s'asseoir sur son nid de la manière habituelle. L'oiseau poule gratte donc un tas de terre sur lequel elle dépose ses œufs, puis se met à califourchon pour les tenir au chaud. Les garçons se disputèrent pour savoir s'ils devaient retirer deux nids entiers ou s'ils devaient prendre quelques œufs dans chaque nid ; mais ils décidèrent du premier plan, afin que chacune des jeunes couvées pût éclore simultanément. Lorsque les garçons rentrèrent à la maison avec leur trésor, la joie de leurs sœurs fut sans limites, et les poules furent bientôt placées dans leurs nouvelles charges et, toutes deux étant de bonnes gardiennes, les prirent sans trop de difficulté.

Lorsque les jeunes couvées éclosaient, les filles étaient très déçues de l'apparition de petites boules duveteuses grisâtres, au lieu des jolies choses rouges auxquelles elles s'attendaient, et ne furent en aucun cas consolés lorsque leur père leur dit que ce serait trois ou quatre ans avant. ils ont gagné leur belle couleur. Cependant, ils devinrent d'excellents animaux de compagnie et étaient très drôles, avec leurs longues pattes, leur cou mince et leur grand bec courbé. Ils devinrent extrêmement apprivoisés et, au bout d'un certain temps, suivirent les filles et se rendirent à la maison de leur propre gré pour se nourrir, leur nourriture étant toujours placée dans l'eau, car ils ne se nourrissaient jamais en picorant sur le sol, car ce qui, en effet, la construction particulière de leur bec est totalement inappropriée. Ils ne craignaient absolument pas les chiens, qui, de leur côté, étaient trop bien dressés pour les toucher ; et leurs manières drôles et leur extrême docilité étaient une source d'amusement constant pour toute la famille.

Mais il faut maintenant revenir sur nos pas. Après l'important travail consistant à mettre en culture une certaine superficie de terre, la tâche la plus urgente était la création d'un jardin. Le terrain à l'intérieur de l'enceinte autour de la maison était d'abord labouré, puis creusé à la main, le gazon étant laissé devant la maison pour servir de pelouse. Le reste a été planté avec des graines importées d'Angleterre : pois, haricots, tomates, courgettes, concombres, melons et bien d'autres, dont certaines étaient originaires de climats chauds, tandis que d'autres ont été plantées en petites parcelles à titre expérimental. Heureusement, le puits fournissait une eau en abondance, dont le seul inconvénient était que, comme la plupart des eaux de la pampa, elle avait un goût fortement salin, qui était, jusqu'à ce qu'ils s'y soient habitués, très désagréable aux Hardy. Comme le puits avait été creusé près de la maison, sur la partie la plus haute de la pente, l'eau était acheminée depuis la pompe par de petits canaux répartis dans tout le jardin ; et la croissance des différents légumes était surprenante. Mais bien avant que ceux-ci puissent produire leurs fruits, les ignames et le maïs indien constituèrent une offre bienvenue. Les ignames ressemblent à une patate douce ; et si le blé d'Inde est cueilli vert, et que les petits grains grignotés, bouillis et mélangés avec un peu de beurre, ils ressemblent exactement aux jeunes pois les plus délicats et les plus délicieux.

Les jeunes pommes de terre étaient également entrées, de sorte qu'ils avaient maintenant une abondance de légumes, le seul point où ils manquaient auparavant. Leur boisson était le *maté* , que l'on peut appeler la boisson nationale du Paraguay, du Brésil et de la République argentine. Il est fabriqué à partir des feuilles du *mate Yule* , une plante qui pousse au Paraguay et au Brésil. Les indigènes le boivent généralement sans sucre ni lait, en l'aspirant du récipient dans lequel il est fabriqué par un petit tube. Il est cependant grandement amélioré par l'ajout de sucre et de lait, ou, mieux encore, de crème. Cela adoucit grandement le goût amer qui le distingue. Au début, aucun membre du groupe n'a aimé cela ; mais comme les gens du pays leur assuraient qu'ils l'apprécieraient quand ils s'y seraient habitués, ils persévérèrent, et au bout d'un certain temps, tous en vinrent à le préférer même au thé.

De temps en temps, l'un ou l'autre des garçons se rendait à Rosario avec la charrette, et M. Hardy achetait quelques centaines de jeunes arbres fruitiers — pommiers, poiriers, pruniers, abricotiers et pêchers — dont certains étaient plantés dans le jardin sur les côtés et à l'arrière de la maison, d'autres en plein air au-delà et autour d'elle ; une clôture légère avec un fil de fer étant installée pour empêcher le bétail d'entrer. Des touffes de jeunes palmiers, bananiers et autres arbres et arbustes tropicaux ont également été plantés pour la future décoration du lieu. Des clôtures furent érigées autour des terres cultivées et un enclos fut aménagé dans lequel le bétail était conduit la nuit. Ces clôtures étaient fabriquées facilement et à moindre coût. Le câble coûtait à peine plus cher à Rosario qu'il ne l'aurait coûté en Angleterre, et le principal problème était de faire sortir les poteaux, qui étaient en bois d'algaroba, de la ville. Ce bois pousse en abondance sur le cours supérieur du fleuve, et y est coupé et transporté en grands radeaux jusqu'à Rosario. C'est un bois dur, qui se fend facilement, et qui convient donc admirablement aux poteaux. Il est de couleur rougeâtre et présente un joli grain une fois poli. Tous les meubles en étaient faits ; et cela, grâce aux frottements constants de Sarah et des filles, brillait maintenant brillamment et produisait un très bon effet.

Les plafonds furent alors posés dans les pièces, dont l'aspect s'en trouva grandement amélioré, et la différence de température fut très marquée. Peu de temps après la capture des œufs de poules sauvages, il fut unanimement reconnu que les poules étaient indispensables et un grand poulailler fut donc construit à une courte distance du barrage, car il était considéré comme dépourvu de bâtiments . , à l'exception de la cabane des hommes, à proximité de la maison. Le poulailler fut rapidement construit, car il s'agissait d'une simple charpente recouverte de feutre, traversée par des barreaux sur lesquels les poules pouvaient se percher.

Le sol était fait, comme celui de la maison, de chaux et d'argile durement battues ; et une petite entaille fut faite au barrage, par laquelle l'eau pouvait, à volonté, être retournée sur le sol pour le garder propre et net. La prochaine fois que la charrette se rendit à Rosario, elle rapporta cinquante volailles, qui n'avaient coûté que quelques dollars. Désormais, les œufs et les omelettes font désormais partie intégrante du petit-déjeuner, et les puddings sont notablement améliorés.

Les poules ne causaient que très peu de problèmes, car elles se nourrissaient elles-mêmes, trouvant partout une abondance d'insectes et recevant en plus quelques pots de maïs indien chaque matin. Maud et Ethel se relayaient, chaque semaine, pour s'occuper du poulailler ; et c'était pour elles un grand plaisir de surveiller les nombreuses couvées de jeunes poules et de dénicher les œufs que, malgré les nids tentants qui leur étaient préparés, les poules persistaient fréquemment à pondre dans leurs propres nids pendant de longues périodes. herbe.

Les poules avaient cependant de nombreux ennemis qui constituaient un grand ennui pour leurs jeunes maîtresses. C'étaient les mouffettes, un animal de la tribu des belettes, mais ressemblant beaucoup aux écureuils en apparence et possédant une odeur des plus abominables ; à tel point que les chiens, qui attaquaient presque tout, les fuyaient. Ils étaient au début extrêmement communs et créaient de terribles déprédations parmi les poules. Les filles étaient désespérées et appelaient leurs frères à leur secours. Les garçons en tirèrent beaucoup, car les animaux étaient très dociles et intrépides ; mais leur nombre était si grand que cette méthode de destruction n'avait que peu d'effet. Ils préparèrent ensuite des pièges de diverses sortes, certains faits d'un bâton élastique courbé, avec un nœud coulant au bout, placés à une petite entrée laissée exprès dans le poulailler, de sorte que, lorsque la mouffette était sur le point d'entrer, il touchait un ressort, et le bâton lâché, s'envola dans les airs, emportant avec lui l'animal avec le nœud coulant autour du cou ; d'autres pièges laissaient tomber un lourd morceau de bois qui écrasait l'envahisseur ; et de cette manière, les mouffettes furent à peu près débarrassées, le travail le plus désagréable étant de retirer le corps du piège. Il fallait pour cela le saisir avec deux morceaux de bois, car l'odeur était si puissante que si l'on touchait le corps, l'odeur restait sur les mains pendant des jours.

Ils avaient maintenant ajouté une autre espèce d'animal domestique à leur cheptel, mais c'était la responsabilité des garçons. M. Hardy, lorsque les citrouilles ont commencé à mûrir, a acheté six cochons. Ils ne présentaient que peu de problèmes, car même si une étable avait été construite pour eux, ils étaient autorisés à se promener à leur guise pendant la journée, un autre fil de fer étant ajouté à la clôture autour des terres cultivées, pour les empêcher d'entrer sans autorisation. La récolte de citrouilles était énorme ; et M. Hardy détermina qu'aucun porc ne devrait être tué avant dix-huit mois, date à laquelle, comme ces animaux croissent rapidement, il y en aurait un assez grand troupeau.

Bien qu'un immense travail acharné ait été accompli au cours des quatre mois qui ont suivi l'achèvement de la maison et l'arrivée de Mme Hardy et de ses filles, il ne faut pas supposer qu'il n'a pas été mêlé de beaucoup de détente et d'amusement.

Il y avait peu de jours où l'un ou l'autre des garçons ne sortait pas avec son fusil pendant une heure avant le lever du soleil ou après le coucher du soleil, manquant rarement de ramener à la maison un ou deux oiseaux sauvages d'une espèce ou d'une autre. Et parfois, l'après-midi, elles sortaient se promener avec leurs sœurs, courir après une autruche, ou courir après les renards gris, qui abondaient et étaient très destructeurs parmi les jeunes agneaux. Une ou deux fois au cours de ces promenades, les garçons amenaient un puma aux abois ; mais comme ils portaient toujours une balle dans l'un de leurs canons, avec ceux-ci et leurs revolvers, ils expédièrent bientôt les visiteurs indésirables.

Ils avaient inventé un appareil avec des sangles et une sorte de petite poche dans laquelle passait la bouche du fusil, de sorte qu'elle pendait de la selle jusqu'en avant de leur jambe ; la crosse du fusil étant fixée par une sangle contre le pommeau de la selle, de l'autre côté de laquelle se trouvait leur étui de revolver. À certains égards, c'était une façon peu pratique de porter l'arme, car la sangle devait être détachée pour y accéder, et la chance de tirer était ainsi perdue ; mais ils la considérèrent préférable à la manière qu'ils avaient d'abord adoptée, de chevaucher avec leurs fusils en bandoulière derrière eux. Ils y renoncèrent, car, avec le plus grand soin, ils tombaient parfois, en galopant, des trous des tatous, et le choc était considérablement accru par le poids du canon, outre le risque, pour quiconque se trouvait à proximité, de le pistolet explose. Lorsqu'ils chevauchaient tranquillement et à l'affût du gibier, ils portaient le fusil prêt sur leurs bras.

C'est après une de ces promenades, alors qu'Hubert avait abattu d'une balle un cygne qui faisait son lit dans la rivière, que Maud dit au thé :

"J'aimerais que nous puissions tirer aussi; ce serait un grand amusement, et j'apprécierais beaucoup plus mes promenades si je savais que je peux tirer au cas où un lion ou un cerf sortirait."

" Eh bien, les filles, " dit M. Hardy, " j'avais toujours eu l'intention que vous appreniez à tirer. Nous avons eu tellement de choses à faire depuis votre arrivée ici que je n'y ai pas pensé, et j'avais d'ailleurs l'intention d'attendre jusqu'à ce que vous appreniez à tirer. L'un de vous a exprimé le désir d'apprendre. J'ai sorti exprès trois fusils légers de tir à la tour pour vous et votre maman, et vous pourrez commencer demain matin si vous le souhaitez.

"Oh, merci papa, merci beaucoup, ce sera sympa !" s'exclamèrent les deux filles, frappant dans leurs mains sous leur excitation.

"Et qu'en dis-tu, maman ?" » a demandé M. Hardy.

"Non, merci", dit Mme Hardy; "J'ai beaucoup à faire et, avec un mari et deux fils et deux filles pour me défendre, je ne considère pas que ce soit indispensable. Mais je pense que ce sera un bon amusement pour les filles."

Et ainsi le lendemain matin, et presque tous les matins suivants, les filles s'entraînaient avec le fusil léger sur une cible, jusqu'à ce qu'avec le temps leurs mains deviennent si fermes qu'à de courtes distances de soixante ou soixante-dix mètres elles pouvaient battre leurs frères, qui étaient tous deux très bons. coups. Cela était principalement dû au fait que la charge de poudre utilisée dans ces fusils était si faible qu'il n'y avait pratiquement aucun recul susceptible de perturber la visée. Il leur fallut un certain temps avant de réussir à toucher quoi que ce soit qui volait ; mais ils furent très fiers un soir où, étant sorti tard avec les garçons, une grosse oie passa au-dessus de leur tête, et les filles tirant simultanément, il tomba avec les deux balles dans le corps. Après cela, eux aussi emportèrent leurs fusils avec eux pendant leurs promenades.

Quiconque avait connu Maud et Ethel Hardy à la maison les aurait à peine reconnus maintenant parmi ces jeunes filles à l'air hâlé, assises sur leurs chevaux comme si elles n'avaient jamais connu d'autre siège de leur vie. Leur tenue, elle aussi, aurait été très curieuse aux yeux des Anglais. Ils portaient de larges chapeaux de paille, avec une écharpe blanche enroulée autour du sommet pour se protéger de la chaleur. Leurs robes étaient très courtes et faites de Hollande brune, avec un garibaldi de flanelle bleue. Ils portaient des culottes de flanelle rouge et des guêtres montant au-dessus du genou, d'un cuir très doux et flexible, fait de peau de cerf. Ces guêtres étaient d'une nécessité absolue, car l'endroit grouillait littéralement de serpents, et on les trouvait constamment dans le jardin lorsqu'ils sortaient cueillir des légumes. La plupart de ces serpents étaient inoffensifs ; mais comme quelques-unes étaient très mortelles, la protection des guêtres était bien nécessaire. Les filles ne les aimaient pas au début, d'autant plus que leurs frères ne pouvaient s'empêcher de plaisanter un peu, et Hubert disait qu'elles lui rappelaient deux perdrix à pattes jaunes. Cependant, ils s'y sont vite habitués et se sont sentis tellement plus à l'aise avec les serpents par la suite qu'ils ne les auraient abandonnés sous aucun prétexte.

Les garçons portaient toujours des bottes hautes pour la même raison et n'avaient aucune crainte des serpents ; mais M. Hardy insistait pour que chacun d'eux porte toujours dans une petite poche intérieure de son habit une fiole d'alcool d'ammoniaque, un petit couteau chirurgical et un morceau de corde de fouet ; les mêmes objets étant toujours tenus prêts à la maison. Ses instructions étaient qu'en cas de morsure, ils devaient d'abord sucer la plaie, puis attacher le cordon autour du membre au-dessus de l'endroit mordu, et qu'ils devaient ensuite couper profondément la plaie en travers, l'ouvrir autant que possible et verser dans certains esprits, de l'ammoniaque ; qu'ils verseraient ensuite le reste de l'ammoniaque dans leur outre, qu'ils portaient toujours en bandoulière, et qu'ils la boiraient. Si ces instructions étaient immédiatement et minutieusement exécutées, M. Hardy ne craignait guère que la morsure, même du serpent le plus mortel, se révèle fatale. En outre , il ordonna que s'ils se trouvaient près de chez eux, ils devraient, à leur arrivée, être obligés de boire de l'alcool cru jusqu'à ce qu'ils ne puissent plus se tenir debout, et que, s'ils se trouvaient à une certaine distance de chez eux et étaient ensemble, celui qui avait été mordu devrait s'allonger tandis que l'autre galopait à toute vitesse pour reprendre une bouteille d'eau-de-vie et ordonner l'envoi de secours. Ce remède est bien connu dans toute l'Inde. Celui qui est mordu par un serpent venimeux est amené à boire des spiritueux, ce qu'il peut faire sans en être affecté, à un degré extraordinaire ; un homme qui, en temps ordinaire, pouvait à peine prendre un fort verre d'eau-de-vie et d'eau-de-vie, pouvant, lorsqu'il était mordu, boire une bouteille d'eau-de-vie pure sans en être le moins du monde affecté. Lorsque l'esprit commence enfin à agir et que le patient montre des signes d'ivresse, il est considéré comme sain et sauf, le venin de l'esprit ayant vaincu le venin du serpent.

CHAPITRE IX.

VISITES DE VOISINAGE ET CONSEILS.

Il ne faut pas croire que les Hardy, pendant tout ce temps, menèrent une vie parfaitement solitaire. Au contraire, ils entretenaient une grande camaraderie sociable. Dans un rayon de dix milles, il n'y avait pas moins de quatre estancias appartenant à des Anglais, outre celle de leur premier ami, M. Percy. Une balade de vingt milles n'est rien de banal dans la pampa. Le domaine situé immédiatement à l'arrière du leur appartenait au sénateur Jaqueras , un indigène. Le terrain à l'est de sa propriété appartenait à trois jeunes Anglais, nommés Herries , Cooper et Farquhar. Ils avaient tous été dans l'armée, mais s'étaient vendus et avaient accepté de venir s'installer ensemble.

Le coin sud-ouest de leur propriété descendait jusqu'à la rivière exactement en face de la partie où le touchait le coin nord-est du mont Pleasant : leur maison était située à environ quatre milles des Hardy. A l'ouest de Senor Jaqueras , le domaine appartenait à deux Écossais, frères du nom de Jamieson : leur estancia était distante de neuf milles. À l'arrière du domaine de Senor Jaqueras , et à côté de celui de M. Percy, se trouvaient les propriétés de MM. Williams et Markham : ils étaient tous deux à environ dix milles de Mount Pleasant. Ces messieurs étaient tous venus rendre visite aux nouveaux arrivants quelques jours seulement après la première arrivée de M. Hardy et avaient offert toute l'aide en leur pouvoir.

Les Hardy étaient très satisfaits de leurs visiteurs, qui étaient tous de jeunes hommes, aux manières franches et chaleureuses naturelles aux hommes libérés des contraintes de la vie civilisée. Les visites avaient repris en peu de temps, puis, pendant un certain temps , toute communication avec les visiteurs les plus éloignés avait cessé, car les Hardy étaient trop occupés pour consacrer du temps à des promenades lointaines. L'un ou l'autre des invités de Canterbury, ainsi que les trois Anglais avaient appelé leur estancia, venait très souvent y venir pour causer, et M. Hardy et les garçons s'y rendaient souvent à cheval lorsque le travail était terminé. Canterbury était aussi une jeune colonie - seulement quatre ou cinq mois, en effet, de plus que Mount Pleasant, de sorte que ses propriétaires, comme eux, avaient les mains pleines de travail ; mais parfois, quand ils savaient que les Hardy travaillaient particulièrement dur, un ou deux d'entre eux venaient au point du jour et apportaient leur aide. Au cours de la dernière semaine de travail, surtout juste avant l'arrivée de Mme Hardy, tous les trois sont venus apporter leur aide, tout comme les Jamieson.

Dès que Mme Hardy fut arrivée, tous leurs voisins vinrent les appeler, et une relation très amicale s'établit rapidement entre eux. Comme il n'y avait pas de chambre d'amis à Mount Pleasant, des hamacs furent fabriqués et des crochets furent installés dans les murs du salon, afin que les hamacs puissent être suspendus la nuit et démontés le matin. Le groupe anglais retournait toujours à Cantorbéry, car la distance était si courte, et les Jamieson faisaient généralement de même ; mais MM. Percy, Williams et Markham venaient habituellement dans l'après-midi et revenaient le lendemain matin.

Lorsque la pression du travail était passée, les garçons et leurs sœurs se rendaient souvent au petit galop jusqu'à Cantorbéry pour prendre le thé et parfois, mais plus rarement, jusqu'à l'estancia des Jamieson. Les jeunes Anglais au cœur léger étaient naturellement plus à leur goût que les Écossais calmes et réfléchis. Ces derniers étaient cependant très estimés par M. et Mme Hardy, qui percevaient en eux un fonds de bon sens et de sérieux.

Le dimanche matin, M. Hardy avait un service, et tous leurs amis y venaient généralement. Elle a eu lieu tôt, afin que les Jamieson et les Anglais puissent rentrer chez eux avant la chaleur de la journée, les trois autres restant dîner et revenant dans la fraîcheur de la soirée. Canterbury était entièrement une ferme de moutons et de bovins. Les propriétaires possédaient cinq mille moutons et quelques centaines de bœufs ; mais ils avaient relativement beaucoup de temps libre, car l'élevage du bétail et des moutons n'exige pas autant de soins personnels et de surveillance que ceux qui doivent en être accordés aux fermes agricoles. Les Jamieson, au contraire, étaient entièrement occupés au travail du sol : ils n'avaient pas de moutons et seulement quelques têtes de bétail.

M. Hardy en faisait un jour la remarque à M. Percy, qui répondit : « Ah, ces pauvres gens sont très malheureux. Ils ont sorti un bon capital et avaient un cheptel de moutons et de bovins aussi important que celui de Cantorbéry. Cependant, environ six mois avant votre arrivée (oui, cela ne fait qu'un an maintenant), les Indiens se sont précipités sur eux et ont emporté tous leurs animaux. Ils ont attaqué la maison, mais les Jamieson se sont bien défendus et les Indiens étaient inquiets. pour partir avec leur butin, ils battirent donc en retraite. La poursuite était sans espoir ; tous les chevaux avaient été chassés, et ils durent marcher six milles jusqu'à l'hacienda suivante pour annoncer la nouvelle ; et bien avant qu'un groupe puisse être réuni Les Indiens étaient hors de toute possibilité de poursuite. Deux ou trois cents moutons et une douzaine ou deux de bœufs retrouvèrent le chemin du retour, et ceux-ci et leurs terres étaient tout ce qui restait aux Jamieson de leur capital, car ils avaient investi tout ce qu'ils avaient. Cependant, ils regardèrent vaillamment les affaires en face, vendirent leurs animaux, achetèrent quelques charrues et des bœufs de trait, embauchèrent un ou deux péons et se mirent au travail avec un testament. Ils n'avanceront que lentement pendant un certain temps ; mais je suis convaincu qu'ils réussiront bien dans quelques années. Les hommes, avec leur courage et leur persévérance, s'en sortiront certainement. Cela me rappelle, Hardy, une question dont j'avais l'intention de vous parler. Nous arrivons tout juste à la période de l'année où les attaques indiennes sont les plus susceptibles d'avoir lieu. Parfois, ils restent silencieux pendant un an ou deux, puis ils redeviennent très gênants. Il y a cinq ou six ans, juste après mon coming-out, nous avons vécu des moments terribles avec eux. Un grand nombre de bovins ont été chassés ; ils emmènent moins rarement les moutons, parce qu'ils ne peuvent pas voyager aussi vite, mais ils les chassent parfois. Un bon nombre de bergers furent tués, deux ou trois estancias capturées et incendiées, et les détenus assassinés. Vous êtes désormais le colon le plus éloigné, et par conséquent le plus exposé. Votre estancia est solide et bien construite, et vous êtes tous bien armés et bons tireurs. Vous êtes, je pense, à cet égard en sécurité, sauf en cas de surprise soudaine. Les chiens sont sûrs de donner l'alarme ; je devrais quand même dormir avec tout prêt.

" Merci, Percy ; je suivrai votre conseil. Je m'y attendais d'après ce que j'avais entendu lorsque j'ai acheté la place ; mais n'ayant rien entendu parler des Indiens pendant tout ce temps, je l'avais presque oublié. Je me préparerai à me défendre sans perdre. d'une journée. La maison n'a qu'un seul point vulnérable : les portes et les volets. Je les mesurerai cet après-midi et je vous demanderai de prendre une lettre et de l'envoyer à Rosario à la première occasion, pour quelques feuilles de fer mince à couvrez-les. »

M. Percy promit de transmettre la lettre dès le lendemain par une charrette à bœufs qu'il envoyait, et aussi que la même charrette les ramènerait. Il a dit que si un véhicule était envoyé dans deux jours pour eux , ils seraient prêts chez lui.

Cette conversation causa un grand malaise à M. Hardy. C'était une possibilité à laquelle il était tout à fait préparé ; mais il ne pouvait sentir que le danger était réellement proche sans un sentiment d'inquiétude. Ses mille moutons lui avaient coûté douze cent cinquante dollars, et son bétail autant plus. La saison des agnelages était terminée et le troupeau de moutons avait doublé en nombre. Le bétail aussi avait beaucoup augmenté, et les moutons étaient presque prêts à être tondus. Au total, la valeur du stock dépassait cinq mille dollars. La perte ne serait pas une ruine absolue, car il avait encore trois mille dollars de son capital initial à la banque de Buenos Ayres ; mais ce serait une perte très grave.

M. Hardy était seul avec M. Percy lorsque la conversation a eu lieu ; mais il résolut aussitôt de mettre les garçons dans toute sa confiance. Il les appela donc à venir se promener jusqu'au barrage et leur raconta mot pour mot ce que M. Percy lui avait raconté.

Les yeux de Charley s'éclairèrent à la pensée de l'excitation d'un combat contre les Indiens, à laquelle il avait rêvé lorsqu'il était en Angleterre, dix-huit mois auparavant ; » et ses doigts se resserrèrent sur son arme en disant : «

Très bien, papa, laisse-les venir. Le visage d'Hubert pâlit un peu, car il n'était pas naturellement d'un caractère aussi courageux et combatif que son frère. Cependant, il a seulement dit : "Eh bien, papa, s'ils viennent, nous ferons tous de notre mieux."

"J'en suis sûr, mon garçon", dit gentiment son père. "Mais il n'y a aucune crainte s'il s'agit de se battre. Nous trois, avec nos armes, pouvons en battre une centaine. Ce à quoi je pense, c'est à notre bétail, et non à nous-mêmes. Nous nous garderons bien d'une surprise soudaine ; et c'est plus qu'une tribu entière ne pourrait le faire pour prendre Mount Pleasant si nous y sommes prêts.

"Veux-tu le dire à maman et aux filles, papa ?"

" Je veux leur dire qu'il faut un temps être sur leurs gardes, que les filles ne doivent en aucun cas se risquer à sortir seules à cheval, et qu'il ne faut pas sortir de l'enclos même jusqu'à la poule. maison, sans d'abord monter au sommet du belvédère pour voir que tout est clair. Il faut veiller à ce qu'à l'avenir les moutons, les bovins et les chevaux soient tous conduits la nuit dans leurs enclos grillagés - nous n'avons pas été très En particulier au sujet du bétail ces derniers temps - et que les portes sont fermées et cadenassées la nuit. Cela les embarrasserait de les faire sortir. Je ferai à l'avenir garder nos trois chevaux dans notre propre enclos, afin qu'ils puissent être toujours à portée de main. nuit ou jour. Je les ai achetés en pensant particulièrement aux Indiens ; ils sont tous remarquablement rapides ; et nous pouvons compter sur nous pour fuir ou poursuivre. Et maintenant, les garçons, venez à la maison et j'ouvrirai le mystérieux boîte."

La boîte dont parlait M. Hardy était une longue caisse qui n'avait jamais été ouverte depuis leur arrivée. Aucune supplication de ses enfants ne pouvait inciter M. Hardy à dire quel en était le contenu, et les jeunes s'étaient souvent demandés et perplexes quant à ce qu'ils pouvaient être. C'est pourquoi on l'appelait dans la famille la boîte mystérieuse.

Avec une curiosité très excitée, les garçons se dirigèrent maintenant vers la maison ; mais il y eut un léger retard, car alors qu'ils approchaient, Maud et Ethel accoururent à leur rencontre.

"Est-ce qu'il y a quelque chose qui ne va pas avec la mère, papa ? Nous t'avons vu discuter si longtemps avec les garçons. De quoi s'agit-il ?"

M. Hardy leur dit alors tout ce qu'il jugeait à propos de l'état des choses et leur donna leurs instructions. Les filles, qui n'avaient aucune idée du danger réel et qui avaient en outre une confiance illimitée en leur père et leurs frères, étaient disposées à considérer cela comme amusant, et M. Hardy devait parler très sérieusement pour être sûr que ses ordres étaient exécutés. serait strictement respecté. Les garçons les informèrent alors que la mystérieuse boîte allait être ouverte, et tout le monde monta à la maison.

La boîte avait été placée dans le débarras à l'étage supérieur de la tour, et les garçons ont utilisé des tournevis et des marteaux pour l'ouvrir. Ces derniers outils n'étaient pas nécessaires, car le boîtier était très soigneusement foutu ; et quand le dessus fut retiré, on découvrit qu'il y avait un boîtier intérieur en étain soudé. Tandis que les garçons parcouraient cette section , ils exprimèrent leur opinion que, compte tenu du soin extrême apporté, le contenu devait être d'une grande valeur. Pourtant, M. Hardy ne s'en soucierait pas ; et lorsque la vitrine fut enfin ouverte, l' étonnement de tous fut sans limite de constater qu'elle contenait quatre douzaines de grosses fusées et une douzaine de lumières bleues. Une douzaine de ces fusées étaient des fusées de signalisation ordinaires, mais le reste était recouvert de solides étuis en étain.

"Feux d'artifice!" s'exclamèrent-ils tous avec une intense surprise. "Pourquoi as-tu apporté des feux d'artifice jusqu'ici, papa ?"

"Je vais vous le dire, mes chéris. Je savais que les Indiens de la pampa étaient des Indiens à cheval, et l'idée m'a frappé que, comme ils n'auraient jamais pu voir de fusées, ils en auraient horriblement peur la nuit. Les fusées, vous savez, sont utilisés à la guerre ; et même si les cavaliers n'étaient pas effrayés, il est bien certain que les chevaux seraient horriblement alarmés par une ou deux de ces choses enflammées qui se précipitaient au milieu d'eux. Je les ai donc fait fabriquer spécialement pour moi par un artificier . à Londres. Une douzaine, comme vous le voyez, sont des fusées ordinaires de la plus grande taille ; elles contiennent des boules colorées, qui donneront une lumière des plus brillantes. L'une d'elles lancée en l'air, même là où nous croyons qu'il y a des Indiens, éclairez la plaine et donnez-nous une belle vue d'eux. Les trois autres douzaines sont chargées de biscuits. Comme vous le voyez, j'ai fait placer une forte caisse d'étain sur la caisse ordinaire ; et l'une d'elles frappant un homme sera certainement faites-le tomber de son cheval et probablement le tuer. Le rugissement, la ruée, la traînée de tirs, et enfin l'explosion et la volée de pétards au milieu d'eux suffiraient à effrayer leurs chevaux au point de les rendre incontrôlables. Que pensez-vous de mon idée ? »

« Capitale, capitale ! ils ont tous pleuré.

"Mais comment, papa," demanda Hubert, "tu feras pour que tes fusées partent droit sur les Indiens ? Toutes les fusées que j'ai jamais vues partaient droit dans les airs."

"Oui, Hubert, parce qu'elles étaient pointées vers le haut. Une fusée va dans le sens où elle est pointée. Les roquettes de guerre sont tirées à travers un tube ou depuis une auge. Nous utiliserons l'auge. Mettez-vous immédiatement, les garçons, et faites un auge d'environ quatre pieds de long, sans extrémités. Elle doit reposer sur des pieds assez hauts pour s'élever au-dessus du niveau du mur qui entoure le sommet de la tour. Qu'il y ait deux pieds à l'extrémité avant et un pied derrière ; et ce pied derrière, il doit y avoir une charnière, de sorte que, lorsqu'elle est debout, elle soit à six ou huit pouces plus haute que l'avant, au cas où nous voudrions tirer sur quelque chose à portée de main. à quelque distance que ce soit, nous tirons la patte arrière vers l'arrière, de sorte que cette extrémité soit plus basse que l'avant. Mettez une pointe au bout de la patte, pour qu'elle tienne fermement au sol.

Charley réfléchit un instant, puis dit : « Je pense, papa, que ce serait plus ferme et plus facile à réaliser si nous faisions deux jambes derrière, avec une autre glissant de haut en bas entre elles, et avec des trous dedans pour qu'elle peut être ancré de haut en bas à notre guise.

"Ce serait certainement mieux, Charley. Mettez votre idée sur papier et laissez-moi voir exactement ce que vous voulez dire avant de commencer."

Charley l'a fait, et M. Hardy l'a déclaré excellent ; et la nuit, l'abreuvoir fut terminé et placé en position au sommet du belvédère.

M. Hardy, au cours de la soirée, expliqua à sa femme qu'il était possible que les Indiens se risquent à se précipiter pour emporter une partie du bétail et que, par conséquent, il avait ordonné aux filles d'être aux aguets. , et à prendre toutes les précautions lors de votre déménagement. Il leur fit un ajout à ses anciennes instructions, à savoir que non seulement ils veilleraient avant de sortir de l'enceinte, mais que, si l'un sortait, l'autre monterait tous les quarts d'heure au sommet de la tour pour y voyez que tout était encore clair, et que si les deux étaient absents, Sarah devrait faire de même. Les garçons n'avaient pas besoin d'instructions pour charger leurs carabines tournantes, et les pistolets et un fusil à double canon furent remis à Lopez et à Terence, avec instruction de les porter toujours avec eux. Lopez n'exigeait aucun ordre à ce sujet. Il savait ce qu'étaient les Indiens et en avait une parfaite horreur. Leurs amis de Cantorbéry furent également mis sur leurs gardes, car leurs domaines étaient également très exposés. Trois jours se sont écoulés, puis sont arrivées les légères plaques de fer pour les volets des portes et des fenêtres. Avant d'être cloués, de grands trous étaient percés pour permettre le tir, des fentes correspondantes étant pratiquées dans les boiseries. Une fois attachés à leur place, tous pensèrent que Mount Pleasant pouvait défier n'importe quel nombre d'assaillants.

Des ordres furent donnés à Térence qu'au cas où les chiens donneraient l'alarme la nuit, les occupants de la cabane se retireraient immédiatement dans la maison ; à quoi il répondit de façon caractéristique :

"Bien sûr, votre honneur, je suppose que je peux m'arrêter un peu et poivrer les canailles jusqu'à ce qu'ils se rapprochent de moi."

" Pas du tout, Terence ; vous devez vous retirer immédiatement à la maison. Quand nous serons tous ensemble , nous pourrons décider, selon le nombre des ennemis, si nous ferons une sortie et les poivrerons, ou si nous ferons une sortie et les poivrerons. " restez sur la défensive. »

Ainsi, chacun ayant reçu ses instructions en cas d'urgence, les choses se sont déroulées à peu près comme avant.

CHAPITRE X.

LE BÉTAIL PERDU.

Quinze jours se passèrent sans le moindre incident ni alarme. Les règles établies par M. Hardy furent strictement observées. Les moutons et les bovins étaient soigneusement sécurisés la nuit ; deux ou trois chiens indigènes étaient attachés au bercail ; l'un des dogue était gardé dans la cabane des hommes, tandis que le chenil de l'autre était placé près de la maison ; les retrievers, comme d'habitude, dorment à l'intérieur. Un mât de drapeau était érigé à l'affût, avec un drapeau rouge prêt à être hissé pour appeler ceux qui pourraient être absents dans la plaine, et un fusil était chargé pour attirer l'attention sur le signal. Les garçons, lorsqu'ils sortaient en promenade, portaient leurs carabines au lieu de leurs fusils. Les jeunes filles remplissaient les fonctions de vigies, montant toutes les demi-heures depuis le point du jour jusqu'au crépuscule ; et l'appel de « Sœur Anne, voyez-vous des cavaliers ? On répondait invariablement par la négative. Un jour, cependant, M. Hardy s'était rendu à Cantorbéry pour s'entendre avec ses amis sur l'embauche de tondeurs de Rosario pour les troupeaux réunis. Les garçons et Terence étaient dans les champs en train de labourer, à un demi-mille de la maison, lorsqu'ils furent surpris par le bruit d'un fusil. En regardant autour d'eux, ils virent les deux filles debout sur la tour : Maud venait de tirer avec le pistolet et Ethel hissait le drapeau.

"Soyez jabers ! et les Indiens sont enfin arrivés !" S'exclama Terence, et ils partirent tous les trois en courant. Maud se retourna et leur fit signe de la main, puis elle et Ethel continuèrent à regarder la plaine. A ce moment, ils furent rejoints sur la tour par Mme Hardy et Sarah.

"Tout va bien", a déclaré Charley, qui était d'un tempérament inexcitable. "Les Indiens doivent être loin, sinon les filles nous feraient signe de nous dépêcher. Allez-y doucement, nous voudrons garder nos mains fermes."

Ils abandonnèrent donc la vitesse vertigineuse avec laquelle ils s'étaient lancés dans un trot régulier qui, en cinq minutes, les conduisit à la maison.

"Qu'est-ce que c'est?" s'exclamèrent-ils en atteignant le sommet de la tour.

"Oh, chérie, oh, chérie!" » dit Ethel. "Ils ont tous les animaux."

"Et je crains qu'ils n'aient tué Gomez et Pedro", a ajouté Mme Hardy.

C'était évidemment vrai. À une distance de six milles, les garçons pouvaient voir une masse sombre reculer rapidement, et de nombreux points isolés planaient autour d'eux. A trois kilomètres de la maison, un seul cavalier galopait sauvagement. Les filles l'avaient déjà fait passer pour Lopez.

Les garçons et Terence restèrent bouche bée de consternation. L'Irlandais fut le premier à retrouver sa langue.

"Och, les méchants tonitruants !" il s'est excalmé; "Les voleurs païens ! Et dire qu'aucun de nous n'était là pour leur donner une raclée ."

"Que va dire papa ?" Hubert éjacula.

Charley ne dit rien, mais regarda d'un air renfrogné, les lèvres bien fermées, la messe lointaine, tandis que ses mains se refermaient sur sa carabine. "Comment ça s'est passé, Maud ?" » demanda-t-il longuement.

"J'étais en bas", a déclaré Maud, "quand Ethel, qui venait de monter, a appelé: 'Montez, Maud, vite; je pense qu'il y a quelque chose qui ne va pas.' J'ai monté les marches en courant et j'ai vu nos animaux à une distance très éloignée, à près de quatre milles, et j'ai vu une masse noire de quelque chose qui s'avançait rapidement vers eux en venant de la gauche. Ils étaient un peu plus près de nous que le bétail, et ils étaient sur une des pentes du terrain, afin qu'ils ne fussent aperçus par personne avec le bétail, puis, comme ils s'approchaient tout près des animaux, je vis un mouvement soudain. Les bêtes se mirent à galoper, et trois noirs des points — qui, je suppose, étaient des hommes — s'en séparaient et s'éloignaient de côté. L'un semblait prendre le pas sur les deux autres. Celles-ci étaient coupées par la masse noire, et je n'en voyais plus rien. Lopez s'est enfui ; et bien que certains des autres l'aient poursuivi pendant environ un mile, ils n'ont pas pu le rattraper. Dès que j'ai vu ce que c'était, j'ai attrapé le pistolet et j'ai tiré, et Ethel a couru vers le drapeau. C'est tout ce que j'ai vu. ".

Ethel confirma le récit de sa sœur, ajoutant simplement qu'en voyant les deux corps au loin, l'un allant très vite vers l'autre, elle soupçonna que quelque chose n'allait pas et appela aussitôt Maud.

Les animaux étaient maintenant complètement hors de vue, et toute la troupe descendit à la rencontre de Lopez, qui venait de monter à cheval vers l'enclos. Il était très pâle et son cheval était couvert d'écume.

"Est-ce que les péons sont tués, Lopez ?" » fut la première question de Mme Hardy.

" Je ne sais pas, signora ; mais je devrais le penser. Les Indiens les ont attrapés ; j'ai entendu un cri, " et l'homme frissonna. « Santa Virgine » — et il se signa pieusement — « quelle évasion ! Je brûlerai vingt livres de cierges sur votre autel.

"Comment se fait-il que tu aies été surpris, Lopez ?" » a demandé Charley. "Il vous a été particulièrement demandé de rester vigilant."

" Eh bien, signor Charles, je faisais bonne garde, et c'est une chance que je l'étais. J'étais plus loin que je n'aurais dû l'être, je le sais, car le signor m'a dit de ne pas aller loin ; mais je le savais. la colline vers laquelle je les ai emmenés était la plus haute dans cette direction, et que je pouvais voir à des kilomètres de distance dans le pays indien. Alors je suis sorti là-bas, et Pedro et Gomez avaient rassemblé les moutons et le bétail tous ensemble, et il y avait aucune crainte qu'ils ne s'égarent, car l' herbe y est très bonne. Alors les hommes se sont couchés pour faire la sieste, et j'étais debout près de mon cheval, regardant le campo. Certaines des bêtes semblaient inquiètes, et j'ai pensé qu'il devait y avoir un Je montai donc sur mon cheval et, à ce moment-là, j'entendis un bruit et, regardant derrière moi, là où je n'avais jamais rêvé d'eux, je vis un grand nombre d'Indiens qui sortaient du creux au grand galop. Le bétail s'éloigna au même instant, et j'ai crié aux hommes, et j'ai planté mes éperons dans Carlos. C'était presque le coup, et ils m'ont donné une dure poursuite pendant le premier mille ; mais mon cheval était plus frais que le leur, et ils l'ont abandonné.

"Combien d'Indiens y avait-il ?" » a demandé Charley.

"Je ne sais pas, Signor Charles. J'ai aperçu seulement ceux qui étaient devant moi, et je n'ai jamais regardé autour de moi après avoir commencé. Certains d'entre eux avaient des armes à feu, car huit ou dix d'entre eux ont tiré après moi alors que je m'enfuyais. , et la flèche est tombée tout autour de moi.

"Que pensez-vous, les filles, du numéro ?"

Les filles se turent, puis Ethel dit : « Elles étaient toutes en bloc, Charley. On ne pouvait pas les voir séparément.

"La masse semblait avoir à peu près la taille de nos bovins lorsqu'ils sont rapprochés à la même distance. Tu ne penses pas, Ethel ?" dit Maud.

"Oui", Ethel pensait que c'était le cas.

"Alors il doit y en avoir entre cent et cent cinquante", a déclaré Charley.

"Je me demande ce que papa va faire ! L'un de nous ferait mieux de partir immédiatement le chercher."

— J'y vais, dit Hubert en s'éloignant pour seller son cheval.

« Arrêtez, Hubert, » dit Charley ; "Je pense que tu ferais mieux de prendre le cheval de Lopez. Je ne sais pas ce que papa pourrait décider de faire, et il vaut mieux avoir ton cheval bien frais."

Hubert accepta tout de suite, et il montait quand Maud dit : « Attends un instant, Hubert, je vais courir au guet. Je verrai peut-être papa, il est presque temps qu'il rentre.

Hubert s'arrêta pendant que Maud courait vers la maison et apparut une minute plus tard au sommet de la tour. Elle resta un moment à regarder de l'autre côté du ruisseau, en direction de Canterbury, puis leva la main. "Je peux le voir", cria-t-elle. "Il est loin, mais il arrive."

Hubert était sur le point de redescendre, lorsque Mme Hardy dit : « Vous feriez mieux de partir à la rencontre de votre papa, Hubert. Il sera très alarmé lorsqu'il verra le drapeau , et ce sera pour lui une grande satisfaction de savoir que nous au moins, nous sommes tous en sécurité."

Hubert partit aussitôt au galop, tandis que Maud continuait à surveiller son père. Il se trouvait à environ trois kilomètres de distance et roulait tranquillement. Puis, pendant un moment, elle le perdit de vue. Alors qu'il approchait de la montée suivante , elle le vit arrêter brusquement son cheval. Elle devina qu'il regardait le mât du drapeau, car il n'y avait pas un souffle de vent, et le drapeau tombait tout droit près du mât, de sorte qu'il était difficile de le distinguer de loin. Alors elle fut sûre qu'il s'en était sorti, car il avançait au galop furieux ; et à mesure qu'il s'approchait, elle put voir qu'il avait retiré son arme de sa place et qu'il la portait sur son bras, prêt à agir instantanément. Quelques minutes plus tard, Hubert le rencontra et, après une courte pause, tous deux retournèrent ensemble à la maison au petit galop.

M. Hardy s'arrêta à la cabane des hommes pour donner à Lopez une bonne note pour sa désobéissance aux ordres en allant si loin dans la plaine. Puis il est venu à la maison. « C'est une mauvaise affaire, ma chère, » dit-il gaiement ; " mais tant que nous sommes tous en sécurité , nous pouvons remercier Dieu que ce n'est pas pire. Nous allons bientôt récupérer certaines de nos bêtes, ou je me trompe. Ethel, cours vers Terence et dis-lui de conduire les bœufs qui sont à terre. avec les charrues dans leur enclos, et de fixer la porte derrière eux. Maud, donnez à tous les chevaux une nourriture avec du maïs indien et de l'eau. Les garçons, dites à Sarah de mettre de la viande froide et du pain dans vos sacs de chasse. Chargez la pièce de rechange. chambres de vos carabines, et veillez à ce que vos gourdes soient pleines. »

M. Hardy se retira alors avec sa femme, qui avait observé avec inquiétude ces ordres donnés, dans leur propre chambre, où ils restèrent environ dix minutes. Lorsqu'ils revinrent dans le salon, Mme Hardy était pâle, mais calme, et les enfants purent voir qu'elle avait pleuré.

"Votre maman et moi avons discuté, les garçons, et je lui ai dit que je devais faire de mon mieux pour récupérer au moins quelques-uns de nos animaux. Je vais vous prendre un bain avec moi. Il est dommage que deux "De nos amis à Cantorbéry sont arrivés tôt ce matin chez M. Percy et ne reviendront que tard ce soir. S'ils avaient été chez eux, ils nous auraient, je le sais, nous rejoindre. J'ai d'abord pensé à envoyer pour M. Farquhar, qui est à la maison, mais je n'aime pas perdre le temps. J'enverrai Lopez avec un mot, lui demandant de venir dormir ici cette nuit. Nous ne reviendrons que demain. Je ne crains pas une nouvelle alarme aujourd'hui ; néanmoins je serai plus à l'aise en sachant que vous avez quelqu'un avec vous. Ne sortez pas de l'enclos, les filles, jusqu'à notre retour. Terence doit aussi rester à l'intérieur et peut "Dors dans la maison cette nuit ; Lopez aussi . Vous serez donc bien protégé. Mangeons quelque chose, et dans dix minutes nous serons en selle. Charley, descends trois feux bleus, deux signaux. des roquettes et deux des roquettes en étain. Maud, remplis nos flasques de cognac. Hubert, vous les garçons, vous prendrez chacun votre carabine et votre revolver ; Je porterai mon long fusil et les deux autres Colts. » Dix minutes plus tard, ils étaient prêts à monter à cheval, et après une dernière étreinte et de nombreux « Soyez sûrs et prenez soin de vous » de la part de leur mère et de leurs sœurs, ils partirent. à travers la plaine au grand galop.

"Ils n'ont qu'une heure de départ, les garçons", a déclaré M. Hardy. "Ta mère a dit qu'il s'était écoulé exactement une demi-heure entre la première alarme et mon arrivée, et j'étais dans la maison une minute ou deux en moins. Il est environ midi et demi maintenant."

"C'est une grande chance, papa, que nous ayons nos chevaux en sécurité à la maison."

"Oui, les garçons. Si nous avions été obligés d'attendre demain matin avant de partir, nos chances de remonter auraient été très minces. Dans l'état actuel des choses, nous les aurons dans trois ou quatre heures. Les moutons ne peuvent pas vraiment avancer. rapides plus de douze ou quinze milles, surtout avec leurs lourdes toisons.

Une demi-heure de route les a conduits sur les lieux de l'attaque. En s'en approchant, ils aperçurent deux silhouettes allongées sur l'herbe. Il n'y avait aucune raison de s'approcher : les attitudes raides et déformées suffisaient à montrer qu'ils étaient morts.

M. Hardy a délibérément évité de s'approcher d'eux, sachant que la vue choquante d'hommes qui ont connu une mort violente est susceptible d'ébranler les nerfs de quiconque n'est pas habitué à un tel spectacle, aussi courageux soit-il.

"Ils sont évidemment morts, les pauvres!" il a dit. "Il ne sert à rien de s'arrêter."

Charley regarda les corps avec un froncement de sourcils féroce et marmonna pour lui-même. "Nous les paierons pour vous, ces lâches scélérats."

Hubert ne leur lança même pas un regard. C'était un garçon au cœur tendre et il sentit son visage pâlir et un étrange sentiment de malaise l'envahir, même au regard momentané qu'il avait d'abord jeté sur les silhouettes rigides.

"Je suppose que tu n'as pas l'intention de les attaquer avant la nuit, papa ?"
» a demandé Charley.

"Eh bien, les garçons, j'ai réfléchi à la question et j'en suis arrivé à la conclusion qu'il vaudrait mieux le faire directement lorsque nous les aborderons."

"Et tu crois, papa, que nous serons capables de les battre tous les trois ? Ce doivent être de pauvres et misérables lâches."

"Non, Charley; je ne pense pas que nous pourrons les battre, comme tu dis; mais avec nos armes, nous pourrons leur donner une terrible leçon. Si nous attaquons de nuit, ils découvriront bientôt comment Nous sommes peu nombreux et, n'ayant aucune crainte particulière de nos armes, ils peuvent se précipiter sur nous et nous vaincre malgré eux. Une autre chose, les garçons, c'est que je veux leur donner une leçon. Ils doivent savoir qu'ils ne le feront pas . venez assassiner et voler chez nous en toute impunité.

A peine un autre mot fut-il échangé durant l'heure suivante. Dans un galop long et régulier, ils s'élancèrent. Il n'y avait aucune difficulté à suivre la piste, car les hautes herbes étaient piétinées en une large bande. Plusieurs fois aussi, des exclamations de rage éclatèrent des garçons lorsqu'ils rencontrèrent un mouton mort, visiblement transpercé par les sauvages parce qu'il ne pouvait pas suivre les autres. Après en avoir dépassé plusieurs, M. Hardy a appelé les garçons à s'arrêter, tandis qu'il sautait de son cheval à côté d'un des moutons et posait sa main contre son corps et dans sa gueule.

"Il est bien mort, n'est-ce pas, papa ?" dit Hubert.

" Tout à fait , Hubert ; je n'ai jamais cru qu'il était vivant. " Et M. Hardy sauta de nouveau sur son cheval. "Je voulais voir quelle était la chaleur du corps. Si nous réessayons une heure à l'avance, nous pourrons juger, par la chaleur accrue du corps, combien nous avons gagné sur les Indiens, et s'ils sont Vous voyez, les garçons, quand j'étais jeune homme, je suis allé plusieurs fois au Texas contre les Comanches et les Apaches , qui sont des ennemis très différents de ces lâches Indiens d'ici. Il fallait garder les yeux ouverts là-bas, car ils "Vous étiez tout aussi courageux que nous. N'allez pas si vite, Charley. Épargnez votre cheval; vous voudrez tout ce qu'il a en lui avant de l'avoir fait. Je pense que nous devons gagner très vite sur eux maintenant. Vous voir les moutons morts gisant tous les cent mètres environ, au lieu de tous les quarts de mille. Les Indiens savent très bien qu'il faudrait une journée entière aux abords des colonies pour rassembler une douzaine d'hommes pour les poursuivre, et n'auraient pas l'idée que trois hommes partiraient seuls ; j'espère donc qu'ils auront maintenant un peu ralenti le pas, pour laisser le temps aux moutons de respirer.

Après encore dix minutes de trajet, M. Hardy descendit de nouveau et constata une augmentation très perceptible de chaleur dans le corps des moutons. "Je ne pense pas qu'ils aient pu être morts depuis plus d'un quart d'heure. Faites attention, les garçons, nous les verrons peut-être au sommet de la prochaine colline."

Pas un mot n'a été prononcé pendant les minutes suivantes. Deux ou trois légères houles furent franchies sans aucun signe de l'ennemi ; puis, en franchissant une colline un peu plus élevée que d'habitude, ils aperçurent au loin une masse d'êtres en mouvement.

"Arrêt!" » a crié M. Hardy, et les garçons ont immédiatement pris les rênes. " Sautez, les garçons. Seules nos têtes se détachent sur le ciel. C'est à peine s'ils les ont remarqué. Tenez mon cheval là, desserrez aussi les sangles de votre selle et laissez-les respirer librement. Retirez les brides de leur bouche. ... Il m'a semblé, à l'aperçu que j'avais de nos ennemis, qu'ils étaient sur le point de s'arrêter. Je vais m'en assurer.

cela , M. Hardy s'avança de nouveau sur une courte distance, se mettant à quatre pattes lorsqu'il arriva au sommet de la colline, afin que sa tête ne dépasse pas les hautes herbes. Lorsqu'il y parvint, il vit immédiatement que sa première impression était correcte. À une distance d'un peu plus d'un mille, une masse d'animaux était rassemblée, et autour d'eux étaient dispersés un certain nombre de chevaux, tandis que des silhouettes d'hommes se déplaçaient parmi eux.

"C'est ce que je pensais, les garçons", dit-il en rejoignant ses fils. "Ils sont arrêtés depuis un moment . Les animaux doivent tous être complètement fatigués; ils ne peuvent pas avoir parcouru moins de trente milles et il leur faudra au moins trois ou quatre heures de repos avant d'être aptes à voyager à nouveau. Une heure suffira. faites pour nos chevaux. Rincez-leur la bouche avec un peu d'eau, et laissez-les paître s'ils le souhaitent : dans une demi-heure, nous leur donnerons à chacun une double poignée de blé d'Inde.

Après avoir soigné leurs chevaux, qu'ils entravèrent pour éviter qu'ils ne s'égarent, M. Hardy et les garçons s'assirent et préparèrent un léger repas. Aucun d'entre eux n'avait très faim, l'excitation de l'attaque imminente ayant chassé le vif appétit qu'ils auraient autrement gagné en chevauchant ; mais M. Hardy pria les garçons de s'efforcer de manger quelque chose, car ils seraient sûrs d'éprouver le besoin de nourriture plus tard.

Le repas terminé, M. Hardy alluma sa pipe préférée, tandis que les garçons gravissaient prudemment la colline en reconnaissance. Il n'y a eu aucun changement ; la plupart des animaux étaient couchés et il y avait peu de signes de mouvement. Cependant deux ou trois Indiens se tenaient immobiles et rigides à côté de leurs chevaux, faisant évidemment office de sentinelles. Les garçons pensaient que cette heure était la plus longue qu'ils aient jamais passée. Finalement, leur père regarda sa montre, secoua les cendres de sa pipe et la mit dans sa poche. "Maintenant, les garçons, il est cinq minutes à l'heure. Examinez vos carabines et vos revolvers, voyez que tout est en ordre et qu'il n'y a pas d'accroc. Serrez les sangles de selle et examinez les boucles. Assurez-vous que vos munitions et votre carabine de rechange les chambres sont prêtes à portée de main.

Cinq minutes plus tard, le groupe était en selle.

"Maintenant, les garçons, mes derniers mots. Ne roulez pas en avant ni en retard : réglez votre allure sur la mienne. Faites attention aux trous de tatous, ils sont plus dangereux que les Indiens. Souvenez-vous de mes ordres : n'utilisez en aucun cas la deuxième chambre de " Vos carabines, sauf en cas de grande urgence. Changez les chambres dès que vous les avez vidées, mais ne tirez pas jusqu'à ce que celles de rechange soient chargées à nouveau. Maintenant, les garçons, hourra pour la vieille Angleterre ! "

"Hourra!" » crièrent tous les deux les garçons alors qu'ils partaient au petit galop pour gravir la montée. Lorsqu'ils aperçurent les Indiens, tout était calme comme avant ; mais un instant plus tard, ils virent les hommes de garde se jeter sur le dos de leurs chevaux , des silhouettes jaillirent de l'herbe et coururent vers leurs chevaux, et en un peu plus d'une minute tout fut en mouvement.

"Ils ne vont sûrement pas fuir trois hommes !" » dit Charley d'un ton dégoûté.

"Ils ne courront pas loin, Charley," dit doucement M. Hardy. "Au moment où nous serons à mi-chemin, ils verront que nous ne pouvons avoir personne avec nous, et alors ils arriveront assez vite."

C'est ce que M. Hardy a dit. Si intenses qu'aient été les surveillances exercées par les Indiens, malgré leur croyance qu'aucune force de poursuite ne pouvait être envoyée à leur poursuite, il leur fallut un certain temps avant de pouvoir remettre les animaux fatigués sur leurs pattes et en mouvement ; et même au petit galop avec lequel M. Hardy s'approchait, il les avait approchés à moins d'un demi-mille avant qu'ils ne soient assez loin. Un petit groupe continua seulement à chasser les animaux, et le reste des Indiens, faisant volte-face et poussant un cri de guerre sauvage, revint au grand galop vers les blancs.

" Arrêtez-vous, les garçons, descendez de cheval : prenez vos positions tranquillement. Ne tirez pas avant que je vous en donne l'ordre. Je vais d'abord essayer mon fusil. "

Les chevaux bien entraînés, habitués à ce que leurs maîtres tirent sur le dos, se tenaient aussi stables que s'ils étaient sculptés dans la pierre, la tête tournée d'un air interrogateur vers la foule hurlante de cavaliers qui approchaient. M.

Hardy et les garçons étaient tous deux descendus de cheval, de sorte que les chevaux se trouvaient entre eux et les Indiens, les selles servant de supports à leurs armes à feu.

"Cinq cents mètres, Charley ?" » demanda doucement son père.

"Un peu plus, papa; presque six heures, devrais-je dire."

M. Hardy a attendu encore dix secondes, puis son fusil a craqué ; et un cri d'étonnement et de rage s'échappa des Indiens, lorsqu'un de leurs chefs, remarquable par son vieux casque de dragon, pris probablement lors d'une escarmouche avec les soldats, tomba de son cheval.

"Hourra!" Charley a pleuré. "On tire maintenant, papa ?"

"Non, Charley," dit M. Hardy en rechargeant son fusil ; " Attendez qu'ils soient à quatre cents mètres, puis tirez lentement. Comptez dix entre chaque coup et visez le plus sûrement possible. Maintenant ! Bravo, encore deux canailles à terre. Calme, Hubert, tu as raté cette fois-là : là, c'est mieux."

Les Indiens hurlaient de rage et d'étonnement alors que les hommes tombaient les uns après les autres devant le feu constant et, pour eux, mystérieux qui était entretenu sur eux. Pourtant ils ne ralentissaient pas la rapidité de leur charge.

"C'est fait, papa", dit Charley alors que les deux garçons tiraient simultanément leur dernier coup de feu, alors que les Indiens de tête étaient distants d'environ deux cent cinquante mètres.

"Changez de chambre et de monture", dit M. Hardy en visant à nouveau avec son fusil.

L'ennemi n'était pas à plus de cent cinquante mètres, lorsqu'il sauta sur sa selle et partit au galop.

" Ne vous inquiétez pas, les garçons, gardez vos chevaux bien en main. Peu importe leurs balles ; ils ne pourraient pas plus frapper un homme à cette distance du dos d'un cheval qu'ils ne pourraient voler. Il n'y a aucune chance qu'ils nous rattrapent ; il n'y aura pas de chance. " Il n'y a pas beaucoup de chevaux plus rapides que les nôtres, et les nôtres sont beaucoup plus frais. Surveillez bien les trous.

Les poursuivants et les poursuivis avançaient maintenant sur le terrain à une vitesse effrénée. Les Indiens avaient cessé de tirer, car la plupart de ceux qui avaient des fusils les avaient tirés pendant que M. Hardy et ses fils montaient à cheval, et il était impossible de charger à la vitesse à laquelle ils allaient.

Durant le premier kilomètre de la poursuite, M. Hardy avait regardé autour de lui plusieurs fois et avait dit à chaque fois : « Nous tenons bon, les garçons

; ils sont à une bonne centaine de mètres derrière ; gardez vos chevaux en main.

Au bout d'un autre kilomètre, son visage s'éclaira alors qu'il regardait autour de lui. " Très bien, les garçons, ils filent vite. Les trois quarts d'entre eux se sont déjà arrêtés. Il n'y a pas plus d'une vingtaine des meilleurs montés près de chez nous. Encore un kilomètre et nous leur donnerons une leçon. "

Le mile fut bientôt parcouru, et M. Hardy vit que seulement une douzaine d'Indiens avaient maintenu leurs distances.

[Illustration : DÉBUT DES INDIENS.]

"C'est le moment, les garçons. Quand je dis arrêtez-vous, redressez-vous et sautez, mais visez toujours très fermement le plus proche. Ne lancez pas un coup de feu. Ils ne sont qu'à cent mètres et les revolvers vous le diront. " N'essayez pas d'utiliser la deuxième chambre, vous n'avez pas le temps pour cela. Utilisez vos pistolets lorsque vous avez vidé vos carabines. Halte ! "

Cinq secondes seulement se sont écoulées après que le mot ait été prononcé avant que la carabine de Charley ne retentisse. Puis vinrent les craquements aigus des carabines et des pistolets, les uns après les autres. Les Indiens hésitèrent devant le terrible feu qui s'ouvrit sur eux, puis s'arrêtèrent. Le retard leur fut fatal. En un peu plus d'une demi-minute, les dix-huit coups de feu avaient été tirés. Cinq Indiens gisaient dans la plaine ; un autre, visiblement un chef, avait été emporté sur la selle d'un de ses partisans, qui avait bondi en le voyant tomber ; et deux autres étaient visiblement blessés et avaient du mal à rester assis.

"Maintenant, les garçons, changez de chambre et tirez un coup ou deux après eux", a déclaré M. Hardy en rechargeant à nouveau son fusil.

Les garçons, cependant, se rendirent compte, au moment où ils furent prêts, que les Indiens volants n'avaient aucune chance de toucher ; mais leur père visa longuement et fermement avec son fusil mortel, et au rapport, un cheval et un homme tombèrent. Mais le cavalier se releva en un instant, rattrapa bientôt l'un des chevaux sans cavalier qui étaient partis au galop avec ses compagnons et suivit ses camarades.

"Bien joué, les garçons", a déclaré M. Hardy en leur tapotant chaleureusement l'épaule. "Vous avez fait vaillamment pour un premier combat et je suis fier de vous."

Les deux garçons rougirent de plaisir.

"Combien en avons-nous tué ?"

— Je pense que sept sont tombés lors de notre première attaque, papa, et six ici, en comptant celui qu'ils ont emporté, sans compter les blessés.

" Treize. C'est assez pour qu'ils souhaitent de bon cœur revenir. Maintenant donnons aux chevaux dix minutes de repos, et ensuite nous les remuerons de nouveau. Il ne faut pas perdre de temps ; le coucher du soleil sera dans trois quarts d' heure . une heure."

Une demi-heure de cheval les amena encore jusqu'aux Indiens, qui s'étaient arrêtés à moins d'un mille de leur ancienne halte.

" La lune se lèvera à une heure, les garçons, et ils ont l'intention de rester là où ils sont jusque-là. Voyez-vous ce creux qui s'étend juste de ce côté d'où ils sont ? Il y a sans doute un petit ruisseau là-bas. "

Cette fois, les Indiens ne firent aucun mouvement pour battre en retraite davantage. Ils savaient désormais que leurs assaillants n'étaient que trois. Ils étaient armés, en effet, d'armes qui, par la terrible rapidité de leur tir, dépassaient tout ce qu'ils avaient vu jusqu'ici ; mais dans l'obscurité, cela ne servirait à rien contre une précipitation soudaine.

Mais si les Indiens ne s'enfuirent pas, ils n'attaquèrent pas non plus leurs assaillants, comme auparavant. Leurs chevaux avaient été placés au milieu du bétail, avec quelques Indiens debout à leurs côtés pour les faire taire. Le reste des Indiens n'était pas visible, mais M. Hardy devina qu'ils étaient couchés dans les hautes herbes ou cachés parmi les animaux.

« Ces coquins ont parmi eux un chef intelligent, les garçons. Hormis ces demi-douzaines de têtes que nous voyons au-dessus du dos des chevaux, il n'y a rien à voir d'eux. Ils savent que si nous nous approchons, ils peuvent nous abattre avec leurs fusils . et des arcs et des flèches, sans nous donner un seul coup juste. Ne vous approchez pas, les garçons ; il y a sans aucun doute beaucoup de leurs meilleurs coups cachés dans l'herbe.

"Nous pourrions disperser le bétail avec une fusée, papa."

"Oui, nous pourrions, Hubert, mais nous n'y gagnerions rien ; ils ont des hommes à leurs chevaux, et ils vont bientôt reconstituer le troupeau. Non, nous garderons cela pour la nuit. Halloo ! à droite, les garçons. , pour vos vies."

Pas un instant trop tôt, M. Hardy ne comprit le danger. Le chef des Indiens, s'attendant à une nouvelle attaque, avait ordonné à vingt de ses meilleurs cavaliers de se séparer du corps principal et de se cacher dans un creux de terrain près de l'endroit où la première attaque avait eu lieu. Ils devaient laisser passer les Blancs, puis les suivre tranquillement et tomber soudainement sur eux.

La manœuvre avait été un succès complet ; et il était heureux que le groupe n'eût pas d'armes à feu, celles-ci ayant été distribuées parmi le corps principal avec le bétail, car ils se trouvaient à moins de quarante mètres de M. Hardy avant d'être aperçus. C'était en fait une répétition de la manœuvre qui s'était avérée si réussie dans l'attaque du bétail.

Ils n'étaient pas immédiatement derrière M. Hardy, mais plutôt à gauche. Alors que M. Hardy et ses fils se tournaient pour fuir, un certain nombre d'Indiens se levèrent du milieu de l'herbe et tirèrent sur eux une volée de fusils et de flèches. Heureusement la distance était considérable. Cependant, une de leurs flèches a touché le cheval de M. Hardy à l'épaule, tandis qu'une autre est restée coincée dans le bras du cavalier. Un autre traversa le mollet de la jambe d'Hubert et se coinça dans le rabat de la selle.

Il n'y avait pas de temps pour parler ou se plaindre. Ils enfonçaient leurs éperons dans les flancs de leurs chevaux, et les vaillants animaux, sentant que l'occasion était urgente, semblaient presque s'envoler. Au bout d'un mille, ils purent se lancer au galop régulier, l'ennemi étant désormais à soixante-dix ou quatre-vingts mètres derrière. M. Hardy avait déjà retiré la flèche de son bras, et Hubert ôtait maintenant la sienne. En se baissant pour le faire, son père, qui n'avait pas remarqué qu'il était blessé, vit ce qu'il faisait.

"Beaucoup de mal, vieil homme?"

« Pas grand-chose, dit Hubert ; mais ça faisait quand même très mal.

« Je ne veux plus fatiguer nos chevaux, les garçons, » dit M. Hardy ; "Je vais essayer d'arrêter ces coquins avec un de mes revolvers."

En disant cela, il sortit un de ses pistolets de son étui, se retourna sur sa selle, visa fermement et tira.

Au même instant, cependant, son cheval entra dans un trou et tomba, M. Hardy étant projeté par-dessus la tête avec une force énorme. Les garçons retinrent fortement leurs chevaux et Hubert poussa un grand cri en voyant son père rester raide et impassible à terre. Les Indiens poussèrent un cri de triomphe sauvage.

"Tiens bon, Hubert. Saute. Ramasse le pistolet de papa. Dispose les chevaux en triangle autour de lui. C'est vrai. Maintenant, ne jette pas un coup de feu."

L'Indien le plus proche était à peine à trente mètres lorsque la balle de Charley lui frappa le cerveau. Les trois qui le suivaient immédiatement tombèrent en succession rapide, le bras d'un autre chef tomba inutilement à ses côtés, tandis que le cheval d'un autre tomba, touché au cerveau.

Les deux garçons étaient pâles, mais leurs mains étaient aussi fermes que du fer. Ils avaient l'impression que, avec leur père insensible sous leur protection, ils ne pouvaient pas rater leur coup.

La destruction que le feu continu provoqua parmi les chefs fut si terrible que les autres freinèrent instinctivement la vitesse de leurs chevaux à mesure qu'ils s'approchaient du petit groupe, d'où semblaient jaillir du feu et des balles, et commencèrent à tirer des flèches sur les garçons, s'accrochant à eux. de l'autre côté de leurs chevaux, de sorte que leurs ennemis ne puissent pas les voir, manœuvre favorite des Indiens. Alors que les garçons tiraient leurs derniers canons, ils tirèrent leurs revolvers de leurs étuis et, visant pendant que les Indiens montraient une tête ou un bras sous le cou de leurs chevaux ou sur leur dos, leurs douze canons s'ajoutèrent aux Indiens éparpillés sur le sol.

"Maintenant, Hubert, donne-moi les deux derniers revolvers et mets les deux chambres neuves dans les carabines."

Ne voyant qu'un seul de leurs ennemis sur la défense, les Indiens se précipitèrent à nouveau en avant. Charley tira sur les deux premiers avec un revolver, mais les autres chargèrent, et il se baissa un instant pour éviter une lance, se soulevant un peu d'un côté, et déchargeant des deux mains ses pistolets sur les Indiens, qui étaient maintenant tout près. « Vite, Hubert », dit-il en tirant de son dernier canon un Indien qui venait d'enfoncer sa lance dans le cœur du cheval de M. Hardy.

L'animal tomba mort sur place, et les Indiens, avec un cri, chargèrent à l'ouverture, mais ce faisant, Hubert glissa une carabine dans la main de son frère, et les deux déversèrent de nouveau le feu mortel qui avait tant arrêté l'avancée des Indiens. .

La poursuite de l'incendie a consterné les Indiens et les sept survivants se sont retournés et ont pris la fuite.

"Je vais charger, Hubert," dit Charley, essayant de parler d'une manière ferme. "Veillez à papa tout de suite. Videz une des gourdes d'eau sur son visage et sa tête."

Hubert baissa les yeux avec un frisson glacial. Aucun des garçons n'avait osé réfléchir pendant ce bref combat. Ils avaient déjà fait de nombreuses chutes sur le gazon mou de la pampa, mais aucun dommage n'en était résulté, et tous deux étaient plus effrayés de l'insensibilité de leur père que de la horde indienne qui se trouvait si proche et qui reviendrait sans doute. en quelques minutes avec une force écrasante.

Grande fut donc la joie d'Hubert, lorsqu'en regardant autour de lui, il vit que M. Hardy s'était levé avec ses bras.

"Que s'est-il passé?" » dit-il d'un ton confus.

"Es-tu blessé, papa ?" demanda Hubert avec des larmes de joie coulant sur son visage ; "Vous nous avez terriblement effrayés tous les deux. S'il vous plaît, buvez un peu d'eau, et j'en verserai un peu sur votre visage."

M. Hardy but de l'eau et Hubert s'en aspergea encore au visage. « Cela suffira, Hubert, dit-il en souriant ; " tu vas me noyer. Là, je vais bien maintenant. J'étais abasourdi, je suppose. Te voilà, " et il se releva ; " vous voyez que je ne suis pas blessé. Et maintenant, où sont les Indiens ? "

« Voilà, papa », dirent les garçons avec un triomphe pardonnable, en désignant treize Indiens morts.

Leur père ne pouvait pas parler. Il leur serra chaleureusement la main. Il comprit combien le danger devait être grand et avec quelle vaillance ses garçons devaient se comporter.

"Les Indiens seront peut-être de retour dans quelques minutes, papa. Votre cheval est mort, mais il y a un des Indiens qui se tient à côté de son maître décédé. Attrapons-le et déplaçons la selle." L'animal, lorsqu'ils s'en approchèrent, ne fit aucun mouvement pour s'enfuir, et ils virent que le pied de son maître, en tombant, s'était pris dans le lasso, et que la bête bien dressée était restée immobile. En trois minutes , les selles furent transférées et le groupe de nouveau prêt au combat ou à la fuite.

"Et ensuite, papa ?"

"Nous avons tourné à droite, et plutôt vers la maison, quand nous sommes partis ; donc la halte indienne est au sud-est de nous, n'est-ce pas ?"

"Oui, papa; aussi près que possible", dit Charley, distinguant avec quelque difficulté les points de la boussole de poche, dont ils portaient chacun une, car le danger de se perdre dans la pampa sans chemin est très grand.

"Nous avions parcouru environ deux milles lorsque j'ai reçu ma chute, nous sommes donc à un mille à l'ouest de leur camp. Nous allons maintenant parcourir quelques milles plein nord. Les Indiens sont sûrs d'envoyer un éclaireur pour voir si nous avons Nous sommes rentrés chez nous, et notre trace leur fera croire que nous l'avons fait. Il fait nuit maintenant. Nous aurons trois heures de repos avant de devoir partir.

Il faisait parfaitement nuit avant qu'ils n'atteignent leur lieu d'étape. Les selles furent de nouveau desserrées, un peu de blé d'Inde humidifié avec de l'eau fut donné aux chevaux, et un autre léger repas fut pris par eux-mêmes. Les garçons, sur les ordres de M. Hardy, quoique durement contre leur propre gré, se couchèrent alors pour dormir quelques heures ; tandis que M. Hardy reculait d'environ cent mètres le long du sentier qu'ils avaient tracé en arrivant, puis se détournait et s'asseyait à quelques mètres de distance pour observer, au cas où un Indien aurait suivi leur sentier.

Ici, il est resté assis pendant plus de deux heures, puis est revenu vers les garçons. Il trouva Charley profondément endormi. La douleur de la blessure d'Hubert l'avait tenu éveillé. M. Hardy versa de l'eau sur le bandage, puis, réveillant Charley, leur donna des instructions quant au rôle qu'ils devaient jouer.

Tous deux se sont sentis plutôt mal à l'aise lorsqu'ils ont appris qu'ils allaient être séparés de leur père. Ils n'élevèrent cependant aucune objection et promirent d'obéir à ses instructions à la lettre. Ils remontèrent alors à cheval — il fallut relever Hubert, car sa jambe était maintenant très raide et douloureuse — et commencèrent alors à revenir sur leurs pas, en restant une centaine de mètres à l'ouest du chemin par lequel ils étaient venus.

Ils chevauchaient en file indienne, et ils avaient pris la précaution d'attacher un morceau de ruban adhésif autour des narines et de la bouche de leurs chevaux, pour les empêcher de renifler s'ils s'approchaient d'un membre de leur espèce. La nuit était sombre, mais les étoiles brillaient clairement et brillaient. Au départ, M. Hardy avait ouvert sa montre et avait senti par les aiguilles qu'il était dix heures. Après un certain temps , il se sentit à nouveau.

C'était à peine une demi-heure après leur départ.

"Maintenant, les garçons, nous sommes quelque part près du lieu de votre combat. Dans dix minutes, nous devons nous séparer."

À la fin de cette période , ils ont de nouveau fermé leurs portes.

"Maintenant, les garçons, vous voyez cette étoile brillante. Elle est presque à l'est de nous ; continuez autant que vous pouvez le deviner pendant dix minutes, au pas, comme auparavant. Vous serez alors à moins d'un mile de l'ennemi. Alors Descendez de vos chevaux. Attention, sous aucun prétexte vous ne devez lâcher leurs brides, mais tenez-vous debout avec une main sur la selle, prêt à vous y jeter. Gardez deux lumières bleues et donnez-m'en une. Ne parlez pas un mot. mais écoutez comme si votre vie dépendait de la détection d'un son, comme c'est effectivement le cas pour eux. Vous devez rester là jusqu'à ce que vous voyiez que j'ai assez réussi, puis vous devez vous précipiter derrière le bétail, tirer avec vos revolvers et crier. afin d'accélérer leur marche autant que possible. Je ne pense pas qu'il y ait la moindre crainte que les Indiens ne vous suivent, les fusées les effrayeraient trop. Lorsque vous aurez chassé le troupeau pendant environ deux milles, écartez-vous d'un demi-mille sur de leur côté, puis écoutez les Indiens qui passent à la poursuite du bétail ; attendez dix minutes, puis donnez un coup de sifflet à votre chien, une note aiguë et courte. Si vous entendez des Indiens vous suivre, ou si vous croyez qu'il y a du danger, sonnez deux fois et allez encore plus à droite. Que Dieu vous bénisse, les garçons. Je ne pense pas qu'il y ait beaucoup de crainte que vous tombiez sur des éclaireurs ; ils ont été trop gravement blessés aujourd'hui et doivent considérer nos fusils comme des sorcières. Je n'ai pas besoin de dire de rester ensemble et, si vous êtes attaqué, d'allumer une lumière bleue et de la jeter ; parcourez un court chemin hors de son cercle de lumière, et je viendrai directement vers vous à travers tout. Ne sois pas nerveux pour moi. Il n'y a pas le moindre danger. »

Une minute plus tard, les garçons perdirent leur père de vue et leurs chevaux se dirigèrent dans la direction qu'il avait ordonnée. De temps en temps, ils s'arrêtaient pour écouter, mais ils n'entendaient aucun son. Les sabots de leurs propres chevaux ne faisaient aucun bruit tandis qu'ils tombaient sur le gazon mou.

Au bout des dix minutes, au moment où Charley songeait à s'arrêter, ils entendirent un bruit qui les fit s'arrêter simultanément. C'était le baa grave d'un mouton, et il semblait venir directement devant eux. Charley descendit alors, et Hubert amena son cheval à côté de lui, gardant cependant sa place en selle, mais penché en avant sur l'encolure de son cheval, car il sentait que s'il descendait, il ne pourrait pas regagner précipitamment sa place . en cas d'alarme.

"À environ un mile de distance, devrais-je dire, d'après le son", murmura Charley ; "et juste dans la direction que nous attendions."

L'endroit que Charley avait choisi pour faire halte était une légère dépression s'étendant d'est en ouest ; de sorte que, même si la lune avait été levée, ils n'auraient été visibles que par quiconque se trouvant dans la ligne du creux.

Ici, leurs carabines armées et prêtes à être utilisées instantanément, ils restèrent debout pendant ce qui leur paraissait des siècles, écoutant avec la plus grande attention tout bruit qui pourrait témoigner de l'échec ou du succès de l'entreprise de leur père.

M. Hardy avait parcouru, autant qu'il pouvait en juger, deux milles, de sorte qu'il se trouvait maintenant au sud-ouest de l'ennemi ; puis, tournant vers l'ouest, il continua pendant encore un mille, lorsqu'il jugea qu'il était, autant que possible, à un mille en arrière direct. Il avançait maintenant avec la plus grande prudence, toutes ses facultés absorbées dans le sens de l'écoute. Il fut bientôt récompensé par le bruit du baaing des moutons ; et descendant de cheval et conduisant son cheval, il s'approcha peu à peu de l'endroit. Enfin, en gravissant une légère colline, il crut apercevoir une masse noire, à un quart de mille de distance. Il n'en était cependant pas certain ; mais il était sûr, d'après un bruit occasionnel, que le troupeau était exactement dans cette direction et à peu près à cette distance.

Il quitta alors son cheval, en prenant la précaution de lui attacher les quatre pattes, pour l'empêcher de partir au bruit des fusées. Il se mit ensuite au travail pour couper du gazon, avec lequel il forma un talus étroit en pente, avec un creux pour que la fusée puisse reposer, calculant la distance exacte et l'angle requis. Au cours de cette opération, il s'arrêtait toutes les minutes ou deux et écoutait l'oreille au sol ; mais à l'exception d'un léger bruit de piétinement provenant du bétail lointain, tout était calme.

Tout étant préparé, M. Hardy prit la fusée de signalisation, la plaça à un angle beaucoup plus élevé que celui prévu pour les autres, frappa une allumette et l'appliqua sur le papier tactile. Peu après, il y eut un grand rugissement, et la fusée s'envola, avec son train d'étincelles brillantes derrière elle, et éclata presque au-dessus du camp indien. Cinq ou six boules d'une intense lumière blanche s'en détachèrent et tombèrent peu à peu vers le sol, éclairant toute la plaine environnante.

Un cri d'étonnement et de peur s'échappa des Indiens, et aussitôt une autre fusée jaillit.

M. Hardy observa avec anxiété son chemin enflammé et vit avec ravissement que sa direction était vraie. Décrivant une légère courbe, il se précipita en plein sur la masse noire, heurta quelque chose, se retourna brusquement, puis explosa avec un grand bruit, suivi aussitôt d'un craquement, comme une fusillade éparse de mousqueterie.

Elle avait à peine cessé que la troisième la suivit, saluée, comme ses prédécesseurs, par un cri des Indiens.

Son succès fut égal à celui de ses prédécesseurs, et M. Hardy fut enchanté par le son d'un bruit sourd et lourd, comme un tonnerre lointain, et comprit que le succès était complet et qu'il avait bousculé le bétail.

Il courut alors vers son cheval, qui tremblait de tous ses membres et luttait follement pour s'échapper, le calma en le caressant, détacha ses liens, sauta en selle et partit au grand galop dans la direction par laquelle il était venu. Il n'avait pas parcouru bien loin qu'il entendit, dans l'air calme de la nuit, le bruit répété des armes à feu, et comprit que les garçons étaient sur la trace du bétail. M. Hardy ne craignait guère que les Indiens les poursuivent ; il était sûr que le massacre de la journée par les nouvelles et mystérieuses armes à feu, ainsi que l'effet des fusées, les auraient trop terrifiés et intimidés pour qu'ils pensent à autre chose qu'à la fuite. Il fut cependant très alarmé lorsque, après un quart d'heure de route, il entendit un seul sifflement aigu à quelques centaines de mètres de distance.

"Hourra ! papa", dirent les garçons alors qu'il s'approchait d'eux. "Ils sont passés à toute vitesse - les moutons, le bétail et tout. Nous sommes partis au moment où nous avons vu votre première fusée, et nous nous sommes levés juste au moment où ils se précipitaient, et nous nous sommes joints derrière nous, avons tiré et avons crié jusqu'à ce que nous soyons enroués. Je ne pense pas qu'ils s'arrêteront encore ce soir.

"Avez-vous vu ou entendu quelque chose sur les Indiens, les garçons ?"

"Rien, papa. Lorsque la première fusée a éclaté , nous avons vu plusieurs silhouettes sombres surgir de l'herbe - où elles étaient sans doute en reconnaissance - et courir vers le camp, mais c'est tout. Que devons-nous faire maintenant ?"

" Continuez tout droit pour rentrer à la maison. Nous n'avons pas besoin de nous inquiéter des animaux ; ils ne s'arrêteront qu'à leur retour. Nous devons y aller doucement, car nos chevaux ont déjà fait une très longue journée de travail. Ils ont parcouru entre cinquante et soixante milles. " Je pense que nous ferions mieux de continuer encore une heure. À ce moment-là, la lune sera levée et nous pourrons voir des kilomètres à travers la plaine. Ensuite, nous nous arrêterons jusqu'à l'aube - ce ne sera que trois heures - et les chevaux pourront ensuite nous porter au galop.

Et c'est ce qui fut fait. Au bout d'une heure, la lune fut assez levée et, choisissant un lever d'où l'on pouvait obtenir une vue dégagée, les chevaux furent autorisés à se nourrir, et M. Hardy et Hubert se couchèrent, Charley prenant le poste de sentinelle, avec l'ordre de réveiller les autres au lever du jour.

Le jour commençait à peine lorsqu'il les réveilla. "Réveille-toi, papa. Il y a des silhouettes qui arrivent dans la plaine."

M. Hardy et Hubert furent debout en un instant. « Où, Charley ?

— Du nord, papa. Ils ont dû nous dépasser à la poursuite du bétail, et ils reviennent maintenant, les mains vides, en tout cas, car ils ne sont que sept ou huit, et ils ne conduisent rien devant eux.

A ce moment-là, tous les trois étaient de nouveau en selle.

"Allons-nous les attaquer, papa ?"

" Non, mes enfants, nous leur avons donné une leçon assez sévère. En même temps, nous nous déplacerons un peu pour bien les voir passer et nous assurer qu'ils n'ont rien avec eux. " eux."

"Ils viennent exactement par là, papa."

— Oui, je vois, Hubert ; ils reprennent sans doute leur trace. Ils s'éloigneront assez vite lorsqu'ils nous apercevront.

Mais les nouveaux venus ne l'ont pas fait et ont continué tout droit.

" Préparez vos carabines, les garçons ; mais ne tirez pas avant que je vous le dise. Ils doivent appartenir à un autre parti et ne peuvent pas savoir ce qui s'est passé. Sans aucun doute, ils nous prennent pour des Indiens. "

"Je ne pense pas du tout que ce soient des Indiens", dit Hubert alors que les chiffres approchaient rapidement.

"N'est-ce pas, Hubert ? On verra bientôt. Halloo !"

"Salut ! hourra !" je suis revenu vers eux; et cinq minutes plus tard, ils serraient chaleureusement la main de leurs trois amis de Cantorbéry, les Jamieson, et de deux ou trois autres colons voisins.

Ils leur dirent que Farquhar, dès que Lopez avait annoncé l'attaque, avait envoyé des hommes à cheval dans toutes les autres colonies, les suppliant de se retrouver cette nuit-là à Mount Pleasant. Vers neuf heures, ils s'étaient rassemblés et, après consultation, étaient convenus que les Indiens seraient satisfaits de leur butin actuel et qu'en conséquence aucune garde ne serait nécessaire dans leurs propres estancias.

Une bonne nourriture et quatre heures de repos avaient été données à leurs chevaux, et quand la lune s'était levée , ils étaient partis. Deux heures après leur départ, ils avaient vu approcher une masse sombre et s'étaient préparés à une rencontre ; mais il s'était avéré que c'étaient les animaux, qui rentraient chez eux à un rythme régulier. Il semblait, disaient-ils, qu'il y avait parmi eux un bon nombre de chevaux.

Assurés par cela qu'une rencontre ou une autre avait eu lieu avec les Indiens, ils avaient continué leur route avec beaucoup d'anxiété et étaient grandement soulagés de trouver M. Hardy et ses garçons sains et saufs.

Tout le groupe se dirigea alors d'un pas rapide vers la maison, qu'ils atteignirent en quatre heures de route. Lorsqu'ils arrivèrent en vue de la tour de guet, M. Herries se sépara des autres et s'éloigna de trente ou quarante mètres vers la gauche, revenant vers les autres. Il répéta cela trois fois, à la grande surprise de M. Hardy.

"Qu'est-ce que tu fais, Herries ?" Il a demandé.

"Je leur fais savoir que vous allez tous bien. Nous nous sommes mis d'accord sur ce signal avant de commencer. Ils seraient capables de remarquer que quelqu'un se sépare des autres de cette façon aussi loin qu'ils pourraient nous voir, et bien avant de pouvoir les distinguer. tout autre type de signal. »

En peu de temps, trois points noirs apparurent au loin dans la plaine. Très vite, les garçons déclarèrent qu'il s'agissait de Mme Hardy et des filles.

Lorsqu'ils s'approchèrent, le reste du groupe recula pour permettre à M. Hardy et à ses fils d'avancer et d'avoir le plaisir de la première rencontre pour eux seuls. Inutile de dire avec quel sentiment de joie et de reconnaissance Mme Hardy, Maud et Ethel les ont reçus. Après les premières félicitations, les filles remarquèrent que M. Hardy avait le bras attaché avec un mouchoir.

"Es-tu blessé, papa ?" s'exclamèrent-ils avec inquiétude.

— Rien à dire, seulement une flèche dans le bras. Le vieux Hubert a eu le pire : il en a eu une dans le mollet.

« Pauvre vieux Hubert ! ils ont pleuré. Et Hubert eut quelque peine à persuader aux jeunes filles qu'il pouvait très équitablement servir jusqu'à son retour chez lui, sans qu'il soit bandé ni touché d'une autre manière.

"Et comment tout cela s'est-il passé ?" » a demandé Mme Hardy.

"Je te raconterai tout cela quand nous aurons pris le petit déjeuner, ma chérie", dit son mari. "Je n'en ai encore rien dit à nos amis, car c'est une longue histoire, et il suffit de la raconter. Je suppose que les animaux sont revenus ? Combien en ont-ils disparu ?"

"Lopez est arrivé en les comptant juste au moment où nous avons commencé", a déclaré Mme Hardy. « Il dit qu'il ne manque que quatre ou cinq bovins et environ deux cents moutons ; et savez-vous qu'en plus de nos propres chevaux, il y a cent vingt-trois chevaux indiens ?

"Hourra!" les garçons criaient avec ravissement : « C'est un triomphe, n'est-ce pas, papa ?

"C'est effectivement le cas, les garçons, et cela explique assez facilement pourquoi il n'y a pas eu la moindre tentative de poursuite. Les chevaux indiens ont évidemment cassé leurs lariats et se sont joints à la bousculade. Je suppose que Lopez les a tous conduits dans l'enclos ?"

"Oh oui, papa. Ils sont entrés seuls avec nos propres animaux, et Terence a immédiatement fermé la porte."

Au bout d'un quart d' heure , ils arrivèrent à la maison, reçus par Sarah et Terence, ce dernier étant presque hors de lui de joie du retour sain et sauf de son maître, et de dépit lorsqu'il apprit qu'il y avait eu bagarre et qu'il n'avait pas été tué. pouvoir y prendre part.

L'ordre avait été donné à Sarah de préparer le petit-déjeuner dès l'instant où le groupe revenait avait été vu, et leur signal de « tout sauf » avait été émis. C'était maintenant prêt; mais avant de s'asseoir, M. Hardy pria toutes les personnes présentes de se joindre à une brève action de grâce à Dieu pour leur préservation d'un péril extrême.

Tous s'agenouillèrent, et tandis qu'ils suivaient les paroles de M. Hardy, ils furent sûrs, d'après l'émotion avec laquelle il parlait, que le péril, dont ils ignoraient actuellement les détails, était en effet des plus imminents.

Ce devoir accompli, tous prirent le petit déjeuner avec beaucoup de bon cœur ; et quand ce fut fini, M. Hardy raconta toute l'histoire. Mme Hardy et les filles furent très étonnées par la pensée du grand péril par lequel leur père et les garçons avaient couru, et par le récit de la défense des garçons alors que leur père était inconscient. Mme Hardy ne pouvait s'empêcher de sangloter dans les bras de son mari à la pensée de son terrible danger, tandis que les filles pleuraient et embrassaient leurs frères, et que tous leurs amis se pressaient autour d'eux et se tordaient chaleureusement les mains ; tandis que Terence cherchait du réconfort en sortant dans le jardin, en dansant une sorte de gigue et en poussant une série de cris de guerre sauvages.

Il fallut un certain temps avant que tous fussent suffisamment calmes pour écouter la suite de l'histoire, qui fut reçue avec de nouvelles félicitations.

Quand tout fut fini, un conseil fut tenu, et il fut convenu qu'il n'y avait aucune chance que les Indiens reviennent pour reprendre la lutte, car ils seraient impuissants à pied ; mais que si par un espion ils découvraient que leurs chevaux étaient là, ils pourraient tâcher de les récupérer. Il fut donc convenu qu'ils seraient conduits immédiatement chez M. Percy, et y resteraient jusqu'à ce qu'un acheteur soit trouvé pour eux. Dans l'après-midi, le groupe s'est dispersé, avec de nombreux remerciements de la part des Hardy pour leur aide rapide.

CHAPITRE XI.

TEMPS CALMES.

"Après une tempête vient le calme" : un dicton vrai dans le cas des Hardy, comme dans celui de la plupart des autres. Tous leurs voisins convenaient qu'après la très grave perte des Indiens et la capture de la totalité de leurs chevaux, il n'y avait aucune chance d'une autre attaque, du moins pendant plusieurs mois. Après cela, il était possible, et même probable, qu'ils essayaient de se venger de leur désastreuse défaite ; mais qu'à l'heure actuelle, ils seraient trop estropiés et découragés pour y penser.

Les colons pouvaient donc désormais consacrer toute leur attention à la ferme. La première opération fut la tonte des moutons. Quatre hommes avaient été engagés pour faire la tonte à Cantorbéry, puis pour venir à Mount Pleasant. Charley se rendit chez leurs voisins avec Mme Hardy et ses sœurs, M. Hardy et Hubert restant à la maison, ce dernier étant couché avec une blessure à la jambe.

C'était un spectacle amusant de voir trois ou quatre cents moutons conduits dans un enclos, puis traînés dehors par les tondeurs. Ces hommes étaient payés en fonction du nombre de tondus et étaient très experts, une bonne main en parvenait à une centaine par jour. Mais elles étaient assez rudes dans leur travail, et les jeunes filles quittèrent bientôt la tonte avec un sentiment de pitié et de dégoût, car les tondeurs coupaient souvent mal les moutons. Chaque homme avait à ses côtés un pot de goudron avec lequel il enduisait toute blessure. Une certaine somme était retenue sur leur paie pour chaque mouton sur lequel ils faisaient une coupe sur une certaine longueur ; mais, bien que cela les rendît jusqu'à un certain point prudents, ils blessèrent néanmoins un grand nombre de pauvres créatures.

Un divertissement bien plus excitant était d'assister au marquage du bétail, qui avait lieu après la tonte. Les animaux étaient sortis un à un de leur enclos et, au fur et à mesure qu'ils parcouraient une sorte d'allée formée de claies, ils étaient attrapés au lasso et jetés à terre. Le fer chaud fut alors frappé contre leur épaule et fut reçu par un rugissement de rage et de douleur. Le lasso fut alors desserré, et l'animal partit au galop rejoindre ses compagnons dans la plaine. Une certaine prudence s'imposait dans ce processus, car parfois les animaux, une fois relâchés, chargeaient leurs bourreaux, qui devaient alors sauter précipitamment par-dessus les obstacles ; Térence, qui se tenait derrière eux, était prêt à pousser un aiguillon sur le derrière des animaux, ce qui avait toujours pour effet de les retourner. Pendant quelques jours après cela, le bétail fut plutôt sauvage, mais ils oublièrent bientôt leur frayeur et leur douleur et retournèrent à leurs habitudes habituelles.

M. Hardy était alors dans le pays depuis assez longtemps pour être sûr de sa position. Il décide donc d'investir le reste de son capital dans des opérations agricoles. Il engagea dix péons indigènes et entreprit d'étendre les terres cultivées. Les cours d'eau du barrage ont été approfondis et allongés, et des canaux latéraux ont été coupés, de sorte que les travaux d'irrigation puissent être effectués efficacement sur l'ensemble des terres basses, l'eau étant suffisante à cet effet pendant près de dix mois par an. . Quatre charrues travaillaient régulièrement, et le sol était semé de luzerne ou de luzerne dès qu'il était en état. Des parcelles de maïs indien, de citrouilles et d'autres légumes ont également été plantées. M. Hardy résolut que jusqu'à ce que le pays au-delà de lui soit suffisamment peuplé pour qu'il y ait peu de danger d'incursions indiennes, il n'augmenterait pas son cheptel de moutons et de bovins, mais vendrait chaque année l'augmentation.

Il a également décidé de se lancer à grande échelle dans les opérations laitières. Il s'était déjà assuré qu'il serait possible d'obtenir une vente facile, parmi les résidents européens de Rosario et de Buenos Ayres, de toute quantité de beurre et de fromage frais qu'il pourrait produire, et que les prix européens seraient facilement fixés pour ces produits. Jusqu'à présent, le beurre obtenu avait été obtenu à partir du lait de deux vaches seulement, mais il décide maintenant de tenter l'expérience sur une grande échelle.

Une laiterie devait d'abord être fabriquée. Celui-ci a été partiellement découpé dans le côté de la pente et bordé de briques cuites au soleil . Contre les murs qui dépassaient du sol, on entassait de la terre pour leur donner une épaisseur très considérable. De solides poutres ont été placées sur le toit ; sur ces chevrons était cloué du feutre, blanchi à la chaux des deux côtés pour empêcher les insectes d'entrer. On y plaçait une épaisseur considérable de joncs et, sur l'ensemble, on étalait de l'argile en flaque d'eau sur une profondeur d'un pied. La ventilation était assurée par une large cheminée s'élevant derrière elle et la lumière entrait par deux fenêtres devant. Tout l'intérieur était blanchi à la chaux.

On obtenait ainsi une laiterie qui, grâce à l'épaisseur de ses parois, était suffisamment fraîche pour cet usage pendant les températures les plus chaudes. On se préparait maintenant à dresser les vaches à traire. Une sorte d'allée était constituée de deux solides clôtures en fil de fer. Cette allée avait la forme d'un entonnoir, se rétrécissant à une extrémité jusqu'à un peu plus de la largeur d'une vache. Au bout de celle-ci se trouvait une porte, à laquelle était attachée une auge légère remplie de luzerne fraîche.

Une demi-douzaine de vaches qui venaient de vêler étaient maintenant séparées du troupeau et conduites dans la partie la plus large de l'enclos. Un à un, ils approchèrent du bout étroit, et quand l'un d'eux fut arrivé à l'extrémité et commença à dévorer la luzerne, dont ils sont très friands, une barre fut abaissée derrière elle, de sorte qu'elle ne pouvait plus ni avancer, ni reculer, ni reculer. ni se retourner.

L'un des garçons commença alors à la traire prudemment et tranquillement, et dans de rares cas, les vaches opposèrent une quelconque résistance. Un ou deux animaux étaient cependant très bruyants, mais furent rapidement maîtrisés en ayant les pattes fermement attachées aux poteaux derrière. En quelques jours, tous furent réconciliés avec le processus, et bientôt ils reviendraient nuit et matin pour être traites, avec autant de régularité que l'auraient fait les vaches anglaises.

Les femmes des péons apprenaient désormais à traire ; et de plus en plus de vaches furent progressivement ajoutées au nombre, jusqu'à ce qu'en six mois il y ait cinquante vaches pleines de lait. Maud et Ethel n'avaient plus rien à voir avec la maison, Mme Hardy assumant toute la gestion de ce département, tandis que les filles s'occupaient du poulailler et de la laiterie.

Le lait était transformé en partie en beurre, en partie en fromage frais. Ceux-ci étaient envoyés une fois par semaine pour prendre le bateau à vapeur pour Buenos Ayres. M. Hardy fit fabriquer une charrette légère pour un cheval, et par ce moyen de transport le beurre, partant dès le coucher du soleil, arriva à Rosario à temps pour le premier bateau pour la capitale. Il était envoyé dans de grands paniers faits de joncs et emballés dans de nombreuses couches de feuilles fraîches et fraîches ; de sorte qu'il arriva à Buenos Ayres, quarante heures après avoir quitté Mount Pleasant, parfaitement frais et bon. Le lait écrémé était donné aux porcs, qui formaient déjà une colonie assez nombreuse.

Bien qu'ils aient été plantés depuis moins d'un an, les arbres fruitiers autour de la maison avaient prospéré d'une manière surprenante et produisaient déjà une récolte de fruits plus que suffisante pour les plus grands besoins de la maison. Les pêches et les nectarines, les abricots et les prunes apparaissaient à chaque repas, soit fraîches, en compote ou en pudding, et constituaient un changement et un complément très agréables à leur régime. Comme Maud l'a dit un jour, ils auraient été parfaitement heureux sans les grenouilles.

Ces animaux constituaient une très grande nuisance. Ils ont littéralement envahi. Faites ce qu'ils voulaient, les Hardy ne pourraient pas s'en débarrasser. S'ils avaient voulu rester en dehors de la maison, personne ne s'en serait soucié ; en effet, comme ils détruisaient bon nombre d'insectes, ils auraient été les bienvenus dans le jardin ; mais c'était exactement ce qu'ils ne feraient pas. La porte restait toujours ouverte, et ils considéraient évidemment cela comme une invitation à entrer. Là, ils se cachaient derrière des cartons, ou se mettaient sous les lits, dans les cruches et les bains, et , en fait, dans tous les coins possibles, ils enfilez même des bottes ; et il fallait toujours les secouer avant d'être enfilés, au cas où des grenouilles ou des insectes y auraient élu domicile.

Au début, il était assez difficile de savoir quoi faire des grenouilles une fois capturées ; mais après un certain temps , un panier couvert était placé devant la porte, dans lequel les grenouilles étaient mises, prises une fois par jour et vidées dans le ruisseau. Au début , ils étaient entrés dans le puits et s'étaient révélés très gênants ; et on ne s'en débarrassa qu'en vidant presque le puits avec des seaux, puis en construisant un mur autour de son embouchure, avec un couvercle bien ajusté.

Les insectes de toutes sortes étaient en effet très nuisibles, les scorpions n'étant pas rares, tandis que de grands mille-pattes s'introduisaient occasionnellement dans la maison. Ces créatures étaient un grand problème pour les filles de leur laiterie, car les grenouilles et les crapauds grimpaient sur les murs et tombaient des courges dans les casseroles à lait. La seule façon de les tenir à l'écart était de scier la porte à un mètre du sol, afin que la moitié inférieure puisse être fermée pendant que les filles étaient occupées à l'intérieur. Cependant, malgré les plus grandes peines, les petits se glissaient par les crevasses ou sautaient par la fenêtre ; et enfin les filles durent faire fabriquer des couvercles en osier pour toutes les casseroles ; et comme les indigènes sont très habiles à ce travail, ils purent ainsi garder le lait propre. Les brocachas , qui causaient de terribles ravages dans le jardin et parmi les récoltes, étaient un problème presque aussi grave que les grenouilles. Ils sont à peu près de la même taille, ont un peu l'apparence des lièvres et s'enfouissent en quantités immenses dans la pampa. La seule façon de s'en débarrasser était de souffler les vapeurs du soufre brûlant dans leurs trous ; et cela faisait partie du travail régulier des garçons de sortir avec la machine à cet effet et d'étouffer ces créatures gênantes. Leurs terriers cependant ne sont pas aussi dangereux pour les cavaliers que ceux des tatous, car le sol est toujours nu dans leur voisinage.

Les tatous sont de trois ou quatre espèces, toutes petites. Le peludo mesure environ un pied de long et a des poils qui dépassent entre ses écailles. Les muletas sont plus petites. Les deux sont excellents à manger ; mais les filles mirent un certain temps avant de pouvoir se résoudre à les toucher. Le matajo , outre la protection de ses écailles en I, est capable de se rouler en boule à l'approche du danger, et, vêtu de son armure imperméable, est à l'épreuve de toutes les attaques sauf celles de l'homme. Ces animaux sont si communs que la plaine en est souvent remplie de nids de miel.

Les filles ont eu très peur la première fois qu'elles ont vu un iguane, pensant que c'était un crocodile. Ces grands lézards mesurent environ cinq pieds de long et sont d'apparence féroce, mais très inoffensifs à moins d'être attaqués. Ils se défendront alors et pourront infliger un coup violent avec leur queue ou une morsure sévère avec leurs dents. Ils sont très communs, et les Indiens en mangent et disent que la viande est excellente ; mais on ne parvint jamais à persuader les jeunes Hardy d'y goûter. Les choses se poursuivirent ainsi pendant quelque temps sans incident notable. Leur cercle de connaissances s'agrandit peu à peu. Plusieurs parcelles voisines avaient été occupées ; et bien que les nouveaux colons aient eu peu de temps pour faire des visites, le simple fait de leur présence à proximité leur procurait un sentiment de camaraderie et de sécurité. Très souvent, des jeunes gens arrivaient avec des lettres d'introduction et restaient quelques jours avec eux pendant qu'ils inspectaient le pays.

Leur ménage avait également reçu une augmentation. Un jeune Anglais nommé Fitzgerald, fils d'un très vieil ami des Hardy, avait écrit pour exprimer son très fort désir de sortir du placard et pour leur demander conseil à ce sujet. Plusieurs lettres avaient été échangées, et enfin, à la demande sincère de M. Fitzgerald, M. Hardy accepta de recevoir son fils pendant un an, pour apprendre le métier de fermier de la pampa , avant de se lancer à son propre compte. Une petite chambre fut donc aménagée pour lui, et M. Hardy n'eut jamais aucune raison de regretter de l'avoir reçu. C'était un jeune homme d'une vingtaine d'années, agréable et léger.

Il y a cependant eu un changement qui mérite d'être mentionné. Sarah vint un jour voir sa maîtresse et, en rougissant et en hésitant, lui dit que Terence Kelly lui avait demandé de l'épouser.

Mme Hardy soupçonnait depuis longtemps qu'un attachement s'était né entre l'Irlandais et sa servante, alors elle se contenta de sourire et de dire : "Eh bien, Sarah, et qu'as-tu dit à Terence ? L'année où tu as accepté de rester avec nous est terminée, donc tu es libre de faire ce que tu veux, tu sais.

"Oh, madame, mais je ne veux pas vous quitter. C'est exactement ce que j'ai dit à Terence. 'Si maître et maîtresse veulent que je vous épouse et que je reste avec eux comme avant, je ne dirai pas." non, Terence ; mais s'ils disent qu'ils ne prendraient pas de servante mariée, alors Terence, il faut rester comme nous sommes.'"

"Je n'ai aucune objection, Sarah, et je pense que je peux répondre du fait que M. Hardy n'en a pas. Terence est un garçon très bon et stable, et je sais que M. Hardy a une haute opinion de lui ; vous ne pouvez donc pas faites un mariage qui nous plairait davantage. Nous serions bien désolés pour vous, José, mais nous n'aurions en aucun cas pu nous opposer à ce que vous épousiez qui vous aimiez, et maintenant nous aurons la satisfaction de vous garder ici avec nous.

Et ainsi cela fut réglé, et quinze jours plus tard, Terence et Sarah prirent deux jours de vacances, et descendirent à Buenos Ayres, où il y avait une église anglaise, et revinrent mari et femme. Après cela, chacun retourna au travail comme d'habitude, et le seul changement fut que Terence prenait désormais ses repas et vivait dans la maison plutôt que dans les huttes des hommes. A cette époque , ils avaient commencé à découvrir lesquelles des cultures particulières aux pays chauds seraient payantes et lesquelles ne le seraient pas, ou plutôt — car elles payaient toutes plus ou moins — laquelle était la plus appropriée.

La récolte du coton s'est avérée un succès ; le champ avait été, avec le temps, couvert de plants de coton, qui avaient d'abord éclaté en une fleur jaune vif, puis avaient été recouverts de nombreuses boules de duvet blanc. La cueillette du coton avait d'abord été considérée comme très amusante, même si elle s'était avérée un travail difficile avant d'être terminée.

Son poids avait plutôt dépassé les attentes de M. Hardy. Le processus de nettoyage du coton des gousses et des graines s'est avéré une opération longue et fastidieuse, et a pris un temps immense. A en juger par les progrès qu'ils firent au début, ils commencèrent vraiment à désespérer de jamais l'achever, mais avec la pratique ils devinrent plus adroits. Néanmoins, pendant la chaleur du jour, ce travail s'est avéré trop pénible, bien qu'il soit effectué à l'intérieur des portes. Cela aussi avait été un sale boulot ; les légères particules de peluches étaient partout et, au bout de quelques heures de travail, la fête ressemblait à une famille de boulangers. En effet, avant que plus d'un quart de la quantité récoltée ait été nettoyée , ils en avaient vraiment marre du travail, et le reste était vendu en cosse à un Anglais qui avait sorti des machines et tentait de cultiver du coton près de Buenos Ayres. Bien que les bénéfices aient été considérables, il a été unanimement décidé que l'expérience ne devait pas être répétée, du moins pour le moment.

M. Hardy n'avait pas d'abord réalisé son idée de planter quelques acres de tabac et de canne à sucre, le terrain ayant été nécessaire à d'autres fins. Il n'avait cependant pas abandonné l'idée ; et environ deux mois avant le mariage de Terence et Sarah, il avait planté du tabac, qui était, à leur retour de Buenos Ayres, prêt à être cueilli.

La culture du tabac nécessite des soins considérables. Le sol est d'abord préparé avec grand soin et bien fumé ; mais cela n'était pas nécessaire dans le cas présent, car le riche sol vierge n'avait besoin d'aucune aide artificielle. Il est ensuite creusé en lits ressemblant à des lits d'asperges, d'environ deux pieds de large, avec une tranchée profonde entre chacun. Les graines sont cultivées dans un lit de semence, et lorsqu'elles atteignent neuf ou dix pouces de hauteur, elles sont ramassées et soigneusement transplantées dans les lits, deux rangées étant placées dans chacune, et les plantes étant espacées d'un pied.

Il existe diverses méthodes de culture, mais celle-ci a été adoptée par M. Hardy. Les plantes poussaient rapidement, le sol entre elles étant parfois sarclé et exempt de mauvaises herbes. Lorsqu'ils atteignaient quatre pieds de haut, les sommets étaient coupés et toutes les feuilles présentant des signes de maladie étaient enlevées. Chaque tige avait de huit à dix feuilles. Lorsque les feuilles commencèrent à jaunir un peu, M. Hardy annonça que le moment de la coupe était arrivé, et un matin, tout le monde fut rassemblé pour le travail. Cela consistait simplement à couper les tiges au niveau de la terre et à déposer doucement les plantes sur le sol. À l'heure du petit-déjeuner, les deux acres étaient défrichés. On les laissait sécher toute la journée au soleil, et peu avant le coucher du soleil, on les reprenait et on les transportait jusqu'à l'un des hangars qui avaient été dégagés et préparés à cet effet. Ici, ils étaient placés en tas sur le sol, recouverts de peaux brutes et de nattes, et laissés à chauffer pendant trois jours. Ensuite, ils furent découverts et suspendus aux lattes du toit, proches les uns des autres, et cependant suffisamment éloignés les uns des autres pour permettre à l'air de circuler entre eux. Elles y restaient jusqu'à ce qu'elles soient complètement sèches, puis étaient démontées, une couverture humide étant choisie pour l'opération, sinon les feuilles sèches se seraient effondrées en poussière. Ils furent de nouveau déposés en tas et recouverts pour leur permettre de chauffer à nouveau. Ce second chauffage demandait quelques jours, et cette opération exigeait une grande attention, car le tabac n'aurait eu aucune valeur si les plantes avaient trop chauffé.

En dix jours, l'opération était terminée. Les feuilles étaient ensuite arrachées, les feuilles supérieures étaient placées seules, ainsi que les feuilles médianes et inférieures ; les plus élevés étant de la meilleure qualité. Elles étaient ensuite liées en paquets de douze feuilles chacune, et emballées en couches dans des tonneaux, une forte pression étant appliquée avec un levier lesté, pour les presser en une masse presque solide. En tout, ils remplissaient trois barils, dont le plus petit, contenant soixante livres du meilleur tabac, que M. Hardy gardait pour son propre usage et celui de ses amis ; il vendit le reste à Buenos Ayres à un prix avantageux. L'entreprise, comme celle du coton, s'était avérée un succès, mais les ennuis et les soins requis avaient été très grands, et M. Hardy résolut à l'avenir de planter seulement suffisamment pour son propre usage et celui des hommes employés sur le domaine.

L'expérience suivante qui fut perfectionnée fut celle avec la canne à sucre. Dans ce domaine, bien plus que dans les autres, Mme Hardy et les filles prenaient un vif intérêt. Le sucre était l'un des rares articles de consommation qui coûtait de l'argent, et il avait été utilisé en quantités considérables pour transformer les fruits en puddings et en conserves raffinés. On n'envisageait pas de produire du sucre pour le vendre, mais seulement pour approvisionner la maison : deux acres représentaient donc l'étendue de la plantation. M.

Hardy s'est procuré les boutures auprès d'un ami qui possédait une petite plantation de sucre près de Buenos Ayres.

La culture du sucre est simple. La terre ayant été mise en parfait état, des sillons profonds furent creusés à une distance de cinq pieds l'un de l'autre. Dans ceux-ci, les boutures, qui sont des morceaux de la partie supérieure de la canne, contenant deux ou trois nœuds, étaient disposées à une distance de trois pieds l'une de l'autre. La charrue était ensuite emmenée le long du sillon, de manière à le remplir à nouveau et à recouvrir les déblais. Dans les plantations de canne à sucre, les rangées de cannes sont rapprochées, mais M. Hardy avait choisi cette distance, car elle permettait à sa houe de travailler entre elles, et de maintenir ainsi le sol retourné et exempt de mauvaises herbes, sans frais de travail pénible. . En peu de temps , les pousses sont apparues au-dessus du sol. En quatre mois , ils avaient atteint une hauteur de quatorze pieds, et leurs tiges brillantes montraient qu'ils étaient prêts à être coupés.

« Maintenant, Clara, » dit M. Hardy, « ceci est votre manufacture, vous savez, et nous ne devons travailler que sous votre surveillance. Les cannes sont prêtes à être coupées : comment comptez-vous en écraser le jus ? vraiment une question importante.

Les jeunes Hardy se regardèrent avec stupéfaction, car, sous la pression d'autres affaires, la question de l'appareillage pour la fabrication du sucre avait été complètement oubliée.

"Tu ne sais vraiment pas comment faire, Frank ?"

"Non, vraiment pas, ma chère. Nous n'avons certainement pas de bois sur place pour faire les rouleaux; d'ailleurs, ce serait une affaire assez difficile."

Mme Hardy réfléchit une minute, puis dit : « Je devrais penser que la mutilation ferait l'affaire.

Il y eut une exclamation générale : « Capital, maman ! et puis un éclat de rire à l'idée de faire du sucre avec un mangle. Le mangle en question faisait partie d'un appareil de lavage breveté que M. Hardy avait apporté avec lui d'Angleterre et consistait en deux solides rouleaux de fer, maintenus ensemble par de puissants ressorts et tournant avec une poignée.

"Je pense que le mangle ferait l'affaire, Clara," dit M. Hardy, "et nous vous sommes tous très reconnaissants pour cette idée. J'avais pensé au grand cuivre de lavage pour faire bouillir le sucre, mais le mangle m'a complètement échappé. " Nous commencerons demain. S'il vous plaît, nettoyez et ébouillantez toutes les cuves et mettez-les à sécher au soleil. "

"Combien de temps cela prendra-t-il, papa ?"

"Certains jours, Ethel ; nous devons seulement couper les cannes aussi vite que la chaudière peut faire bouillir le jus."

Le lendemain, les travaux commencèrent. Les cannes étaient coupées au niveau du sol, les sommets étaient enlevés et les cannes coupées en longueurs de trois pieds. Ils ont ensuite été emballés sur une charrette à bœufs et emmenés à la maison. On les passa ensuite dans le mangle, qui réussit admirablement, le jus s'écoulant à flots dans le baquet placé en dessous pour le recevoir. Quand toutes les cannes eurent été passées dans le mangle, on serra les vis pour augmenter la pression, et on les repassa de nouveau ; à ce moment-là, bien que le jus n'ait pas été extrait aussi complètement qu'il l'aurait été avec une machine plus puissante, la quantité qui restait n'avait pas d'importance. Au fur et à mesure que la cuve était remplie, le contenu était transporté vers le grand cuivre, sous lequel un feu était ensuite allumé. Le broyage des cannes s'est poursuivi jusqu'à ce que le cuivre soit presque plein, lorsque M. Hardy a ordonné que la coupe des cannes soit interrompue pour la journée. Le feu sous le cuivre était alimenté par les cannes broyées, qui brûlaient très librement. M. Hardy ajouta alors une petite quantité de chaux et du sang de mouton, ce dernier ingrédient provoquant de nombreuses exclamations d'horreur de la part de Mme Hardy et des jeunes. Cependant, leur a expliqué M. Hardy, le sang était nécessaire pour clarifier le sucre, car l'albumine contenue dans le sang remonterait à la surface, entraînant avec elle les impuretés. Le feu a continué jusqu'à ce que le thermomètre indique que le sirop était à quelques degrés d'ébullition et que la surface était recouverte d'une épaisse écume de couleur foncée. Le feu fut ensuite éteint et l'alcool laissé refroidir, la famille vaquant maintenant à d'autres travaux, car une si grande quantité d'alcool ne serait vraiment froide que le lendemain.

Le lendemain matin, le robinet au fond de la chaudière fut ouvert et le sirop sortit clair et clair, de la couleur du vin de Xérès. L'écume descendait sans interruption à la surface de la liqueur ; et quand le cuivre fut presque vide, le robinet fut fermé, et l'écume et le peu d'alcool restant furent retirés. Le sirop brillant était alors de nouveau versé dans la chaudière, le feu rallumé et le sirop était maintenu en ébullition, pour évaporer l'eau et condenser le sirop jusqu'au point où il cristalliserait. Il fallait de nombreuses heures d'ébullition pour y parvenir, toute écume qui remontait à la surface étant soigneusement enlevée avec une écumoire. Finalement , on constata que le sirop sur l'écumoire commençait à cristalliser, et M. Hardy le déclara apte à être soutiré dans les grandes cuves de lavage pour cristalliser. Un nouveau lot de cannes était alors écrasé, et le processus était répété jusqu'à ce que toutes les cannes soient coupées. Cela dura au total quinze jours, mais seulement cinq jours furent réellement consacrés à couper et à écraser les cannes. Au fur et à mesure que le sucre cristallisait, on le retirait - une masse sombre et pulpeuse, que le jeune Hardy regardait avec beaucoup de doute - et on le plaçait dans une grande tonne à sucre, qui avait été achetée à cet effet. Au fond de cette fosse, huit grands trous étaient percés et bouchés avec des morceaux de tige de plantain. À travers la substance poreuse de ces tiges, la mélasse ou la mélasse s'écoulait lentement. Au fur et à mesure que le sucre humide était placé dans le tonneau, des couches de tranches de tiges de plantain étaient déposées dessus, tandis que la substance spongieuse extrayait la matière colorante foncée du sucre. Le plantain pousse librement en Amérique du Sud, et M. Hardy avait planté un certain nombre de cet arbre gracieux près de sa maison ; mais ceux-ci n'étaient pas assez avancés pour être coupés, et il s'en était donc procuré une quantité suffisante auprès d'un ami de Rosario. Il fallut trois mois avant que l'écoulement de la mélasse cessât complètement ; et les Hardy furent très heureux, en vidant le tonneau et en retirant les tiges de plantain, de constater que leur sucre était sec et d'une couleur très assez claire. Les cannes à sucre n'avaient pas besoin d'être replantées, car elles pousseraient pendant de nombreuses années à partir des mêmes racines ; et bien que les cannes provenant de vieilles selles, comme on les appelle, produisent moins de sucre que celles de la première année de plantation, le jus est plus clair et nécessite beaucoup moins de peine à préparer et à affiner. Avant une autre année, les garçons fabriquaient une paire de rouleaux en bois de dix-huit pouces de diamètre. Celles-ci étaient recouvertes de bandes de fer cerclée, clouées dans le sens de la longueur à de courts intervalles les unes des autres, obtenant ainsi une meilleure adhérence sur les cannes et empêchant le bois d'être meurtri et rainuré. Ces rouleaux étaient travaillés par un moulin à cheval que M. Hardy avait commandé en Angleterre. Il était fabriqué pour cinq chevaux et effectuait un travail très utile, broyant le maïs indien en farine fine pour la consommation domestique et la vente aux colons voisins, et en farine grossière, et réduisant en pâte les citrouilles et les racines pour les porcs et autres animaux. .

M. Hardy a également tenté de nombreuses autres expériences, car le climat est adapté à presque toutes les sortes de plantes et de légumes. Parmi eux se trouvait la culture du gingembre, de la gousse de vanille, du lin, du chanvre et du café. Dans chacun d'eux, il obtint plus ou moins de succès ; mais la difficulté d'obtenir de la main-d'œuvre et la nécessité de consacrer de plus en plus d'attention à l'augmentation des troupeaux, des troupeaux et des terres irriguées, l'empêchèrent de les réaliser sur une grande échelle. Cependant, ils servaient au but pour lequel il les entreprenait principalement : offrir des objets d'intérêt et d'amusement à ses enfants.

CHAPITRE XII.

UNE MAIN STABLE.

Cela faisait maintenant plus de dix-huit mois que les Hardy étaient bien établis à Mount Pleasant. Un étranger qui serait décédé au moment où la maison a été achevée ne la reconnaîtrait certainement pas maintenant. C'était alors une structure nue et peu attrayante, ressemblant, comme on l'a dit, à une petite chapelle dissidente construite au sommet d'une colline douce, sans arbre ni abri d'aucune sorte. Maintenant, il semblait s'élever au-dessus d'une masse de feuillage vert vif, tant les arbres avaient poussé rapidement, en particulier les bananiers et autres arbustes tropicaux plantés de chaque côté de la maison. Au pied de la pente se trouvaient environ soixante ou soixante-dix acres de terrain cultivé, tandis qu'à droite se trouvaient trois ou quatre grands et solides enclos grillagés, dans lesquels les vaches laitières, les bovins, les moutons et les porcs étaient conduits séparément la nuit. .

Tout prospérait au-delà des attentes les plus optimistes de M. Hardy. De plus en plus de terres étaient mensuellement défoncées et irriguées. De gros profits avaient été réalisés en achetant du bétail maigre pendant la saison sèche, en l'engraissant avec de la luzerne et en l'envoyant à Rosario pour le vendre. Les cochons s'étaient multipliés de façon étonnante ; et les bénéfices de la laiterie augmentaient de jour en jour, à mesure que de nouvelles vaches étaient constamment ajoutées. Les produits de Mount Pleasant étaient si appréciés à Rosario et à Buenos Ayres que la demande, aux prix les plus rémunérateurs, dépassait de loin l'offre.

On avait augmenté le nombre des péons, et la ferme présentait un aspect assez animé.

Les deux années qui s'étaient écoulées depuis que les Hardy avaient quitté l'Angleterre avaient apporté un changement considérable dans leur apparence. Charley avait maintenant dix-huit ans, c'était un jeune homme robuste et de constitution carrée. De sa vie en plein air, il paraissait plus vieux qu'il ne l'était. Il avait la forte idée qu'il devenait maintenant un homme ; et Ethel l'avait un jour aperçu en train d'examiner ses joues de très près dans le verre, pour voir s'il y avait des signes de moustaches. La question de savoir si une barbe lui conviendrait ou non était un débat dans son esprit. Hubert avait près de dix-sept ans : il était plus grand et plus mince que son frère, mais plus jeune d'apparence que de manières. Il avait toute l'agitation d'un garçon et il lui manquait un peu de la persévérance constante de Charley.

Le frère aîné avait un caractère essentiellement pratique. Il s'intéressait vivement aux affaires de la ferme et s'y consacrait entièrement. S'il sortait pour tirer, il le faisait pour obtenir du gibier pour la table. Il aimait ce sport et s'y livrait de bon cœur, mais il le faisait d'une manière commerciale.

Hubert était un garçon bien plus imaginatif. Il s'adonnait aux travaux de la ferme aussi consciencieusement que son frère, mais son attention n'était en aucun cas de la même concentration. Un nouveau papillon, un insecte peu commun, lui serait irrésistible ; et il n'était pas rare qu'il sortait avec son fusil pour se procurer du gibier dont M. Hardy avait eu besoin à l'arrivée d'un visiteur inattendu, il revenait dans un état de triomphe élevé avec un curieux petit oiseau qu'il avait abattu après. une longue poursuite, les besoins du ménage étant complètement oubliés.

Maud avait quinze ans. Son exercice constant en plein air l'avait rendue aussi agile et active qu'un jeune faon. Elle aimait sortir et ses deux heures de leçons avec sa maman, l'après-midi, étaient pour elle une pénible pénitence.

Ethel voulait trois mois sur quatorze et paraissait avoir moins de douze ans. Elle était tout à fait l'oiseau domestique de la famille et n'aimait rien de mieux que de prendre son travail et de s'asseoir à l'heure, parlant tranquillement avec sa mère.

Le moment approchait à nouveau où l'on devait s'attendre à des incursions indiennes. C'était encore un mois plus tôt que l'attaque de l'année précédente, et M. Hardy, avec le nombre accru de ses hommes, n'avait pas la moindre crainte d'un assaut réussi sur Mount Pleasant ; mais il résolut, le moment venu, de prendre toutes les précautions possibles contre les attaques contre les animaux. Il ordonna que les portes de fer des enclos fussent cadenassées la nuit, et que quelques chiens indigènes y fussent enchaînés comme sentinelles. Il attendait avec une certaine anxiété la lune indienne, comme on l'appelle, car, lorsqu'il se rendit à cheval avec Lopez et deux de leurs amis de Cantorbéry sur les lieux de la rencontre, quelques jours après qu'elle eut eu lieu, ils découvrirent que les Indiens s'étaient enfuis si précipitamment après la perte de leurs chevaux, qu'ils n'avaient même pas enterré les corps de leurs amis, et que, si court que fût le temps, les renards n'en avaient laissé que quelques os. Cependant, d'après les mocassins et d'autres reliques des Indiens éparpillés partout, Lopez avait constaté immédiatement que deux tribus étaient engagées dans la mêlée : l'une, les habitants de la pampa, un peuple qui, bien que prêt à assassiner tous les Blancs solitaires. , attaque rarement un ennemi préparé ; et l'autre, des Indiens de l'ouest, d'un caractère bien plus guerrier et courageux. La première tribu, affirmait Lopez — et les indigènes du pays étaient d'accord avec lui — n'aurait pas été susceptible de tenter d'elle-même une nouvelle attaque contre des antagonistes qui s'étaient révélés si redoutables, mais la seconde serait presque certaine de faire une tentative désespérée. pour effacer la honte de leur défaite. Dans ces circonstances, quoique parfaitement sûrs de leur pouvoir de repousser toute attaque, il fut résolu que toutes les précautions seraient prises lorsque le moment approcherait.

Cependant, en fin d'après-midi, M. Fitzgerald était sorti faire un tour avec M. Hardy. Charley était descendu au barrage, son fusil sur l'épaule, et Hubert était allé à cheval jusqu'à un étang dans la rivière, à quelque distance de là, où il avait observé la veille un canard sauvage qu'il croyait être d'une espèce nouvelle. Le bétail et les troupeaux venaient d'être amenés par Lopez et deux péons à cheval plus tôt que d'habitude, car M. Hardy avait donné ce matin-là l'ordre que les animaux devaient tous être dans leurs enclos avant le crépuscule. Les ouvriers des champs en contrebas étaient toujours en train de labourer. Ethel était dans le salon en train de travailler avec Mme Hardy, tandis que Maud était dans le jardin en train de cueillir des fruits pour le thé.

Bientôt, les occupants du salon furent surpris par un cri aigu de Maud, et un instant plus tard, elle entra dans la pièce, se précipita d'un bond vers la cheminée, arracha son fusil léger de ses crochets sur la cheminée et cria : « Vite ! , Ethel, ton fusil!" était reparti en un instant.

Mme Hardy et Ethel se levèrent, trop surprises pour le moment pour faire quoi que ce soit, puis Mme Hardy répéta les mots de Maud : « Vite, Ethel, ton fusil !

Ethel s'en empara et courut avec sa mère vers la porte. Puis ils virent un spectacle qui provoqua un cri de leurs deux lèvres. Mme Hardy tomba à genoux et se couvrit les yeux, tandis qu'Ethel, après un moment de pause, saisit le fusil, qui était presque tombé de ses mains, et courut en avant, bien que ses membres tremblaient au point qu'ils pouvaient à peine la porter.

Le spectacle était en effet terrible. A deux cents mètres de distance, Hubert chevauchait pour sauver sa vie. Son chapeau était enlevé, son arme avait disparu, son visage était d'une pâleur mortelle. Derrière lui se trouvaient trois Indiens. Le plus proche était immédiatement derrière lui, à une distance d'à peine deux chevaux ; les deux autres étaient proches de leur chef. Tous gagnaient évidemment sur lui.

Maud avait ouvert le portail et se tenait près du poteau, le canon de son fusil posé sur l'un des fils. "Toujours, Ethel, stable", dit-elle d'une voix dure et étrange, alors que sa sœur la rejoignait ; "La vie d'Hubert dépend de votre visée. Attendez que je tire et prenez l'homme de droite. Visez sa poitrine."

Le son de la voix ferme de Maud a agi comme par magie sur sa sœur ; la brume qui nageait sous ses yeux se dissipa ; ses membres cessèrent de trembler et sa main redevint ferme. Hubert était maintenant à moins de cent mètres, mais l'Indien de tête n'était qu'à une longueur de cheval derrière. Il avait déjà son tomahawk à la main, prêt à porter le coup fatal. Encore vingt mètres et il le fit tournoyer autour de sa tête avec un cri d'exultation.

« Baisse-toi, Hubert, baisse-toi ! Maud a pleuré d'une voix forte et claire ; et machinalement, avec le cri de guerre sauvage derrière lui qui résonnait dans ses oreilles, Hubert se pencha sur la crinière du cheval. Il sentait le souffle du cheval de l'Indien contre ses jambes et son cœur semblait s'arrêter.

Maud et son fusil auraient pu être pris pour une statue, tant elle se tenait immobile et rigide ; puis, alors que le bras de l'Indien reculait pour le coup, il craqua, et sans un mot ni un cri, l'Indien tomba en arrière, frappé avec la petite balle mortelle au centre du front.

La balle d'Ethel n'a pas fait son travail de manière si silencieuse. Un cri sauvage suivit le bruit : pendant un instant, l'Indien chancela sur sa selle, puis, se redressant, fit demi-tour avec son cheval et partit au galop avec son compagnon.

[Illustration : L'ÉVASION D'HUBERT DES INDIENS]

Hubert, comme son cheval franchissait la porte et s'arrêtait, faillit tomber de son siège ; et ce fut avec beaucoup de difficulté qu'il chancela vers Maud, qui s'était évanouie en le voyant avancer seul.

Ethel s'était assise par terre et pleurait passionnément, et Terence descendait de la maison en courant, un fusil à la main, déversant des menaces irlandaises et des éjaculations contre les Indiens. Ceux-ci se transformèrent en cris de triomphe lorsque Charley sortit de derrière le poulailler, alors qu'ils passaient à une courte distance, et au déchargement de ses doubles tonneaux, l'Indien non blessé tomba lourdement de son cheval.

Soucieux d'aider ses jeunes maîtresses, car Hubert était bien trop secoué pour tenter de soulever Maud du sol, Terence restait rivé sur place, regardant l'Indien restant. Deux fois, il chancela sur la selle et se remit deux fois ; mais la troisième fois, alors qu'il se trouvait à près d'un demi-mille, il tomba brusquement à terre.

"Je pensais que le voleur meurtrier l'avait compris", marmonna Terence pour lui-même, tandis qu'il courait chercher Maud et, avec l'aide de Sarah, pour la porter jusqu'à la maison, contre la porte de laquelle Mme Hardy était toujours appuyée. trop agitée pour se permettre de marcher.

Hubert, maintenant un peu rétabli, s'efforça d'apaiser Ethel, et tous deux remontèrent lentement vers la maison. Au bout d'une minute ou deux, Charley arriva en courant et on vit les péons se précipiter vers eux. Après une poignée de main silencieuse à son frère, et un court « Dieu merci ! Charley, avec son énergie habituelle, prit le commandement.

"Hubert, est-ce que toi et Terence chargez toutes les armes à la fois. Lopez, dites aux péons de dépêcher les bœufs de charrue, de les enfermer dans l'enclos et de cadenasser toutes les portes. Je vous préviendrai s'il y a un danger. Alors amenez-les." tous les hommes et les femmes ici. Je vais hisser le drapeau du danger. Papa est quelque part dans les plaines. En disant cela , et prenant la carabine de son Colt, il monta les escaliers en courant.

Un instant après, sa voix se fit à nouveau entendre. « Hubert, Terence, amenez ici d'un coup tous les fusils qui sont chargés, vite, vite ! puis il a crié fort en espagnol : « Entrez tous ; entrez pour sauver votre vie ! Une minute plus tard, ils le rejoignirent sur la tour avec le long fusil de M. Hardy, la carabine d'Hubert et leurs fusils de chasse à double canon, dans chacun desquels Terence laissa tomber une balle au sommet du coup. Hubert ne put s'empêcher de pousser un cri. À une distance d'un quart de mille, M. Hardy et Fitzgerald arrivaient, poursuivis par au moins une douzaine d'Indiens, qui se trouvaient à trente ou quarante mètres derrière eux. Ils arrivaient par derrière la maison et il leur faudrait balayer pour contourner l'entrée qui se trouvait à droite, du côté du barrage. Cela donnerait évidemment un léger avantage à leurs poursuivants.

"Ils tiennent bon", a déclaré Charley après une minute de silence; "Il n'y a pas de peur. Lopez!" a-t-il crié, "courez et veillez à ce que les portes extérieures ainsi que les portes intérieures soient ouvertes".

On a déjà dit qu'une clôture basse en fil de fer avait été placée à une centaine de mètres au-delà de l'enceinte intérieure, pour protéger les jeunes arbres des animaux. Il était composé de deux fils, distants de seulement un pied, et était presque caché par les hautes herbes. Elle avait une porte basse, correspondant en position à celle intérieure. L'œil vif de Charley comprit immédiatement l'importance de la position.

"Je pense que vous pourriez utiliser le long fusil maintenant", dit Hubert ; "Cela pourrait les arrêter s'ils se sentent à portée de nos armes."

"Non, non," dit Charley, "je ne veux pas les arrêter ; ne montrez pas le bout d'un pistolet au-dessus du mur." Puis il resta silencieux jusqu'à ce que son père soit à moins de trois cents mètres. Il a alors crié à pleine voix : « Attention à la clôture extérieure, attention à la clôture extérieure ! »

M. Hardy a levé la main pour montrer qu'il avait entendu, et alors qu'il s'approchait, Charley a crié à nouveau : « Balayez bien autour de la clôture, bien autour, pour qu'ils essaient de vous couper la route.

Charley pouvait voir que M. Hardy entendait, car il tourna la tête de son cheval de manière à s'éloigner assez du coin de la clôture. "Maintenant, Hubert et Terence, préparez-vous ; nous les aurons directement."

M. Hardy et son compagnon passèrent au galop, les Indiens étant toujours à cinquante mètres derrière eux. Se tenant à vingt mètres du coin de la clôture, les fugitifs firent demi-tour vers la droite, et les Indiens, avec un cri de joie, se tournèrent également vers la droite pour leur couper la route. Le fil bas et perfide passa inaperçu, et un instant plus tard, hommes et chevaux roulaient en masse confuse sur le sol.

"Maintenant", a déclaré Charley, "chaque baril que nous avons ;" et du haut de la tour une pluie de plomb tomba sur les Indiens abasourdis. Les chevaux, effrayés et blessés, donnaient des coups de pied et se débattaient terriblement, et faisaient presque autant de mal à leurs maîtres que les balles mortelles des blancs ; et quand le feu cessa, pas plus de la moitié d'entre eux regagnèrent leur place et partirent au galop, laissant le reste, hommes et chevaux, dans un tas épouvantable. Les voyant en pleine retraite, les occupants de la tour descendirent recevoir M. Hardy et Fitzgerald, Terence très ravi d'avoir enfin eu sa part dans une escarmouche.

"Bravo les garçons ! Très bien planifié, Charley !" » Dit M. Hardy en retenant son cheval. "C'était une quasi-évasion."

"Pas aussi proche que celui qu'Hubert a eu, de loin, papa."

"En effet !" Dit anxieusement M. Hardy. "Laissez-moi tout savoir."

"Nous ne nous sommes pas encore entendus", a répondu Charley. "Cela s'est produit quelques minutes seulement avant le vôtre. Les filles se sont comportées à merveille, mais elles sont plutôt bouleversées maintenant. Si vous voulez bien monter chez elles, je monterai directement, mais il y a quelques choses à voir d'abord. " Lopez, poursuivit-il, exécutez ce que je vous ai dit auparavant : faites descendre les hommes des charrues et assurez-vous que tout est en sécurité. Dites-leur de se dépêcher, car il fera bientôt nuit. Tuez quelques moutons et faites-les monter. " " À la maison ; nous serons un grand groupe, et il se peut qu'on en ait besoin. Alors que les péons soupent tous. Montez à la maison dans une heure pour des instructions. Voyez vous-même que les chiens sont attachés par le bétail. Terence, prenez place à l'affût et tirez avec un fusil si vous voyez quelqu'un bouger.

Ayant vu que ses différents ordres étaient obéis, Charley monta à la maison. Il trouva tout le monde rassemblé dans le salon. Maud et Ethel s'étaient complètement rétablies, même si toutes deux semblaient pâles. Mme Hardy, absorbée par son attention sur eux, n'avait heureusement rien entendu du danger que courait son mari jusqu'à ce que les tirs d'en haut, suivis d'un cri de triomphe, lui disent que tout danger avait été vaincu.

"Maintenant, papa," dit Charley, "donne-nous d'abord ton compte."

"Je n'ai pas grand-chose à dire, Charley. Fitzgerald et moi avions parcouru une certaine distance - cinq miles, devrais-je dire - lorsque les chiens se sont arrêtés dans un fourré et ont éteint un lion. Fitzgerald et moi avons tous deux tiré avec nos canons de gauche. , qui étaient chargés de balles. La bête tomba et nous descendîmes pour l'écorcher. Dash aboya furieusement et nous vîmes une vingtaine d'Indiens s'approcher de nous. Nous nous arrêtâmes un moment pour leur donner nos barils à balle de canard. , puis nous avons sauté sur nos selles et sommes allés à cheval vers lui. Malheureusement, nous avions eu la folie de sortir sans nos revolvers. Ils nous ont pressés fort, mais je n'ai jamais eu peur qu'ils nous rattrapent réellement; ma seule alarme était celle de nous risquions de répéter mon désastre du trou du tatou. Alors j'ai seulement essayé de tenir le coup à trente ou quarante mètres d'avance. Je me suis assuré que l'un ou l'autre d'entre vous nous verrait arriver, et j'aurais dû crier assez fort, je peux vous le dire. , pour te prévenir en arrivant. D'ailleurs, je savais qu'au pire les bras pendaient au dessus de la cheminée, et qu'il nous fallait seulement le temps de courir, de les rattraper, et d'arriver à la porte, pour pouvoir nous défendre . la maison jusqu'à ce que vous puissiez nous aider. Et maintenant, quelle est ton histoire, Charley ? »

"J'en ai encore moins que toi, papa. J'étais au barrage, puis je suis entré dans le poulailler, et je pensais justement que je pourrais mieux arranger les nids, quand j'ai entendu un cri de guerre indien entre moi et la maison. Cela a été suivi presque immédiatement par deux craquements que je savais être les fusils des filles. Je me suis précipité vers la porte et j'ai regardé dehors, et j'ai vu deux Indiens arriver au grand galop. Par la direction qu'ils prenaient, ils Je passais à peu de distance du poulailler ; je reculai donc jusqu'à ce que j'entende qu'ils étaient en face, puis, sortant, je donnai les deux tonneaux au plus proche de moi, et j'arrêtai assez efficacement son galop. Quand j'arrivai à l' endroit J'ai vu qu'Hubert avait eu un petit cri, car Maud s'était évanouie et Ethel était en grand état de pleurs. Mais je n'ai pas eu le temps de poser beaucoup de questions, car j'ai couru pour hisser le drapeau de danger, et j'ai alors vu vous et Fitzgerald venez avec les Indiens après vous. Maintenant, Hubert, écoutons votre histoire.

"Eh bien, papa, tu sais, j'ai dit hier que j'étais sûr d'avoir vu un nouveau canard, et cet après-midi, je suis allé aux étangs, dans l'espoir qu'il soit encore là. J'ai laissé mon cheval et j'ai continué très prudemment. à travers les roseaux jusqu'à ce que j'aperçoive l'eau. Effectivement, il y avait le canard, plutôt de l'autre côté. J'ai attendu une longue demi-heure, et enfin il s'est approché un peu plus. Il a plongé sur mon premier tonneau, mais quand il est arrivé , je lui ai donné mon deuxième. Flirt est entré et l'a fait sortir. Il était nouveau, bien sûr - deux plumes bleues sous l'œil - "

— Dérangez-vous le canard, Hubert, intervint Charley. Nous nous moquons de ses plumes bleues ; nous voulons entendre parler des Indiens.

"Eh bien, je viens chez les Indiens", dit Hubert; "Mais c'était un nouveau canard, quand même ; et si tu l'aimes, je te le montrerai. Là !" Et il le sortit de sa poche et le posa sur la table. Personne ne semblait s'y intéresser le moins du monde, ni y prêter attention. Alors Hubert reprit : « Eh bien, après avoir regardé le canard, je l'ai mis dans ma poche et je suis sorti des buissons vers mon cheval. En arrivant près de lui, j'ai entendu un cri qui a failli me faire tomber, il a fait sursauter. moi ainsi ; et à moins de cent mètres de moi, et chevauchant pour me couper de la maison, il y avait trente ou quarante Indiens. Je n'ai pas tardé, comme vous pouvez le deviner, à monter sur ma selle et à m'élancer comme un coup de feu. Je n'ai pas pu faire j'étais mieux monté que tous, sauf trois ; mais ils gagnaient peu à peu sur moi, tandis que tous les autres à leur tour abandonnaient la poursuite ; et, comme papa , j'avais laissé mon revolver derrière moi. Black Tom a fait de son mieux et je l'ai encouragé au maximum; mais j'ai commencé à penser que tout était fini avec moi, car j'étais convaincu qu'ils m'attraperaient avant que je puisse entrer. Alors que j'étais à un peu plus de trois cents mètres de la porte , j'ai vu Maud se précipiter avec son fusil vers la porte, et peu après Ethel est venue aussi. Les Indiens se rapprochaient de plus en plus et je m'attendais à chaque instant à sentir le tomahawk. . Je ne comprenais pas pourquoi les filles ne tiraient pas, mais je supposais qu'elles n'étaient pas assez sûres de leur objectif : et j'avais la consolation que l'Indien le plus proche ne pouvait pas frapper, sinon il risquerait un coup de feu. J'ai continué : l'Indien était si près que je sentais le souffle de son cheval, et l'idée m'est venue à l'esprit que la brute essayait de saisir le mollet de ma jambe. À une centaine de mètres, je pouvais voir le visage de Maud très clairement, et alors j'ai eu la certitude d'être sauvé. Elle avait l'air aussi stable que si elle avait visé une cible, et la pensée m'a traversé l'esprit de la semaine dernière, elle avait heurté une petite pierre sur un poteau, à quatre-vingts mètres, du premier coup, alors que Charley et moi l'avions raté de moitié. une douzaine de fois chacun. Puis il y eut un cri épouvantable, presque à mon oreille. Puis j'ai entendu Maud crier : « Baisse-toi, Hubert, baisse-toi ! Avant, j'étais baissé, mais ma tête est descendue jusqu'à la crinière du cheval, je peux vous le dire. Et puis il y eut le craquement des deux fusils, et un cri de douleur. Je ne pouvais pas regarder autour de moi, mais je sentais que le cheval derrière moi s'était arrêté et que j'étais en sécurité. C'est mon histoire, papa."

Quelques questions supplémentaires arrachèrent à Mme Hardy tout ce qu'elle en savait, puis les éloges les plus chaleureux furent accordés aux filles. Ethel, cependant, a généreusement décliné tout éloge, car elle a déclaré qu'elle n'aurait rien dû faire du tout sans la fermeté et le sang-froid de Maud.

« Et maintenant, prenons notre thé », a déclaré M. Hardy ; "et alors nous pourrons discuter de nos mesures pour ce soir."

"Penses-tu qu'ils vont nous attaquer, papa ?" » a demandé Ethel.

"Oui, Ethel, je pense que ce sera très probablement le cas. Alors que nous traversions la plaine , j'ai remarqué plusieurs autres groupes assez au loin. Il doit y avoir un groupe très fort dans l'ensemble, et ils ont probablement résolu de se venger de leur année dernière. Ils feraient mieux de la laisser tranquille, car ils n'ont pas plus de chance de prendre cette maison, avec nous tous sur nos gardes, que de fuir. Il y a un avantage à cela : ils recevront une telle leçon que je ne le ferai pas. Je pense que nous serons parfaitement à l'abri des attaques indiennes à l'avenir.

Après le thé, Lopez est venu chercher les commandes. "Vous placerez", dit M. Hardy, "deux péons à chaque coin de la clôture extérieure. L'un de nous viendra toutes les demi-heures pour voir si tout va bien. Leurs instructions sont qu'au cas où ils entendraient un mouvement, un c'est de venir immédiatement nous annoncer la nouvelle, et l'autre de faire le tour pour dire aux autres sentinelles de faire de même. Tout cela doit se faire dans un silence parfait. Je ne veux pas qu'ils sachent que nous sommes prêts à leur réception. Apportez de la paille fraîche et déposez-la ici par terre : les femmes peuvent dormir ici.

« Que dois-je faire de vos propres chevaux, signor ? » a demandé López.

M. Hardy réfléchit un instant. "Je pense que vous feriez mieux de les envoyer dans l'enclos avec les autres ; ils pourraient être chassés s'ils restent ici, et je ne vois pas que nous puissions en avoir besoin."

"Mais qu'en est-il du bétail, papa ?" » a demandé Charley.

" Ce serait une perte sérieuse s'ils étaient chassés, surtout les vaches laitières. Si vous voulez, je descendrai avec Terence, et nous pourrons prendre notre place parmi eux. Ce serait un poste fort, pour les Indiens de Bien entendu, nous ne pourrions pas nous attaquer à cheval ; et avec ma carabine, le fusil de Terence et une paire de revolvers, je pense que nous pourrions les repousser assez facilement, d'autant plus que vous nous couvririez avec vos fusils. »

" J'avais pensé à ce plan, Charley ; mais il serait dangereux et nous causerait une grande anxiété ici. J'imagine aussi que, comme leur grand objectif est sans aucun doute la vengeance, ils nous attaqueront d'abord ici, ou ils pourraient " Faites un effort sur le bétail en même temps qu'ils attaquent ici. Ils ne commenceront pas par les animaux. Il leur sera très difficile de briser la clôture, ce qu'ils doivent faire pour les chasser ; et pendant qu'ils sont à ce sujet , nous ne resterons pas inactifs, comptez-y.

Les préparatifs furent bientôt faits et il fut convenu que M. Hardy et Hubert feraient la tournée en alternance avec Charley et Fitzgerald. Comme d'habitude, les attaques indiennes ont lieu dans les dernières heures ou deux d'obscurité. M. Hardy pensait cependant qu'une exception serait faite dans le cas présent, afin qu'ils puissent s'éloigner le plus possible avant qu'une poursuite ait lieu. Les femmes des péons se couchaient sur la paille qu'on leur avait jetée. Les hommes étaient assis devant la porte, fumant leurs cigarettes et parlant à voix basse. Mme Hardy était dans sa chambre ; Ethel lui tenait compagnie, Maud partageant son temps entre eux et le sommet de la tour, où M. Hardy, Fitzgerald et les garçons étaient rassemblés entre leurs rondes.

Vers dix heures, il y eut un aboiement aigu d'un des chiens attachés par la bergerie, suivi d'un aboiement général de tous les chiens de l'établissement.

"Les voilà", a déclaré M. Hardy. "Charley, amène les dogue à l'intérieur et ordonne-leur, ainsi qu'aux retrievers, de se taire. Nous ne voulons pas de bruit ici, pour dire aux Indiens que nous sommes aux aguets. Maintenant, Fitzgerald, va aux sentinelles. derrière la maison, et j'irai vers ceux qui sont devant, pour leur dire de se replier immédiatement.

Cette mission était cependant inutile, car les huit péons arrivèrent tous en une minute ou deux, s'étant enfuis de leurs postes aux premiers aboiements des chiens, et sans obéir à leurs ordres de s'envoyer les uns aux autres pour donner avis de leur retraite. .

M. Hardy était très en colère contre eux, mais ils avaient une peur si abjecte des Indiens qu'ils prêtèrent peu d'attention aux paroles de leur maître, et allèrent se blottir les uns contre les autres sur la paille dans le salon, restant là sans bouger jusqu'à ce que tout le monde se rende compte. était fini. Terence était maintenant rappelé de la porte, qui avait été son poste.

"As-tu entendu quelque chose, Terence ?"

"Bien sûr, Votre Honneur, et j'ai cru entendre un bruit sourd comme celui de nombreux chevaux galopant au loin. Je devrais dire qu'ils étaient très nombreux. Il a semblé devenir un peu plus fort, puis il s'est arrêté."

"C'était avant que les chiens ne commencent à aboyer, Terence ?"

"Environ cinq minutes avant, votre honneur."

"Oui. Je n'ai aucun doute qu'ils sont tous descendus de cheval pour attaquer à pied. Comme tout est calme !"

Les aboiements généraux des chiens avaient maintenant cessé : parfois l'un ou l'autre poussait des aboiements suspects, mais entre eux aucun son n'était audible. La porte était maintenant fermée et barrée ; des bougies étaient allumées et placées dans chaque pièce, des draps épais avaient été suspendus devant les meurtrières des volets, pour empêcher qu'un rayon de lumière ne s'échappe ; et les fenêtres elles-mêmes étaient ouvertes. M. Fitzgerald, les garçons et Maud prirent place dans la tour, M. Hardy restant avec sa femme et Ethel, tandis que Terence et Lopez montaient la garde dans les autres appartements. Les dispositions pour la défense prévoyaient que M. Fitzgerald, Lopez et Terence défendraient la partie basse de la maison. Il y avait en tout six fusils à double canon, deux chacun ; et trois des péons, plus courageux que les autres, proposèrent de charger les canons au fur et à mesure qu'ils déchargeraient.

M. Hardy et les garçons avaient leur place sur la tour, d'où ils commandaient tout le jardin. Ils avaient le long fusil, les carabines et quatre revolvers. Mme Hardy et les filles prirent place dans la chambre haute de la tour, où il y avait de la lumière. Leurs fusils étaient prêts en cas de nécessité, mais leur tâche principale était de charger les chambres de rechange des carabines et des pistolets aussi vite qu'elles étaient vidées, l'accord étant que les filles monteraient tour à tour prendre celles chargées et les descendre. les vides. La place de Sarah était sa cuisine, où elle pouvait entendre tout ce qui se passait en dessous, et elle devait appeler l'échelle au cas où de l'aide serait nécessaire. Ainsi, tous étant prêts, ils attendirent tranquillement l'attaque.

CHAPITRE XIII.

L'ATTAQUE INDIENNE.

Pendant près d'une demi-heure, les occupants de la tour restèrent sans entendre le moindre bruit. Puis il y eut un léger bruit sec.

"Ils franchissent la clôture", a murmuré M. Hardy. "Descendez maintenant chacun à son poste. Gardez les chiens tranquilles, et attention, ne laissez personne tirer jusqu'à ce que je donne le signal."

Le tintement se répétait encore et encore. Si prudents qu'étaient les Indiens, il leur était même impossible de franchir cet obstacle étrange et difficile sans toucher les fils avec leurs bras. Parfois, M. Hardy et les garçons s'imaginaient pouvoir voir des objets sombres se diriger vers la maison à travers l'obscurité ; sinon tout était calme.

"Les garçons," dit M. Hardy, "j'ai changé d'avis. Il y aura des numéros aux portes et aux fenêtres, que nous ne pourrons pas atteindre d'ici. Volez tranquillement en bas et prenez place chacun à une fenêtre. Puis, quand le signal est donné, tirez avec vos deux revolvers. Ne jetez pas un coup de feu. Obscurcissez toutes les pièces sauf la cuisine. Vous verrez mieux pour viser à travers les meurtrières ; il fera assez clair dehors. Quand vous aurez vidé vos revolvers , viens directement ici et laisse-les charger par les filles en passant."

Sans un mot, les garçons s'éclipsèrent. M. Hardy a ensuite placé sur une étagère ronde clouée au mât du drapeau, à environ huit pieds du sol, une lumière bleue, s'insérant dans une douille de l'étagère. L'étagère était si grande qu'elle projetait une ombre sur le sommet de la tour, de sorte que ceux qui se trouvaient là se trouvaient dans une obscurité relative, tandis que tout autour était dans une lumière vive. Là, une allumette à la main pour allumer la lumière bleue, il attendait le signal.

Cela durait longtemps, si longtemps que la pause devenait pénible, et que chacun dans la maison avait hâte que l'orage éclate. Enfin c'est arrivé . Un cri sauvage, long et sauvage provenant de centaines de gorges s'éleva dans l'air calme de la nuit, et, aussi confiants soient-ils dans leur position, il n'y avait pas un seul membre de la garnison qui ne sentit son sang se glacer devant l'épouvantable férocité du cri . En même temps, on se précipitait terriblement contre les portes et les fenêtres, qui mettaient à rude épreuve la solidité des cadres et des barreaux. Puis, alors qu'ils tenaient bon, ce fut une pluie de coups de hache et de tomahawk.

Puis vint une pause momentanée d'étonnement. Les armes, au lieu de briser le bois, faisaient simplement de profondes entailles ou glissaient sans danger. Puis les coups redoublèrent, puis une lumière vive illumina soudain toute la scène. Ce faisant, de chaque meurtrière jaillit un courant de feu, répété encore et encore. Les fusils, lourdement chargés de chevrotines, provoquèrent un effet terrible sur la masse rassemblée d'Indiens autour des fenêtres, et la décharge des quatre canons de chacune des trois fenêtres de la pièce à l'arrière de la maison, par Fitzgerald, Lopez, et Terence, pendant un certain temps , chassa les assaillants de ce côté. Après le premier cri d'étonnement et de rage, un calme parfait succéda au vacarme qui y avait fait rage, interrompu seulement par le tintement des baguettes, tandis que les trois hommes et leurs assistants rechargeaient en toute hâte leurs fusils, puis se précipitaient vers l'avant de la salle. maison, où leur présence était requise de toute urgence.

Connaissant l'énorme affluence qu'il y aurait à la porte, Charley et Hubert s'étaient postés à ses deux meurtrières, laissant les fenêtres se débrouiller pour le moment. Le premier élan fut si formidable que la porte trembla sur ses poteaux, si massive soit-elle ; et les garçons, pensant qu'elle allait entrer, y jetèrent le poids de leur corps. Puis, avec l'échec du premier élan, vint la tempête de coups ; et les garçons se tenaient debout, leurs pistolets pointés à travers les trous, attendant la lumière qui leur permettrait de voir leurs ennemis.

Au moment où il arrivait , ils tirèrent ensemble et deux Indiens tombèrent. Ils tirèrent encore et encore , jusqu'à ce qu'il ne reste plus aucun Indien devant la porte fatale. Alors chacun prit une fenêtre, car il y en avait une de chaque côté de la porte, et ils les tenaient, se précipitant de temps en temps dans les pièces de chaque côté pour y arrêter les assaillants.

Dans ce combat, Sarah eut certainement l'honneur du premier sang. C'était une femme courageuse et déterminée à faire de son mieux pour défendre la maison. Comme arme appropriée, elle avait placé le bout du crachat dans le feu, et au moment de l'attaque il était chauffé à blanc. Voyant le volet se plier sous la pression des Indiens, elle saisit la broche et l'enfonça de toutes ses forces dans la meurtrière. Un cri effrayant s'ensuivit, qui s'élevait encore au-dessus du formidable vacarme environnant.

Il y eut une accalmie si profonde après la décharge des derniers canons des revolvers des garçons qu'elle en fut presque effrayante. Courant à l'étage, ils équipèrent de nouvelles chambres à leurs armes, laissèrent celles vides à leurs sœurs et rejoignirent leur père.

"C'est vrai, les garçons ; l'attaque est repoussée pour le moment. Maintenant, prenez vos carabines. Il y a une bande d'Indiens près des animaux. J'ai entendu leurs cris de guerre quand les autres ont commencé, mais la lumière ne parvient pas jusqu'ici. Maintenant attention, je vais envoyer une fusée au-dessus d'eux. Les vaches sont les plus importantes ; alors, Charley, tu diriges tous tes tirs sur n'importe quelle fête là-bas. Hubert, répartis le tien entre les autres.

Un instant plus tard, la fusée s'envola dans les airs et, tandis que la lumière vive éclatait, un groupe d'Indiens pouvait être aperçu à l'entrée de chacune des enceintes. Alors que la lumière brillante brillait sur eux , ils se dispersèrent avec un cri d'étonnement. Avant que la lumière ne disparaisse, les douze barils avaient été tirés parmi eux.

Lorsque la fusée avait éclaté, M. Hardy avait regardé le pays avec impatience et avait cru voir une masse sombre à une distance d'un demi-mile. Il devina qu'il s'agissait des chevaux des Indiens.

À ce moment-là, la lumière bleue brûlait faiblement, et M. Hardy, levant la main, en alluma une autre à sa flamme et y posa la nouvelle. Ce faisant, le sifflement de nombreuses flèches montra qu'ils étaient surveillés. L'un d'eux a fouillé son manteau, heureusement sans le toucher ; un autre lui a traversé le bras ; et un troisième ouvrit la joue de Charley de la lèvre à l'oreille.

"Gardez la tête sous le mur, les garçons", a crié leur père. "Es-tu blessé, Charley ?"

"Pas sérieusement, papa, mais ça fait terriblement mal;" et Charley trépignait de rage et de douleur.

« Que sont devenus les Indiens autour de la maison ? demanda Hubert. "Ils ne lancent aucune nouvelle attaque."

"Non", a déclaré M. Hardy; " Ils en ont assez. Ils se demandent seulement comment ils vont pouvoir s'enfuir. Vous voyez que la clôture est exposée de tous côtés à notre feu, car les arbres ne s'approchent pas à moins de vingt mètres d'elle. Ils ne sont ni devant ni devant. derrière la maison, car c'est assez ouvert des deux côtés, et nous devrions les voir. Ils ne sont pas de ce côté de la maison, ils doivent donc se tenir près du mur entre les fenêtres, et doivent être entassés parmi les arbres et des arbustes à l'autre bout. Il n'y a pas de fenêtre là-bas, donc ils sont en sécurité tant qu'ils restent tranquilles.

"Non, papa," dit Hubert avec empressement; "Tu ne te souviens pas que nous avons laissé deux meurtrières dans chaque pièce, quand nous l'avons construite, exprès, en mettant seulement des morceaux de bois et en bouchant les fissures avec de l'argile pour empêcher le vent d'entrer ?"

" Bien sûr que nous l'avons fait, Hubert. Je me souviens de tout cela maintenant. Courez et dites-leur d'être prêts à retirer le bois et à tirer à travers quand ils entendront la prochaine fusée partir. Je vais envoyer une autre fusée légère au-dessus. dans la direction où j'ai vu les chevaux ; et dès que j'aurai la ligne, je leur enverrai fusée sur fusée aussi vite que possible. Avec le feu d'en bas parmi eux et la frayeur qu'ils auront quand s'ils voient les chevaux attaqués, ils sont sûrs de se précipiter.

Une minute plus tard, Hubert revint et annonça que les hommes en bas étaient prêts. En un instant, une fusée s'envola au loin, derrière la maison ; et juste au moment où sa lumière brillait sur les plaines, une autre se dirigeait vers une masse sombre d'animaux, assez clairement visibles au loin.

Un cri de consternation jaillit des Indiens, s'élevant dans une alarme encore plus sauvage lorsque trois coups de feu furent tirés du mur de la maison sur leur masse bondée. La décharge se répétait encore et encore, et avec un cri de consternation, une course folle se précipita vers la clôture. Alors les garçons avec leurs carabines, et M. Hardy avec les revolvers, ouvrirent sur eux, chaque coup se révélant dans la masse dense qui luttait pour franchir les grilles fatales.

Frénétiques du danger, des dizaines de personnes tentèrent de les escalader et, malgré la force des fils et des poteaux, il y eut un craquement et tout le côté tomba. En une minute plus tard, de la masse en lutte, il ne restait plus qu'une vingtaine de formes immobiles. Trois ou quatre fusées supplémentaires furent lancées dans la direction où les chevaux avaient été aperçus, puis une autre fusée de signalisation, dont la lumière permit de voir que la masse noire était brisée et que toute la plaine était couverte de figures éparses d'hommes. et des animaux, tous volant à toute vitesse.

"Dieu merci, tout est fini et nous sommes en sécurité !" » Dit solennellement M. Hardy. « Il n'y aura plus jamais d'attaque indienne sur Mount Pleasant. Tout est fini maintenant, ma chère », dit-il à Mme Hardy en descendant les escaliers ; "Ils parcourent le pays et il leur faudra des heures pour rassembler à nouveau leurs chevaux. Deux d'entre nous ont été égratignés par des flèches, mais aucun mal réel n'est fait. Charley n'est qu'une blessure corporelle. N'ayez pas peur ", ajouta-t-il rapidement, alors que Mme Hardy pâlissait et que les filles poussaient un cri devant l'apparence du visage de Charley, qui était certainement alarmant. "Un peu d'eau tiède et un pansement arrangeront tout."

« Pensez-vous que cela laissera une cicatrice ? » Charley a demandé plutôt douloureusement.

"Eh bien, Charley, je ne serais pas surpris si cela se produisait ; mais cela ne gâchera pas longtemps votre beauté, vos moustaches la couvriront : d'ailleurs, une cicatrice gagnée dans un conflit honorable est toujours admirée par les dames, vous savez. Maintenant laissez-nous descends ; mon bras aussi a besoin d'un bandage, car il commence à me faire incroyablement mal ; et je suis sûr que nous devons tous avoir envie de quelque chose à manger.

Le souper fut pris à la hâte, puis tous, sauf Terence, qui, par mesure de précaution, était posté comme gardien sur la tour, furent heureux de se coucher pour quelques heures de sommeil. Au point du jour, ils étaient debout et en marche.

M. Hardy a demandé que ni sa femme ni ses filles ne sortent de la maison jusqu'à ce que les Indiens morts soient enlevés et enterrés, car le spectacle ne pouvait qu'être des plus choquants. Deux des péons reçurent l'ordre de monter les bœufs et de monter deux charrettes, et le reste des hommes se mit à la tâche désagréable d'examiner et de recueillir les tués.

Ceux-ci étaient encore plus nombreux que ce que M. Hardy avait prévu, et montraient à quel point ils devaient être regroupés autour de la porte et des fenêtres. Les fusils étaient chargés de chevrotine ; il a laissé tomber deux balles dans chaque canon en plus ; et leurs tirs avaient été des plus destructeurs, surtout ceux tirés par les meurtrières à l'extrémité de la maison. Là, pas moins de seize corps ont été retrouvés, tandis qu'autour de la porte et des fenêtres il y en avait treize autres. Tous ces gens étaient morts. Les coups de feu, tirés par des meurtrières à hauteur de poitrine, avaient fait effet sur la tête et le corps.

À la clôture, ils étaient quatorze. Parmi eux, douze étaient morts, un autre respirait encore, mais visiblement mourant, tandis qu'un autre n'avait qu'une jambe cassée. Plusieurs autres avaient sans doute été blessés, mais avaient réussi à s'enfuir. Les balles des revolvers, à moins de toucher une pointe mortelle, invalident beaucoup moins un blessé que les balles de plus gros calibre. Il était évidemment inutile d'éloigner l'Indien mourant ; tout ce qu'on pouvait faire pour lui, c'était de lui donner un peu d'eau et de placer un fagot d'herbe de manière à relever la tête. Une demi-heure plus tard, il était mort. L'autre blessé fut transporté avec précaution jusqu'à l'un des hangars, où un lit de foin lui fut préparé. Deux autres hommes blessés ont été retrouvés près des enclos à bétail, et M. Hardy considérait également qu'ils étaient susceptibles de se rétablir. Ils furent relevés et déposés par leur camarade. Trois cadavres ont été retrouvés ici. Ceux-ci furent tous transportés dans les chars à bœufs jusqu'à un endroit éloigné de près d'un demi-mille de la maison.

Ici, grâce au travail conjoint des péons, une grande tombe fut creusée, large de six pieds, autant de profondeur et douze mètres de longueur. En cela, ils étaient placés côte à côte, deux en profondeur ; la terre fut remblayée et le gazon remplacé. Sur la suggestion d'Hubert, deux jeunes palmiers ont été retirés du jardin et placés un à chaque extrémité, et un grillage a été érigé tout autour pour éloigner les animaux.

C'était une triste tâche ; et bien qu'ils eussent été tués dans une attaque dans laquelle, s'ils avaient été victorieux, ils n'auraient montré aucune pitié, M. Hardy et ses fils étaient néanmoins profondément affligés d'avoir causé la destruction de tant de vies.

C'est vers la fin de l'après-midi que tout fut terminé, et le groupe rentra à la maison le cœur allégé, que la tâche pénible était terminée. Ici, les choses avaient presque repris leur aspect ordinaire. Terence avait lavé les taches de sang ; et sans que beaucoup de jeunes arbres n'eussent été abattus et qu'un côté de la clôture n'ait été rasé, personne n'aurait imaginé qu'une lutte sanglante s'y était déroulée si récemment.

M. Hardy s'est arrêté en chemin pour examiner les blessés. Il avait acquis une certaine connaissance de la chirurgie grossière au début de sa vie dans les Prairies et il découvrit la balle à une courte distance sous la peau de la jambe cassée. Faisant signe à l'homme qu'il allait lui faire du bien, et appelant Fitzgerald et Lopez pour retenir l' Indien s'il le fallait, il sortit son couteau, le coupa jusqu'à la balle, et réussit, avec quelque peine, à l'extraire. L'Indien n'a jamais bronché ni gémi, même si la douleur a dû être très forte pendant l'opération. M. Hardy banda ensuite soigneusement le membre et ordonna de verser de l'eau froide dessus de temps en temps, pour apaiser l'inflammation. Un autre Indien avait la cheville cassée : celle-ci était également soigneusement bandée. Le troisième avait une blessure par balle près de la hanche, et M. Hardy ne pouvait rien faire. Son rétablissement ou sa mort dépendrait entièrement de la nature.

Il convient ici de mentionner immédiatement que les trois Indiens ont fini par se rétablir, bien que deux d'entre eux aient été légèrement boiteux à vie. Tout ce que les soins et l'attention pouvaient faire pour eux a été fait ; et lorsqu'ils étaient en état de voyager, leurs chevaux et une réserve de provisions leur étaient donnés. Les Indiens avaient maintenu pendant tout ce temps l'apathie impassible de leur race. Ils n'avaient exprimé aucun remerciement pour la gentillesse qui leur avait été accordée. Ce n'est que lorsque leurs chevaux leur furent présentés et que des arcs et des flèches furent placés dans leurs mains, avec l'indication qu'ils étaient libres de partir, que leurs visages changèrent.

Jusqu'alors il est probable qu'ils croyaient qu'on les gardait seulement pour être solennellement mis à mort. Leurs visages s'éclairèrent et, sans un mot, ils sautèrent sur le dos des chevaux et s'élancèrent dans les plaines.

Avant qu'ils aient parcouru trois cents mètres, ils s'arrêtèrent et revinrent à la même vitesse, s'arrêtant brusquement devant le groupe surpris et plutôt effrayé. "Bon homme", dit l'aîné d'entre eux en désignant M. Hardy. "Bien," répéta-t-il en faisant signe aux garçons. « Bonnes mademoiselles », et il incluait Mme Hardy et les filles ; puis les trois hommes se retournèrent et ne ralentirent jamais leur vitesse tant qu'ils furent en vue.

Les Indiens des pampas et des sierras d'Amérique du Sud sont une race très inférieure aux nobles Comanches et Apaches des prairies d'Amérique du Nord. Ce sont généralement des hommes petits, raides, avec de longs cheveux noirs. Ils ont un visage plat, avec des pommettes saillantes. Leur teint est de couleur cuivre foncé et ils sont généralement extrêmement laids.

Au cours de la matinée qui suivit le combat, M. Cooper arriva de Cantorbéry et fut très surpris d'apprendre l'attaque. Les Indiens n'avaient pas été vus ni entendus parler dans son domaine, et il ignorait tout ce qui s'était passé jusqu'à son arrivée.

Au cours des jours suivants, il y eut un grand nombre de visiteurs qui vinrent prendre connaissance des détails et présenter leurs félicitations. Tous les colons éloignés étaient particulièrement satisfaits, car il était considéré comme certain que les Indiens ne reviendraient pas dans ce quartier avant un certain temps.

Peu de temps après, le gouvernement vendit les terres situées au-delà de Mount Pleasant. M. Hardy se rendit à Rosario pour les assister, et acheta le terrain de quatre lieues carrées immédiatement attenant au sien, en donnant le même prix qu'il avait payé pour Mount Pleasant. Les propriétés de chaque côté furent achetées par les deux Edward et par un Anglais récemment arrivé dans la colonie. Il s'appelait Mercer : il était accompagné de sa femme et de ses deux jeunes enfants, ainsi que du frère de sa femme, qui s'appelait Parkinson. M. Hardy avait fait leur connaissance à Rosario et les déclarait être une famille très agréable. Ils avaient rassemblé un capital considérable et arrivaient dans une semaine avec une forte force pour ériger leur maison. M. Hardy leur avait promis toute son aide et avait invité Mme Mercer à s'installer à Mount Pleasant avec ses enfants, jusqu'à ce que la maison à ossature qu'ils avaient apportée puisse être érigée, invitation qui avait été acceptée avec plaisir.

Il y avait un grand plaisir à la pensée d'une autre dame du quartier ; et Mme Hardy était particulièrement heureuse pour le bien des filles, car elle pensait qu'une petite société féminine leur serait d'un très grand avantage.

Les parcelles de terrain à côté des Mercer et Edwards furent achetées, l'une par trois ou quatre Allemands travaillant ensemble en société, l'autre par Don Martinez, un jeune Espagnol entreprenant ; de sorte que les Hardy commencèrent à vivre dans un pays assez habité. Il est vrai que la plupart des maisons seraient à six milles de distance ; mais c'est proche, sur la pampa. On parlait également du surveillant indigène des terres situées entre Canterbury et les Jamieson vendant sa terre par parcelles d'un mile carré. Cela rendrait le pays relativement densément peuplé. En effet, à l'exception de M. Mercer, qui s'était emparé d'un terrain de quatre lieues, les autres nouveaux colons n'avaient en aucun cas acheté plus d'une lieue carrée. Les colonies seraient donc assez denses.

Quelques jours plus tard, Mme Mercer arriva avec ses enfants. Les garçons lui cédèrent leur chambre - eux-mêmes, avec M. Fitzgerald et quatre péons, accompagnant M. Mercer et le groupe qu'il avait amené avec lui, pour l'aider à ériger sa maison et à ériger une solide clôture métallique, semblable à eux-mêmes, pour la défense. Cette opération fut terminée en une semaine ; et Mme Mercer, au grand regret de Mme Hardy et des filles, rejoignit alors son mari. La maison avait été construite près du coin nord-est de la propriété. Il se trouvait donc à un peu plus de six milles de Mount Pleasant, et un échange constant de visites était organisé.

Peu de temps après, M. Hardy suggéra que le moment était venu d'améliorer la maison et exposa devant sa famille rassemblée ses projets à cet effet, qui furent reçus avec de grands applaudissements.

La nouvelle partie devait se dresser devant l'ancienne et consister en un large hall d'entrée, avec une grande salle à manger et un salon de chaque côté. À l'étage supérieur devaient se trouver quatre chambres. L'ancien salon devait être transformé en cuisine et être éclairé par une lucarne dans le toit. La cuisine actuelle devait devenir une buanderie, les fenêtres de celle-ci et de la chambre en face étant placées dans les murs latéraux, au lieu d'être en façade. La nouvelle partie devait être faite de briques correctement cuites et être entourée d'une large véranda. Parmi les chambres actuelles, deux devaient servir de pièces de rechange, l'une des autres étant consacrée à deux domestiques supplémentaires qu'il était désormais proposé de garder.

Il fut convenu que les charrettes commenceraient immédiatement à aller et venir jusqu'à Rosario, pour aller chercher du charbon pour la fabrication des briques, des tuiles, du bois, etc., et qu'un briquetier expérimenté serait engagé, toutes les mains de la ferme étant pleinement occupées. Il faudrait un mois ou six semaines, calculait-on, avant que tout soit prêt à commencer la construction ; puis Mme Hardy et les filles devaient partir pour une visite promise depuis longtemps chez leurs amis les Thompson, près de Buenos Ayres, afin de s'absenter pendant le désordre et la confusion du bâtiment. On s'engage la semaine suivante avec deux Italiennes à Rosario, l'une comme cuisinière, l'autre comme servante générale, Sarah assumant la direction de la laiterie pendant l'absence de sa maîtresse.

CHAPITRE XIV.

Terrible nouvelle.

Deux années supplémentaires se sont écoulées, apportant une prospérité accrue aux Hardy. Aucune reprise des attaques indiennes ne s'était produite et, par conséquent, un flux accru d'émigration avait eu lieu dans leur voisinage. Les colons étaient maintenant établis sur tous les lots sur plusieurs kilomètres de chaque côté du mont Pleasant ; et même au-delà des douze milles que le domaine s'étendait vers le sud, les lots avaient été vendus. M. Hardy considérait que tout danger de voir les troupeaux être chassés avait maintenant disparu et avait donc considérablement augmenté leur nombre, et avait décidé de leur permettre d'augmenter sans nouvelles ventes jusqu'à ce qu'ils aient atteint l'étendue de la puissance de soutien. de l'immense domaine.

Deux cents acres de terres irriguées étaient cultivées ; la laiterie renfermait le produit d'une centaine de vaches ; et dans l'ensemble, Mount Pleasant était considéré comme l'une des estancias les plus belles et les plus rentables de la province.

La maison était désormais digne du domaine ; la clôture intérieure avait été enlevée cinquante mètres plus loin, et le potager plus loin, l'espace inclus étant entièrement aménagé en jardin d'agrément.

De beaux arbres et arbustes tropicaux, de magnifiques parcelles de fleurs et du gazon vert entouraient la façade et les côtés ; tandis que derrière se trouvait un verger luxuriant et très productif.

Les jeunes Hardy avaient depuis longtemps renoncé à tout travail personnel et étaient sans cesse occupés à surveiller le domaine et les nombreuses mains employées : pour eux, une longue rangée de huttes en pisé avait été construite à quelque petite distance à l'arrière de l'enceinte.

Maud et Ethel avaient consacré pendant cette période beaucoup plus de temps à leurs études, et le moment approchait où Mme Hardy devait retourner avec eux en Angleterre, afin qu'ils puissent passer un an à Londres sous l'instruction des meilleurs maîtres. Maud avait maintenant dix-sept ans et pouvait à juste titre prétendre être considérée comme une jeune femme. Ethel paraissait encore beaucoup plus jeune que son âge réel : n'importe qui, en effet, aurait deviné qu'il y avait au moins trois ans de différence entre les sœurs. Cependant, en termes de connaissances, elle était tout à fait son égale, sa bien plus grande persévérance compensant largement la rapidité de sa sœur.

Un an auparavant, M. Hardy avait, lors d'une de ses visites à Buenos Ayres, acheté un piano, sans rien dire de ce qu'il avait fait à son retour ; et la joie des jeunes filles et de leur mère, lorsque l'instrument arriva dans une charrette à bœufs, fut sans limites. À partir de ce moment, les filles pratiquèrent presque sans cesse ; en fait, comme Charley le faisait remarquer, c'était aussi pénible que de vivre dans une maison avec tout un pensionnat de filles.

Après cela, Mount Pleasant, qui avait toujours été considérée comme l'estancia la plus hospitalière et la plus agréable du district, devint plus que jamais populaire, et de nombreuses danses improvisées furent organisées. Parfois, il y avait des affaires plus formelles, et toutes les dames dans un rayon de vingt milles entraient. Elles étaient plus nombreuses qu'on aurait pu s'y attendre. Les Jamieson se portaient bien et, partant à leur tour visiter leur pays natal, ils avaient pris pour épouses deux jeunes Écossaises brillantes.

Mme Mercer était sûre d'être là, ainsi que quatre ou cinq autres dames anglaises venues d'estancias plus proches ou plus éloignées. Une dizaine ou une douzaine de dames indigènes, épouses ou filles de propriétaires indigènes, entraient également, et la danse se poursuivait jusqu'à une heure très tardive. Puis les dames se couchaient un court instant, tous les lits leur étant cédés, et de nombreux débarras improvisés ; tandis que les messieurs s'asseyaient et fumaient pendant une heure ou deux, puis, dès que le jour se levait, descendaient se baigner dans la rivière. Ces fêtes étaient considérées par tous comme des affaires des plus agréables ; et comme les aliments de toutes sortes étaient fournis par le domaine lui-même, ils représentaient une très légère dépense et étaient fréquents. Une seule chose pour laquelle M. Hardy a négocié : aucun vin ni aucune autre liqueur coûteuse ne devait être bu. Il se portait bien – bien au-delà de ses espérances – mais en même temps il ne se considérait pas justifié de dépenser de l'argent pour du luxe.

Du thé et des boissons rafraîchissantes à base de fruits, selon la coutume du pays, étaient donc fournis en abondance aux danseurs ; mais le vin n'était pas produit. Avec cette réserve, M. Hardy n'avait aucune objection à ce que ses jeunes dansent fréquemment ; et dans un pays où tout le monde vivait à la dure et où le vin était un luxe inconnu, personne n'en manquait. À d'autres égards, les tables de souper auraient pu être admirées lors d'un bal anglais. Les denrées substantielles étaient abondantes : dindes et volailles, canards sauvages et autres gibiers. Les douceurs étaient représentées par des bagatelles, des crèmes et des blancs-manges ; tandis qu'il y avait un superbe spectacle de fruits : abricots, pêches, nectarines, ananas, melons et raisins. Parmi eux se trouvaient des vases de fleurs magnifiques, pour la plupart de caractère tropical, mais avec eux se trouvaient de nombreux vieux amis anglais dont M. Hardy s'était procuré des graines.

Leurs voisins de Cantorbéry étaient encore leurs amis les plus intimes : ils allaient cependant bientôt perdre l'un d'eux. M. Cooper avait appris six mois auparavant la mort rapide de ses deux frères aînés, et il était désormais l'héritier des biens de son père, qui étaient très étendus. On avait supposé qu'il retournerait immédiatement en Angleterre, et il en parlait continuellement ; mais il avait, sous un prétexte ou un autre, retarder son départ de temps en temps. Il se rendait très souvent à Mount Pleasant et accompagnait généralement les garçons lors de leurs excursions.

"Je pense que Cooper est presque autant ici qu'à Canterbury", a déclaré un jour Charley en riant.

Mme Hardy a jeté un coup d'œil à Maud et a remarqué une couleur vive sur ses joues. Elle n'a fait aucune remarque à ce moment-là, mais en a parlé à M. Hardy la nuit.

"Vous voyez, ma chère", a-t-elle conclu, "nous considérons toujours Maud comme une enfant, mais d'autres personnes peuvent la considérer comme une femme."

"Je suis désolé pour cela", a déclaré M. Hardy après une pause. "Nous aurions dû prévoir la possibilité d'une telle chose. Maintenant que cela est mentionné, je me demande que nous ne l'ayons pas fait auparavant. M. Cooper est ici. à tel point que la chose nous aurait certainement frappés si, comme vous le dites, nous n'avions pas considéré Maud comme une enfant. Contre M. Cooper, je n'ai rien à dire. Nous l'aimons tous les deux extrêmement. Ses principes sont bons et il , en termes d'argent, être bien sûr un excellent parti pour notre petite fille. En même temps, je ne peux rien permettre qui ressemble à des fiançailles. M. Cooper n'a pas vu d'autres dames depuis si longtemps qu'il est assez naturel qu'il devrait tomber amoureuse de Maud. Maud, en revanche, n'a vu que quinze ou vingt hommes qui sont venus ici; elle ne connaît rien du monde et est totalement inexpérimentée. Ils vont tous les deux en Angleterre et ne rencontreront probablement pas des gens qui ils aimeront peut-être beaucoup mieux, et considéreront ces relations amoureuses dans la pampa comme une folie. Au bout de deux ans encore, quand Maud aura dix-neuf ans, si M. Cooper renoue avec la connaissance en Angleterre, et que les deux parties soient d'accord, Je ne ferai bien sûr aucune objection, et je devrais en effet me réjouir beaucoup d'un mariage qui promettrait bien pour son bonheur.

Mme Hardy était tout à fait d'accord avec son mari, et l'affaire resta donc en suspens pendant une courte période.

Il était heureux que M. Hardy ait été prévenu par sa femme. Pendant une semaine après cela, M. Cooper l'a rencontré seul alors qu'il était en promenade et, après quelques présentations, lui a dit qu'il avait longtemps senti qu'il aimait sa fille. , mais avait attendu qu'elle ait dix-sept ans pour exprimer ses vœux. Il dit qu'il avait retardé son départ pour l'Angleterre pour cette seule raison, et demanda maintenant la permission de lui faire ses adresses, ajoutant qu'il espérait ne pas lui être tout à fait indifférent.

M. Hardy l'entendit tranquillement jusqu'à la fin.

"Je peux difficilement dire que je ne suis pas préparé à ce que vous dites, M. Cooper, même si je n'avais jamais pensé à une telle chose jusqu'à il y a deux jours. Puis votre long retard ici et vos fréquentes visites à notre maison ont ouvert les yeux de " Mme Hardy et moi-même. Pour vous-même, personnellement, je ne peux avoir aucune objection. Pourtant, quand je pense que vous n'avez que vingt-six ans et que depuis quatre ans vous n'avez vu personne dont vous pourriez tomber amoureux. , à l'exception de ma fille, je ne peux guère penser que vous ayez eu suffisamment d'occasions de vous connaître. Quand vous reviendrez en Angleterre, vous rencontrerez des demoiselles bien plus jolies et bien plus accomplies que ma Maud, et vous pourriez regretter la hâte qui vous a amené à vous engager ici.

" Vous secouez la tête, comme il est naturel que vous le fassiez ; mais je le répète, vous ne pouvez pas connaître votre propre esprit à l'heure actuelle. Si cela est vrai pour vous, cela l'est encore plus pour ma fille. Elle est très jeune et sait rien du monde. Le mois prochain, elle se rend en Angleterre avec sa mère, et pendant les deux prochaines années, elle s'occupera de terminer ses études. À la fin de ce temps, je retournerai moi-même en Angleterre, et nous entrerons alors dans Si à ce moment-là vous êtes toujours du même avis et que vous choisissez de renouer avec nous, je serai très heureux, dans le cas où Maud vous accepterait, de donner mon accord. Mais je dois insister pour qu'il y ait pas de fiançailles, pas d'amour, aucune entente d'aucune sorte, avant de commencer. Je mets sur votre honneur de gentleman, que vous ne ferez aucun effort pour la rencontrer seul, et que vous ne lui direz rien. , pour lui faire croire que tu es amoureux d'elle. Seulement quand tu lui diras au revoir, tu pourras dire que je t'ai dit que comme les deux prochaines années doivent être passées en études, pour rattraper le passé défauts, je ne souhaite pas du tout qu'elle entre dans le monde, mais qu'au bout de ce temps vous espériez renouer connaissance.

M. Cooper essaya en vain de modifier la détermination de M. Hardy et fut finalement obligé de donner la promesse requise.

M. et Mme Hardy ne furent pas surpris lorsque, deux ou trois jours après, M. Cooper arriva et dit qu'il était venu pour lui dire au revoir, qu'il avait reçu des lettres le pressant de revenir immédiatement et qu'il avait donc il se décida à commencer par le prochain courrier de Buenos Ayres.

Les jeunes Hardy furent tous surpris de cette détermination soudaine, mais ils eurent peu de temps pour en discuter, puisque M. Cooper devait partir le soir même pour Rosario.

Les adieux furent très chaleureux et sérieux ; et la couleur, qui avait plutôt quitté le visage de Maud, revint avec une force redoublée alors qu'il lui tenait la main et prononçait très sérieusement les mots que M. Hardy lui avait permis d'utiliser.

Puis il sauta en selle et partit au galop, en faisant un signe de la main, tout en traversant la rivière, vers le groupe qui se tenait toujours debout dans la véranda et qui l'observait.

Pendant quelques jours après cela, Maud fut inhabituellement calme et calme, mais son esprit naturel se rétablit rapidement, et elle fut bientôt aussi vive et gaie que jamais.

Environ quinze jours après le départ de M. Cooper, survint un événement qui menaça pendant un certain temps de bouleverser tous les plans qu'ils avaient formés pour l'avenir.

L'une ou l'autre des filles avait l'habitude de venir fréquemment passer un jour ou deux chez Mme Mercer.

Un soir, Hubert est venu avec Ethel et Mme Mercer a persuadé cette dernière de rester pour la nuit ; Hubert a refusé de le faire, car il s'était arrangé avec Charley pour se rendre tôt à Cantorbéry pour aider au marquage du bétail à cette station.

Le matin, ils avaient pris leur café et se préparaient pour le départ, quand, au moment où ils montaient à cheval, l'un des hommes attira leur attention sur un homme qui courait à toute vitesse vers la maison venant de la direction de l'appartement de M. Mercer. .

"Qu'est-ce qu'il peut y avoir ?" » dit Charley. "Quelle chose étrange qu'un messager vienne à pied plutôt qu'à cheval !"

" Allons à sa rencontre, Charley, " dit Hubert ; et éperonnant leurs chevaux, ils galopèrent vers la silhouette qui approchait.

Alors qu'ils s'approchaient de lui , il trébucha et tomba, et resta étendu par terre, épuisé et incapable de se relever.

Les garçons sautèrent de leurs chevaux avec un vague sentiment d'inquiétude et d'inquiétude.

"Quel est le problème?" ils ont demandé. Le péon était trop épuisé pour répondre un instant ou deux ; puis il haleta : « Los Indies ! les Indiens !

Les garçons poussèrent simultanément un cri d'effroi.

" Que s'est-il passé ? Dis-nous vite, mec ; est-ce qu'ils attaquent l'estancia ? " L'homme secoua la tête.

"Estancia a brûlé. Tous ont été tués sauf moi", a-t-il déclaré.

La nouvelle était trop soudaine et terrible pour que les garçons puissent en parler. Ils restaient blancs et immobiles d'horreur. "Tous tués ! Oh, Ethel, Ethel !" Charley gémit.

Hubert fondit en larmes. "Que fera maman ?"

"Allez, Hubert," dit Charley en essuyant les larmes de ses yeux, "ne perdons pas un instant. Tout espoir n'est peut-être pas fini. Les Indiens tuent rarement les femmes, mais les emportent, et elle est peut-être encore en vie . " Si c'est le cas, nous la sauverons si nous traversons l'Amérique. Viens, mec, saute derrière moi sur mon cheval. "

Le péon obéit à l'ordre, et au bout de cinq minutes ils atteignirent la porte. Ici, ils descendirent de cheval.

" Montons à la maison, Hubert, pour ne pas exciter les soupçons. Il faut d'abord appeler papa et le lui dire, afin qu'il l'annonce à maman. Si elle l'apprend tout d'un coup, cela peut la tuer . "

M. Hardy venait de prendre son café et se tenait à la porte, regardant d'un œil satisfait les signes de confort et de prospérité autour de lui. Il n'était donc pas nécessaire qu'ils s'approchent davantage. Alors que M. Hardy regardait autour de lui en entendant la porte se fermer, Charley lui fit signe de descendre vers eux. Pendant un instant, il parut perplexe et regarda autour de lui pour voir si le signal lui était adressé. Voyant que personne d'autre n'était près de lui, il regarda de nouveau les garçons et Charley répéta sérieusement le geste.

M. Hardy, sentant que quelque chose d'étrange se passait, descendit les marches en courant et se précipita vers eux.

Lorsqu'il les rejoignit, il n'avait plus besoin de poser de questions. Hubert s'appuyait sur la grille et pleurait à se briser le cœur ; Charley se tenait debout, la main sur les lèvres, comme pour empêcher les sanglots d'éclater, tandis que les larmes coulaient sur ses joues.

"Éthel ?" » a demandé M. Hardy.

Charley hocha la tête, puis dit avec un grand effort : « Les Indiens ont brûlé l'estancia ; un des hommes s'est échappé et a apporté la nouvelle. Nous n'en savons pas plus. Peut-être qu'elle a été enlevée, pas tuée.

M. Hardy chancela sous le coup soudain. "Emporté!" se murmura-t-il. "C'est pire que la mort."

"Oui, papa", dit Charley, désireux de donner une nouvelle tournure aux pensées de son père. "Mais nous la sauverons, si elle est en vie, où qu'ils l'emmènent."

"Nous le ferons, Charley; nous le ferons, mes garçons", dit sérieusement M. Hardy, se réveillant à cette pensée. "Je dois monter et l'annoncer à votre mère; mais comment je le ferai, je ne sais pas. Donnez-vous les ordres que vous voudrez pour rassembler nos amis. Mais d'abord, interrogeons cet homme. Quand était-ce?"

" Hier soir, signor, à onze heures. Je venais de m'allonger dans ma cabane, et j'ai remarqué qu'il y avait encore de la lumière en bas de la maison, quand tout à coup j'ai entendu un cri comme celui de mille démons. , et je savais que les Indiens étaient sur nous. Je savais qu'il était trop tard pour fuir, mais je me suis jeté par la fenêtre et je me suis allongé contre le mur, lorsque les Indiens ont fait irruption. Nous étions huit et j'ai " J'ai fermé mes oreilles pour ne pas entendre les cris des autres. Là-haut aussi, à la maison, j'entendais des cris et des coups de pistolet, puis encore des cris et des cris. Les Indiens étaient tout autour, partout, et j'avais peur qu'un " L'un d'entre eux devait se heurter à moi. Puis un éclair soudain s'est levé, et j'ai su qu'ils tiraient sur la maison. La lumière m'aurait montré assez clairement, si j'étais resté là où j'étais ; alors j'ai rampé sur le ventre jusqu'à ce que j'arrive à quelques pommes de terre moulues à quelques mètres de là. Alors que j'étais allongé entre les rangées, les plantes me recouvraient complètement. Au bout d'une minute ou deux, les huttes des hommes furent incendiées, et alors j'entendis un grand piétinement, comme celui de chevaux et de bétail qui s'éloignaient. au loin. Ils n'étaient pas tous partis, car j'entendais des voix toute la nuit, et les Indiens se déplaçaient partout, à la recherche de quiconque aurait pu s'échapper. Ils se sont approchés de moi à plusieurs reprises et j'avais peur qu'ils me marchent dessus. Au bout d'un moment , tout devint calme ; mais je n'osais bouger jusqu'au jour. Puis, en regardant attentivement autour de moi, je n'ai vu personne, j'ai bondi et je n'ai jamais arrêté de courir jusqu'à ce que tu me rencontres.

[Illustration : CAPTURE D'ETHEL PAR LES INDIENS.]

M. Hardy monta alors à la maison pour annoncer la triste nouvelle à sa femme. Charley ordonna instantanément à huit péons de seller les chevaux, et pendant qu'ils le faisaient, il écrivit sur huit feuilles de son portefeuille : « La maison des Mercer détruite la nuit dernière par les Indiens ; les Mercer ont tué ou enlevé. Ma sœur Ethel avec eux. Pour le bien de Dieu. pour l'amour, rejoignez-nous pour les récupérer. Rendez-vous chez Mercer dès que possible. Envoyez cette note à tous les voisins.

Un de ces bouts de papier fut donné à chaque péon, et on leur dit de chevaucher pour sauver leur vie dans des directions différentes, car Miss Ethel fut enlevée par les Indiens.

Ce fut la première annonce de la nouvelle qui arrivait, et un parfait chœur de lamentations s'éleva de la part des femmes, et d'exécrations de rage de la part des hommes. Juste à ce moment Terence descendit en courant de la maison. "Est-ce vrai, monsieur Charles ? Sarah dit que la maîtresse et Miss Maud sont devenues complètement folles, et que Miss Ethel a été tuée par les Indiens !"

"Tué ou emporté, Terence ; nous ne savons pas encore où."

Terence était un homme chaleureux, et il poussait un cri de lamentation qui couvrait les sanglots et les injures des indigènes.

"Chut, Terence," dit Charley. "Nous aurons le temps de la pleurer plus tard ; nous devons le faire maintenant."

"Je le ferai, Monsieur Charles; mais vous me laisserez partir avec vous pour la chercher. N'est-ce pas, maintenant, Monsieur Charles?"

"Oui, Terence ; je t'emmènerai avec nous et je laisserai Lopez s'occuper de lui.
Envoie-le ici."

Lopez était proche. Lui aussi fut très touché de la perte de sa jeune maîtresse ; car Ethel, par sa douceur de caractère invariable, était la préférée de tout le monde .

"Lopez, tu resteras ici en charge. Nous serons peut-être absents deux jours, nous serons peut-être absents vingt jours. Je sais que je peux te faire confiance pour prendre soin des lieux comme si nous étions ici."

Le *capitaz* s'inclina, la main sur le cœur. Même les paysans d'Amérique du Sud conservent les manières grandioses et la démarche gracieuse de leurs ancêtres espagnols. "Et maintenant, Lopez, connaissez-vous des Gauchos de cette partie du pays qui ont déjà vécu avec les Indiens et qui connaissent un peu leur pays ?"

"Martinez, l'un des bergers de Cantorbéry, le signor Charles, fut avec eux pendant sept mois ; et Perez, l'un des hommes du signor Jamieson, resta encore plus longtemps."

Charles écrivit aussitôt des notes demandant que Pérez et Martinez puissent accompagner l'expédition et les envoya par péons à cheval.

"Et maintenant, Lopez, quelle quantité de *charqui* avons-nous en réserve ?"

– Un bon stock, signor ; de quoi nourrir cinquante hommes pendant quinze jours.

Le charqui est de la viande séchée au soleil. Dans les climats chauds, la viande ne peut pas être conservée plusieurs heures dans son état naturel. Lorsqu'un bœuf est tué, toute la viande qui n'est pas nécessaire pour un usage immédiat est coupée en fines lanières et suspendue au soleil pour sécher. Après ce processus, il est dur et fort, et en aucun cas agréable au goût ; mais il se conserve plusieurs mois et constitue la nourriture générale du peuple. Dans les grands établissements, il est d'usage de tuer plusieurs animaux à la fois, de manière à conserver suffisamment de charqui pour un certain temps.

"Térence, monte à la maison et vois ce qu'il y a de biscuit. Lopez, selle nos chevaux et un pour Terence, un bon, et donne-leur à manger du maïs. Maintenant, Hubert, montons à la maison. , et récupérez nos carabines et nos pistolets.

M. Hardy est venu à leur rencontre alors qu'ils approchaient. "Comment vont maman et Maud, papa ?"

" Plus calmes et posés maintenant, les garçons. Ils sont tous les deux allés se coucher. Maud voulait malheureusement nous accompagner, mais elle a cédé directement. Je lui ai fait remarquer que son devoir était de rester ici aux côtés de sa mère. Et maintenant , Charley, quelles dispositions as-tu prises ?

Charley a raconté à son père ce qu'il avait fait.

"C'est vrai. Et maintenant nous partons immédiatement. Donnez l'ordre à Terence d'apporter la viande et les biscuits dans une heure. Laissez-le charger deux chevaux et amenez un homme avec lui pour les ramener."

"Devrions-nous apporter des fusées, papa ?"

— Il est peu probable qu'ils soient d'une quelconque utilité, Hubert ; mais autant en prendre trois ou quatre de chaque sorte. Roulez un poncho, les garçons, et attachez-le à vos selles. Mettez beaucoup de munitions dans vos sacs ; Vois que tes flacons d'eau-de-vie sont pleins, et sors une demi-douzaine de bouteilles pour accompagner Térence. Il y a six livres de tabac dans le cellier ; qu'il les apporte tous. Hubert, prends nos outres ; et regarde dans le cellier, là Il y a trois ou quatre peaux de rechange ; donnez-les à Térence, certains de nos amis n'auront peut-être pas pensé à apporter les leurs, et le pays peut, à ce qu'on sache, être mal arrosé. Et dites-lui d'apporter avec lui une douzaine de couvertures colorées . "

En quelques minutes, tout cela fut réglé, et puis, au moment où ils sortaient de la maison, Sarah arriva, le visage gonflé de pleurs.

" Ne voulez-vous pas prendre une tasse de thé et juste quelque chose à manger, monsieur ? Vous n'avez encore rien mangé et vous en aurez envie. Tout est prêt dans la salle à manger. "

" Merci, Sarah. Vous avez raison. Venez, les garçons, essayez de préparer un bon petit déjeuner. Il faut garder le cœur ferme, vous savez, et nous ramènerons notre petite femme sous peu. "

M. Hardy parla plus gaiement, et les garçons sentirent bientôt aussi leur moral remonter un peu. L'agitation des préparatifs, la perspective de l'aventure périlleuse qui les attendait et la pensée qu'ils retrouveraient assurément, tôt ou tard, les Indiens, tout concourait à leur donner de l'espoir. M. Hardy n'avait guère peur de retrouver le corps de son enfant sous les ruines de la maison des Mercer. Les Indiens ne tuent jamais délibérément les femmes blanches, les enlevant toujours ; et M. Hardy était convaincu que, à moins qu'Ethel n'ait été accidentellement tuée lors de l'assaut, tel était le sort qui lui était arrivé.

Un repas précipité fut avalé, puis, juste au moment où ils commençaient, Mme Hardy et Maud sortirent pour dire « Au revoir », et une scène touchante se produisit. M. Hardy et les garçons suivirent du mieux qu'ils purent, afin d'inspirer de l'espoir à la mère et à la sœur pendant leur absence, et avec de nombreuses promesses de ramener leur disparu, ils partirent au galop.

A peine étaient-ils sortis du portail qu'ils aperçurent leurs deux amis de Canterbury arriver au grand galop. Tous deux étaient armés jusqu'aux dents et évidemment préparés pour une expédition. Ils tordirent les mains de M. Hardy et de ses fils.

"Nous avons commandé nos chevaux dès que nous avons reçu votre note, et avons pris nos petits déjeuners pendant qu'ils étaient préparés. Nous avons fait de nombreuses copies de votre note et avons envoyé avec eux une demi-douzaine d'hommes dans diverses directions. Ensuite, nous sommes partis. Bien sûr , la plupart des autres ne peuvent pas encore arriver avant un certain temps, mais nous étions trop impatients d'en savoir plus pour attendre, et nous avons pensé que nous pourrions vous attraper avant que vous ne partiez, pour vous aider dans votre première recherche. Avez-vous des nouvelles plus sûres que celles que vous nous avez envoyées ?

"Aucun", a déclaré M. Hardy, puis il a répété le récit du survivant.

Il y eut une pause lorsqu'il eut fini, puis M. Herries dit :

"Eh bien, M. Hardy, je n'ai pas besoin de vous le dire, si notre chère petite Ethel est en vie, nous vous suivrons jusqu'à ce que nous la trouvions, si nous sommes dans un an."

"Merci, merci", dit sincèrement M. Hardy. "Je ressens la conviction que nous la retrouverons encore."

Pendant cette conversation, ils avaient galopé rapidement vers le lieu de la catastrophe, et, absorbés dans leurs pensées, ils n'avaient plus prononcé un mot jusqu'à ce qu'ils atteignent la première colline, d'où ils avaient l'habitude de voir l'agréable maison des Mercer. Une exclamation de rage et de tristesse jaillit de tous, car seule une partie de la cheminée et un ou deux poteaux carbonisés montraient où elle se trouvait. Les cabanes des péons avaient également disparu ; les jeunes arbres et arbustes autour de la maison étaient roussis et brûlés par la chaleur à laquelle ils avaient été exposés, ou avaient été arrachés par l'esprit de méfait gratuit.

Les dents serrées et les visages pâles de rage et d'anxiété, le groupe passa devant les huttes, éparpillées autour desquelles se trouvaient les corps de plusieurs des péons assassinés. Ils ne s'arrêtèrent qu'après avoir tiré les rênes et bondirent devant la maison elle-même.

Elle avait été entièrement construite en bois et seules les souches des poteaux d'angle restaient debout. Le soleil avait si bien séché les planches dont il était construit qu'elles avaient brûlé comme de l'amadou, et la quantité de cendres qui restait était très petite. Mais ici et là, il y avait des tas inégaux ; et dans un silence parfait, mais avec une sensation de terreur accablante, M. Hardy et ses amis attachèrent leurs chevaux et se mirent à examiner ces tas, pour voir s'ils étaient formés par des restes d'êtres humains.

Ils les retournèrent très soigneusement, et ce faisant, leur connaissance de la disposition des différentes pièces les aida à identifier les différents objets. Ici il y avait un lit, là une boîte de linge bien tassée, dont la partie extérieure seule était brûlée, l'intérieur s'enflammant lorsqu'on la retournait ; voici le cellier, avec ses tas de farine à moitié brûlée là où étaient restés les sacs.

En une demi-heure, ils purent affirmer avec une assez grande certitude qu'aucun être humain n'avait été brûlé, car les corps n'auraient pas pu être entièrement consumés dans un incendie aussi rapide.

"Peut-être qu'ils ont tous été faits prisonniers", suggéra Hubert alors qu'avec un soupir de soulagement ils terminaient leurs recherches et se détournaient de cet endroit.

M. Hardy secoua la tête. Il connaissait trop bien les habitudes des Indiens pour croire qu'une telle chose était possible. Juste à ce moment, Dash, qui les avait suivis inaperçus pendant leur chevauchée, et qui rôdait avec inquiétude pendant qu'ils étaient occupés par les recherches, poussa un hurlement pitoyable. Tout le monde commença et regarda autour de lui. Le chien se tenait au bord du fossé qui avait été creusé à l'extérieur de la clôture. Sa tête était haute en l'air et il poussait des hurlements prolongés et tristes.

Tous sentaient que le terrible secret était là. Les garçons devinrent horriblement pâles, et ils pensèrent qu'ils ne pourraient pas s'approcher pour examiner l'effroyable mystère.

M. Hardy fut presque aussi affecté.

M. Herries regarda son ami, puis dit gravement à M. Hardy : « Attendez ici, M. Hardy ; nous continuerons.

Quand les amis les quittèrent, les garçons se détournèrent et, appuyés contre leurs chevaux, se cachèrent les yeux avec leurs mains. Ils n'osaient pas se retourner. M. Hardy resta immobile pendant une minute, mais l'angoisse du suspense était trop grande pour lui. Il partit en courant, s'approcha de ses amis et se précipita avec eux vers la clôture.

Ils ne pouvaient pas encore voir dans le fossé. En temps normal, la clôture aurait été un endroit difficile à franchir ; maintenant, ils savaient à peine comment ils se précipitaient vers eux et se tenaient au bord du fossé. Ils ont baissé les yeux et M. Hardy a poussé un cri court et haletant et s'est accroché à la clôture pour se soutenir.

Dans le fossé, il y avait un tas de cadavres, et parmi eux se trouvait un morceau de robe féminine. Soucieux de soulager le suspense angoissant de leur ami, les jeunes hommes sautèrent dans le fossé et commencèrent à retirer le haut des corps de l'horrible tas.

Il y avait d'abord les deux hommes employés dans la maison ; puis vint M. Mercer ; puis les deux enfants et une vieille servante ; en dessous d'eux se trouvaient les corps de Mme Mercer et de son frère. Il n'y en avait plus. Ethel n'en faisait pas partie.

Lorsqu'il avait entendu parler pour la première fois du massacre, M. Hardy avait dit : « Mieux vaut mort qu'emporté », mais le soulagement de ses sentiments fut si grand que le dernier corps fut retourné et qu'il était évident que l'enfant n'était pas là. , qu'il serait tombé si M. Herries ne s'était pas empressé de grimper et de le soutenir, tout en criant aux garçons : « Elle n'est pas là.

Charley et Hubert se tournèrent l'un vers l'autre et fondirent en larmes de reconnaissance et de joie. Le suspense avait été presque trop fort pour eux, et Hubert se sentait si mal et si faible qu'il fut obligé de s'allonger pendant un moment , pendant que Charley s'avançait vers les autres. Il fut terriblement choqué par la découverte du meurtre de tout le groupe, car ils avaient caressé l'espoir qu'au moins Mme Mercer aurait été enlevée. Cependant, comme elle avait été assassinée, alors qu'il était assez évident qu'Ethel avait été épargnée, ou que son corps aurait été retrouvé avec les autres, on supposait que la pauvre Mme Mercer avait été abattue accidentellement, peut-être dans le but de la sauver. ses enfants.

Les corps furent maintenant retirés du fossé et déposés côte à côte jusqu'à l'arrivée des autres colons. Il ne fallut pas longtemps avant qu'ils ne commencent à se rassembler, par petits groupes de deux ou trois. La rage et l'indignation étaient sur tous les visages à la vue de la maison dévastée, et leurs sentiments redoublèrent lorsqu'ils apprirent que toute la famille, si justement aimée et estimée, était morte. Les Edwards et les Jamieson furent parmi les premiers arrivés, emmenant avec eux le Gaucho Martinez. Pérez également arriva peu après de Cantorbéry, après avoir été à la ferme lorsque son maître partit.

Même si tous ces événements ont mis du temps à être racontés, il était encore tôt. La nouvelle était arrivée à six heures et les messagers partaient une demi-heure plus tard. Les Hardy étaient partis avant huit heures et étaient arrivés sur les lieux de la catastrophe en une demi-heure. Il était neuf heures lorsque les corps furent retrouvés, et une demi-heure après, les amis commencèrent à se rassembler. Vers dix heures, une douzaine d'autres étaient arrivés, et on en voyait au loin plusieurs autres qui arrivaient au grand galop vers cet endroit.

« Je pense, » dit M. Hardy, « que nous ferions mieux de nous employer, jusqu'à l'arrivée des autres, à enterrer les restes de nos pauvres amis.

Il y eut un murmure général d'assentiment, et tous se séparèrent pour chercher des outils. Deux ou trois pelles furent trouvées jetées dans le jardin, où une troupe travaillait l'autre jour. Et puis tous se tournèrent vers M. Hardy.

"Je pense", dit-il, "nous ne pouvons pas faire mieux que de les installer là où se trouvait leur maison. Cet endroit ne sera jamais le site d'une autre habitation. Quiconque achètera la propriété choisira pour sa maison un autre endroit que le théâtre de "Cette terrible tragédie. La porte une fois verrouillée, la clôture empêchera les animaux d'entrer pendant de très nombreuses années."

Une tombe fut donc creusée au centre de l'espace autrefois occupé par la maison. C'est là que furent déposés les corps de M. Mercer et de sa famille. Et M. Hardy ayant solennellement prononcé les parties du service funéraire dont il se souvenait, tous se tenant tête nue et sévères avec un chagrin réprimé, la terre fut remplie à l'endroit où reposaient un père, une mère, un frère et deux enfants. ensemble. Une autre tombe fut en même temps creusée à proximité, et dans celle-ci furent déposés les corps des trois serviteurs dont les restes avaient été retrouvés avec les autres.

alors onze heures et le nombre des personnes présentes atteignait vingt. La plupart d'entre eux étaient des Anglais, mais il y avait aussi trois Allemands, un Français et quatre Gauchos, tous habitués à la guerre indienne.

"Combien de temps pensez-vous qu'il faudra avant que tous ceux qui ont l'intention de venir puissent nous rejoindre ?" » a demandé M. Hardy.

Il y eut une pause ; alors l'un des Jamieson dit :

laquelle votre message nous est parvenu, vous devez être parti avant sept heures. La plupart d'entre nous, dès réception du message, l'ont transmis par de nouveaux messagers ; Il est probable que certains d'entre nous se trouvaient dans les plaines lorsque le message est arrivé. Les personnes à qui nous l'avons envoyé étaient peut-être également dehors. Nos amis qui seraient susceptibles d'obéir immédiatement à l'appel vivent tous dans un rayon d'une quinzaine de kilomètres. Cela fait trente " Des kilomètres, aller et retour. Compte tenu de la perte de temps que j'ai mentionnée, nous devrions prévoir cinq heures. Cela nous ramènerait à midi. "

Il y eut un murmure général d'assentiment.

" Dans ce cas, " dit M. Hardy, " je propose que nous prenions un repas aussi copieux que possible avant de commencer. Charley, dis à Terence d'amener les chevaux avec les provisions ici. "

Les animaux étaient maintenant élevés, et M. Hardy découvrit qu'en plus du charqui et du biscuit, Mme Hardy avait envoyé une grande quantité de viande froide qui se trouvait par hasard dans le garde-manger, du pain, une grande réserve de thé et du sucre, une bouilloire et des tasses en fer blanc.

La viande froide et le pain constituaient un repas copieux, indispensable à ceux qui étaient repartis sans petit-déjeuner.

Vers midi, six autres étaient arrivés, le dernier venu étant M. Percy. Chaque nouveau venu était rempli de rage et d'horreur en apprenant l'horrible tragédie qui s'était déroulée.

A midi exactement, M. Hardy se leva. « Mes amis, dit-il, je vous remercie tous d'avoir répondu si promptement à ma convocation. Je n'ai pas besoin de dire un mot pour exciter votre indignation face au massacre qui a eu lieu ici. Vous savez aussi que mon enfant a été transporté J'ai l'intention, avec mes fils et mes amis de Cantorbéry, d'aller à sa recherche dans le pays indien. Mon premier objectif est de la sécuriser, mon second de venger mes amis assassinés. Une lourde leçon aussi, donnée aux Indiens de leur propre pays, leur apprendra qu'ils ne peuvent pas commettre impunément leurs déprédations sur nous. Si une telle leçon n'est pas donnée, la vie dans les plaines deviendra si dangereuse que nous devrons abandonner nos colonies. En même temps, je ne vous cacher que l'expédition est des plus dangereuses. Nous entrons dans un pays dont nous ne savons rien. Les Indiens sont extrêmement nombreux et sont de mieux en mieux armés de jour en jour. L'heure de notre départ est tout à fait vague ; car si c'est le cas, " Un an, je ne reviens pas avant d'avoir retrouvé mon enfant. Je sais qu'il n'y a pas un homme ici qui ne serait pas heureux d'aider à sauver Ethel, pas un seul qui n'aspire à venger nos amis assassinés. En même temps, certains d'entre vous ont des liens, des femmes et des enfants, qu'ils ne considèrent peut-être pas justifiés de quitter, même dans une occasion comme celle-ci. Certains d'entre vous, je le sais, m'accompagneront ; mais si quelqu'un a des doutes sur les raisons que j'ai exposées, si quelqu'un estime qu'il n'a pas le droit de courir ce risque énorme, qu'il le dise immédiatement, et je respecterai ses sentiments, ainsi que mon amitié et ma bonté. la volonté ne sera en aucun cas diminuée. »

Tandis que M. Hardy terminait, son regard parcourut le cercle de personnages robustes qui l'entouraient et se posa sur les Jamieson. Personne ne répondit un instant, puis l'aîné des frères parla :

"M. Hardy, c'était juste et gentil de votre part de dire que quiconque choisirait de rester ne perdrait pas votre respect et votre estime, mais pour ma part, je dis qu'il perdrait à juste titre le sien. Nous avons tous connu et estimé le Mercers. Nous vous avons tous connus et, je puis dire, aimés, vous et votre famille. De vous, nous avons tous reçu une très grande bonté et la plus chaleureuse hospitalité. Nous connaissons et aimons tous le cher enfant qui a été emporté ; et moi Je dis que celui qui reste est indigne du nom d'un homme. Pour moi et mon frère, je dis que si nous échouons dans cette expédition, si nous ne revoyons plus jamais nos femmes, nous mourrons satisfaits d'avoir seulement fait notre devoir. devoir. Nous sommes avec vous jusqu'à la mort.

Une acclamation forte et générale éclata dans toute la fête tandis que l'Écossais, habituellement calme, s'exprimait ainsi énergiquement. Et chacun à son tour s'est approché de M. Hardy et lui a saisi la main en disant : « À vous jusqu'à la mort. »

M. Hardy était trop ému pour répondre brièvement ; puis il a exprimé brièvement mais chaleureusement ses remerciements. Après quoi il reprit : " Passons maintenant aux affaires. J'ai ici environ trois cents livres de charqui. Que chacun en prenne dix livres, autant qu'il peut le deviner. Il y a aussi deux livres de biscuit par homme. Le thé, le sucre, et le tabac, la marmite et quatre-vingts livres de viande, je les mettrai sur un cheval de rechange, que Terence conduira. S'il est bien emballé, l'animal pourra voyager aussi vite que nous le pourrons.

Il y eut un rassemblement général autour des provisions. Chaque homme a pris sa part qui lui était attribuée. Le reste était emballé en deux paquets et solidement fixé de chaque côté du cheval de rechange ; le tabac, le sucre et le thé étant enveloppés dans une peau et placés solidement entre eux, et la bouilloire placée au sommet du tout. Alors, montant à cheval, la troupe sortit ; et, tandis que M. Hardy les regardait partir, il sentit qu'en combat loyal de jour, ils pourraient tenir tête à un nombre dix fois supérieur d'Indiens.

Chaque homme, à l'exception des jeunes Hardy, qui avaient leurs carabines Colt, avait un long fusil ; en outre, tous avaient des pistolets, la plupart ayant des revolvers dont l'usage, depuis que les Hardy les avaient essayés pour la première fois avec un effet si mortel sur la pampa, était devenu très général parmi les colons anglais. Presque tous étaient jeunes, avec la profonde teinte brûlée par le soleil acquise par l'exposition dans les plaines. Chaque homme avait son poncho, sorte de couverture indigène, utilisée soit comme manteau, soit pour dormir à volonté, enroulé devant lui sur sa selle. Il aurait été difficile de trouver un groupe d'hommes d'apparence plus utile ; et l'expression de leurs visages, alors qu'ils jetaient leur dernier regard sur la tombe des Mercer, était de très mauvais augure pour tout Indien qui pourrait tomber entre leurs griffes.

CHAPITRE XV.

LA PAMPAS EN FEU.

La fête commença au galop – le rythme qu'ils savaient que leurs chevaux seraient capables de suivre le plus longtemps – s'interrompant toutes les demi-heures environ pour une marche de dix minutes, pour leur donner le temps de respirer. Tous étaient bien montés sur des animaux robustes et utiles ; mais ceux-ci n'avaient pas toujours été achetés spécialement pour la vitesse, comme ceux des Hardy. Il était évident que la poursuite serait longue. Les Indiens avaient douze heures de départ ; ils étaient des hommes beaucoup plus légers que les Blancs et portaient moins de poids supplémentaire. Leurs chevaux pouvaient donc voyager aussi vite et aussi loin que ceux de leurs poursuivants. Le mouton serait, il est vrai, un fardeau ; le bétail pouvait difficilement être qualifié ainsi ; et il était probable que le premier jour ils feraient un voyage de cinquante ou soixante milles, voyageant à une allure modérée seulement, car ils sauraient qu'aucune poursuite instantanée ne pourrait avoir lieu. En effet, leur force, que le péon avait estimée à cinq cents hommes, les rendrait dans une certaine mesure insouciants, car sur une plaine découverte, la charge de ce nombre d'hommes balayerait toute force qui pourrait être rassemblée sans obtenir un corps fort. de troupes de Rosario.

Au cours des deux jours suivants, il était probable qu'ils feraient des voyages aussi longs et rapides que les animaux pouvaient le faire. Après cela, étant bien dans leur propre pays, ils cesseraient de voyager rapidement, comme aucune poursuite n'avait jamais été tentée auparavant.

Il n'y avait aucune difficulté à suivre la piste. M. Mercer possédait près d'un millier de bovins et cinq mille moutons, et le sol était piétiné selon une ligne large et sans équivoque. Une ou deux fois, M. Hardy consulta sa boussole. Le sentier s'étendait du sud-ouest à l'ouest.

On ne parlait pas beaucoup. Tout le monde était trop impressionné par la scène terrible dont ils avaient été témoins et par le caractère extrêmement dangereux de l'entreprise qu'ils avaient entreprise, pour se livrer à une conversation générale. Peu à peu, cependant, le mouvement régulier et rapide, le sentiment de force et de confiance en eux-mêmes et les uns dans les autres, atténuèrent l'expression sombre, et une discussion générale commença, principalement sur les combats indiens, dans lesquels la plupart des colons plus âgés avaient à un moment ou à un autre. d'autres ont pris part.

M. Hardy a participé et encouragé cette conversation. Il savait combien il était nécessaire, dans une expédition de ce genre, de maintenir le moral de tous les participants ; et il s'efforça donc de se débarrasser de son propre poids de soucis et de leur donner à tous animation et vie.

Le moral des jeunes hommes monta rapidement, et insensiblement le rythme s'accéléra, jusqu'à ce que M. Hardy, en tant que chef du groupe, soit obligé de leur rappeler la nécessité de sauver leurs animaux, dont beaucoup étaient déjà arrivés entre dix et quinze ans. milles avant d'arriver au rendez-vous chez les Mercer.

Après trois heures de marche régulière, ils arrivèrent au bord d'un petit ruisseau. Là, M. Hardy a fait halte pour permettre aux animaux de se reposer.

"Je pense," dit-il, "que nous avons dû faire vingt-cinq milles. Nous allons leur donner une heure de repos, puis en faire encore quinze. Certains d'entre eux en ont déjà fait quarante, et il ne suffira pas de les mettre en cloque. le premier jour."

Les sangles étaient desserrées et les chevaux travaillaient à couper l'herbe douce près du bord de l'eau. Tout le monde se jeta sur un talus en pente, les pipes furent retirées et allumées, et la direction probable de la poursuite fut discutée.

Peu de temps après, Charley se leva et dit : « Je vais voir si je peux obtenir quelque chose de mieux que de la viande séchée pour le dîner », échangeant son fusil contre le fusil à double canon de M. Hardy, qui était porté par Terence, et sifflant pour le retriever. , remonta le ruisseau. Au bout de dix minutes , les doubles coups de canon se firent entendre à courte distance, et un quart d'heure après de nouveau, mais cette fois faiblement. Dix minutes avant la fin de l'heure , il apparut, essuyant la sueur de son visage avec sept paires et demie de canard dodu.

"Ils ont tous été tués en quatre coups de feu", a-t-il déclaré en les jetant à terre. "Ils dormaient dans les piscines et je les ai lâchés en plein milieu avant qu'ils ne m'entendent."

Il y avait un sentiment général de satisfaction à la vue des oiseaux, attachés par couples et attachés aux chevaux.

Au bout de deux minutes , ils étaient de nouveau en selle, Hubert disant à son père en partant : « Il y a une satisfaction, papa, nous ne pouvons pas rater le chemin. Il suffit de rouler assez loin et de les rattraper. "

M. Hardy secoua la tête. Il connaissait suffisamment la guerre indienne pour être certain que chaque artifice et chaque manœuvre devraient être recherchés et déjoués ; car même lorsqu'ils se croient à l'abri de la poursuite, les Indiens ne négligent jamais de prendre toutes les précautions possibles contre elle.

Après avoir roulé encore deux heures, M. Hardy consulta les Gauchos s'il y avait un ruisseau à proximité, mais ils dirent qu'il leur faudrait au moins deux heures de route avant d'en atteindre un autre, et que c'était un approvisionnement très incertain. M. Hardy décida donc de cesser immédiatement, comme les hommes connaissaient parfaitement cette partie de la plaine, d'y chasser les autruches et de cesser de fréquentes expéditions à la recherche du bétail égaré. Ils avaient tous vécu et chassé à un moment ou à un autre avec les Indiens. Beaucoup de Gauchos s'installent en permanence chez les Indiens, sont adoptés comme membres de la tribu, vivent et s'habillent comme les Indiens eux-mêmes. Ces visites sont généralement entreprises pour éviter les conséquences d'une petite difficulté : un homme tué dans une querelle de jeu ou pour une rivalité amoureuse. Parfois ils font la paix, satisfont leurs liens de sang avec une bulle, obtiennent assez facilement l'absolution par la confession et le don d'une petite somme à l'Église, et retournent à leur ancienne vie ; mais le plus souvent, ils restent avec les Indiens et atteignent même parmi eux le rang de chefs remarquables.

Les hommes qui accompagnaient l'expédition appartenaient tous à l'ancienne classe. Tous s'étaient rendus dans la pampa pour échapper aux conséquences d'un crime ou d'un autre, mais en étaient devenus complètement las et étaient revenus à la vie civilisée. Au point de vue moral , ils n'étaient peut-être pas des compagnons désirables ; mais ils étaient tous assez courageux, connaissaient parfaitement le pays plus à l'intérieur des terres et, s'ils n'étaient pas enthousiastes dans l'aventure, étaient néanmoins assez disposés à suivre leurs maîtres respectifs et prêts à se battre pour leur vie à l'occasion.

Juste au moment où ils s'arrêtaient, M. Herries crut avoir aperçu un cerf un peu plus loin. Il partit donc aussitôt pour une traque, plusieurs des autres partant dans d'autres directions. M. Herries avançait avec beaucoup de prudence, et le vent étant heureusement dans sa direction, il put se rapprocher assez près. Les animaux, qui sont extrêmement timides, avaient cependant l'impression que le danger approchait avant qu'il ne puisse s'approcher à bonne distance. Comme il savait qu'ils partiraient dans un instant, il pratiqua aussitôt un tour qu'il avait souvent trouvé réussi.

Il se jeta sur le dos, retira de son cou un mouchoir rouge, l'attacha à l'une de ses bottes de manière à le laisser flotter librement dans l'air, puis leva ses deux jambes en forme de lettre V. Puis il commença les déplaçant lentement, les agitant d'avant en arrière . Les cerfs, qui étaient sur le point de s'enfuir, s'arrêtèrent pour contempler cet objet étrange ; puis ils se mirent à se déplacer en cercle, leurs regards toujours tournés vers cette chose inconnue, dont ils se rapprochaient peu à peu au fur et à mesure qu'ils en tournaient. Enfin , ils furent assez touchés, et Herries , dont les jambes commençaient à être très fatiguées, se leva d'un bond, et un instant plus tard, le premier des cerfs gisait, frémissant de mort.

Le prenant sur ses épaules, il se rendit au camp, où son arrivée fut saluée par des acclamations. Un feu était déjà allumé, fait d'herbe et de gazon, le premier étant arraché par poignées par les racines, et produisant un incendie violent mais de courte durée. Une grande quantité avait été ramassée sous la main, et les canards étaient déjà découpés. Un demi-litre a été remis à chacun ; car chaque homme est son propre cuisinier dans la pampa.

Les autres chasseurs revinrent bientôt, ramenant un autre petit cerf ; car le cerf de la pampa est de petite taille. Ils furent rapidement écorchés et découpés par les Gauchos, et tout le groupe était maintenant occupé à rôtir des steaks de canard et de chevreuil sur leurs baguettes d'acier au-dessus du feu.

Quand tout le monde fut satisfait, on jeta une double poignée de thé dans la bouilloire qui bouillait déjà, on alluma les pipes et on éprouva un sentiment général de bien-être. Les chevaux avaient été piquetés à portée de main, chaque homme ayant coupé ou arraché un tas d'herbe et l'ayant placé devant sa bête ; à côté de quoi, les piquets de corde permettaient à chaque cheval de couper l'herbe poussant dans un petit cercle dont il était le centre.

M. Hardy causa quelque temps à part avec les Gauchos, désireux de connaître le plus possible le pays dans lequel il entrait. Les autres discutaient et racontaient des histoires. Bientôt, M. Hardy se joignit de nouveau à la conversation générale, puis, pendant une pause, dit : « Bien que, mes amis, je considère qu'il est très improbable qu'il y ait des Indiens dans le voisinage, il est néanmoins tout à fait possible qu'ils soient restés. exprès de s'abattre la nuit sur quiconque oserait nous poursuivre. Quoi qu'il en soit, il est bon de commencer notre travail de manière professionnelle. Je propose donc que nous gardions régulièrement la garde. Il est maintenant neuf heures. Nous allons avancer par cinq : cela fera quatre quarts de deux heures chacun. Je dois dire que trois hommes de quart, postés à cinquante mètres du camp sur des côtés différents, suffiraient.

La proposition a reçu un accord général.

"Pour éviter des ennuis", poursuivit M. Hardy, "je suggère que nous surveillions dans l'ordre alphabétique de nos noms. Douze d'entre nous seront là ce soir et les douze suivants demain soir."

La proposition fut aussitôt acceptée ; et les trois premiers de service se levèrent aussitôt, et, prenant leurs fusils, s'en allèrent dans diverses directions, convenant d'abord que l'un d'eux donnerait un seul coup de sifflet pour signaler que la montre était levée, et que deux coups de sifflet se rapprocheraient. serait un avertissement pour se retirer immédiatement vers le centre.

La garde vérifiait également quels étaient les trois prochains hommes à réveiller, et ceux-ci ainsi que les gardes suivantes convinrent de s'allonger les uns à côté des autres, afin de pouvoir être réveillés sans réveiller leurs compagnons.

Au bout de quelques minutes, les ponchos furent déroulés de manière générale, et bientôt après, à la faible lumière du feu qui couvait, seules des silhouettes endormies apparurent. M. Hardy, en effet, était le seul du groupe à ne pas s'endormir. La pensée des événements des dernières vingt-quatre heures, de la meilleure marche à suivre et de la lourde responsabilité qui lui incombait en tant que chef de cette périlleuse expédition, l'empêchait de dormir. Il entendit le guet revenir, soulever le soulagement et se coucher à leur place. Au bout d'une demi-heure, il se leva lui-même et se dirigea vers la sentinelle.

Il s'agissait d'un jeune homme nommé Cook, l'un des nouveaux colons à l'est de Mount Pleasant. "Est-ce vous, M. Hardy ?" » demanda-t-il en s'approchant. "Je venais juste pour te réveiller."

« Qu'y a-t-il, M. Cook ?

"Il me semble, monsieur, qu'il y a une lumière étrange au sud-ouest. Je ne l'ai remarqué que ces dernières minutes et j'ai pensé que c'était fantaisiste, mais elle devient de plus en plus distincte à chaque minute."

M. Hardy regarda anxieusement l'obscurité et perçut rapidement l'apparence à laquelle son ami faisait allusion.

Pendant une minute ou deux, il ne parla pas, puis, comme la lumière augmentait visiblement, il dit, presque avec un gémissement : « C'est ce que je craignais qu'ils fassent : ils ont mis le feu à la prairie. Vous n'avez pas besoin de surveiller. Nous ne sommes plus séparés des Indiens, comme si l'océan nous divisait.

Cook donna les deux brefs sifflets convenus pour rappeler les autres hommes de garde, puis revint avec M. Hardy vers le reste du groupe. Alors M. Hardy réveilla tous ses compagnons. Tous se levèrent d'un bond, le fusil à la main, croyant que les Indiens approchaient.

« Nous devons être debout et faire le travail, » dit gaiement M. Hardy ; "Les Indiens ont tiré sur la pampa."

Il y eut un frémissement d'appréhension dans le sein de nombreuses personnes présentes, qui avaient entendu de terribles récits d'incendies de prairie, mais ce frémissement s'apaisa rapidement grâce à l'attitude calme de M. Hardy.

"Le feu," dit-il, "est peut-être encore à dix milles de là. Je devrais dire que c'était le cas, mais il est difficile d'en juger, car cette herbe ne flambe pas très haut et la fumée dérive entre elle et nous. Le vent " Heureusement, il fait jour, mais nous serons là dans un peu plus d'une demi-heure. Maintenant, que les quatre Gauchos s'occupent des chevaux, pour veiller à ce qu'ils ne se précipitent pas. Les autres forment une ligne à quelques mètres l'un de l'autre et s'arrêtent. l'herbe par les racines, en la jetant derrière elles, de manière à laisser le sol dégagé. Plus nous pouvons le rendre large, mieux c'est.

Tous se mirent au travail avec un zèle chaleureux. En regardant par-dessus leurs épaules, le ciel semblait maintenant en feu. Des langues de flammes vacillantes semblaient lutter vers le haut. Il y avait un bruit de pas occasionnel, tandis que des troupeaux de cerfs passaient devant le danger.

"Jusqu'où ça ira, papa, tu crois ?" Hubert a demandé à son père, à côté de qui il travaillait.

"Je dois dire qu'il s'arrêterait très probablement au ruisseau où nous nous sommes arrêtés aujourd'hui, Hubert. Le sol était humide et marécageux sur une certaine distance de l'autre côté."

Les chevaux devenaient maintenant très agités et il y eut une pause momentanée du travail pour enrouler des ponchos autour de leur tête, afin d'éviter qu'ils ne voient l'éblouissement.

L'incendie ne pouvait pas avoir été éloigné de plus de trois milles, alors que l'espace dégagé était aussi large que M. Hardy le jugeait nécessaire pour sa sécurité. Un bruit régulier, quelque chose entre un sifflement et un rugissement, était clairement audible ; et lorsque le vent soulevait la fumée, on pouvait voir les flammes courir en un mur de feu ininterrompu. Les oiseaux passaient au-dessus de nous en poussant des cris terrifiés, et une odeur proche et chaude de brûlé se distinguait très clairement.

En commençant à peu près à mi-chemin du côté du terrain dégagé, M. Hardy a allumé l'herbe sèche. Pendant un moment ou deux, il brûla lentement, puis, attisé par le vent, il gagna en force et se propagea en un demi-cercle de flammes.

Les chevaux n'étaient déjà pas piquetés, et la moitié du groupe les tenait à une courte distance en arrière, tandis que le reste se tenait prêt à éteindre l'incendie s'il traversait l'espace dégagé.

À maintes reprises, le feu s'est propagé partiellement - car le dégagement n'avait été fait que grossièrement - mais il a été rapidement éteint par les lourdes bottes des guetteurs.

Le spectacle, alors que le feu était balayé par le vent, était extrêmement beau. La fête semblait comprise entre deux murs de feu. L'incendie principal était maintenant terriblement proche, des flocons brûlants tombaient déjà parmi eux, et le bruit du feu était comme le sifflement des vagues sur une plage de galets.

"Maintenant," dit M. Hardy, "en avant avec les chevaux. Chacun à son animal. Mettez vos ponchos sur votre tête ainsi que sur vos chevaux."

Une minute plus tard, le groupe se retrouvait regroupé sur le sol noir et fumant que le feu qu'ils avaient allumé avait balayé. Là, pendant cinq minutes, ils restèrent immobiles, insensibles aux éléments déchaînés qui les entouraient, mais à moitié étouffés par la fumée.

Puis M. Hardy parla : « C'est fini maintenant. Vous pouvez lever les yeux. »

Il y eut une expression générale d'étonnement lorsque les têtes sortirent de leurs emballages et que les yeux se remirent suffisamment des effets de la fumée aveuglante pour regarder autour de eux. Où était passé le feu ? Où , en effet ! L'incendie principal les avait balayés, s'était divisé en deux en arrivant, le sol brûlait déjà, et ces colonnes, s'écartant de plus en plus à mesure que le feu nouvellement allumé s'élargissait, étaient déjà très loin à droite et à gauche, tandis qu'au-delà et entre eux se trouvait le feu qu'ils avaient eux-mêmes allumé, large de deux milles maintenant et déjà très loin.

Ces incendies dans la pampa, bien qu'ils s'étendent fréquemment sur de vastes étendues de pays, sont rarement mortels. L'herbe atteint rarement une hauteur supérieure à trois pieds et brûle presque comme du coton. Un homme à cheval, n'ayant pas d'autre moyen de s'échapper, peut, en bandant les yeux de son cheval et en s'enveloppant le visage dans un poncho, traverser sans peur le mur de feu sans endommager le cheval ou le cavalier.

C'étaient donc seulement les jeunes mains qui avaient éprouvé du malaise à la vue de l'incendie ; car les colons avaient l'habitude de mettre régulièrement le feu à l'herbe de leurs fermes chaque année avant les pluies, car l'herbe pousse ensuite fraîche et verte pour les animaux. Il faut veiller à choisir une journée calme, où les flammes peuvent être confinées dans les limites ; mais il est arrivé que des incendies ainsi déclenchés se soient révélés des plus désastreux, détruisant plusieurs milliers d'animaux.

"Il n'y a rien d'autre à faire que de rester où nous sommes jusqu'au matin", a déclaré M. Hardy. "Les chevaux feraient mieux d'être piquetés, et ensuite ceux qui le peuvent feraient mieux de dormir quelques heures de plus. Nous n'aurons plus besoin de surveillance cette nuit." Au bout de quelques minutes, la plupart des gens se rendormaient de nouveau ; et les jeunes Hardy étaient sur le point de suivre leur exemple, lorsque M. Hardy s'approcha d'eux et leur dit doucement : « Venez par ici, les garçons ; nous allons avoir un conseil.

Les garçons suivirent leur père jusqu'à l'endroit où huit ou neuf hommes étaient assis à une courte distance des dormeurs, et les garçons distinguèrent, à la lueur de leurs pipes, qu'il s'agissait de Herries et Farquhar, les deux Jamieson , M. Percy et les quatre Gauchos.

"C'est une affaire terriblement mauvaise", commença M. Hardy, lorsque lui et ses fils eurent pris place par terre. "Je m'y attendais, mais c'est quand même un coup dur."

"Pourquoi, qu'est-ce qu'il y a, papa ?" s'exclamèrent les garçons avec inquiétude.
"Avons-nous perdu quelque chose ?"

"Oui, les garçons", a déclaré M. Hardy ; "Nous avons perdu ce qui est actuellement la chose la plus importante au monde : nous avons perdu la trace."

Charley et Hubert poussèrent simultanément une exclamation de consternation alors que la vérité leur traversait l'esprit. "La piste était perdue !" Ils n'y avaient jamais pensé. Dans l'excitation de l'incendie, ils n'avaient jamais pensé que les flammes effaçaient toute trace de la piste indienne.

M. Hardy poursuivit ensuite en s'adressant aux autres : « Bien sûr, ce feu a été allumé dans le but particulier de nous dérouter. Avez-vous une idée du chemin qu'il est susceptible d'avoir parcouru ? demanda-t-il aux Gauchos. " Autrement dit, êtes-vous au courant de l'existence d'un large ruisseau ou d'un sol humide qui l'aurait arrêté, et qui doit donc être la limite la plus éloignée de l'incendie ? "

Les Gauchos restèrent silencieux une minute ; puis Pérez dit : « Le prochain ruisseau est à quinze milles plus loin ; mais il est petit et n'empêchera pas le feu de se propager avec le vent. Au-delà, il n'y a pas de ruisseau certain, à ma connaissance.

"Le sol s'élève et l'herbe devient plus fine et plus pauvre sur une trentaine de kilomètres. Je dois dire qu'ils l'éclaireraient de ce côté-ci", a déclaré Martinez. Les autres Gauchos acquiescèrent.

"Nous avons pris le relèvement de la piste avec notre boussole", a déclaré Farquhar. " Ne pourrions-nous pas le suivre à la boussole à travers le sol brûlé et le frapper de l'autre côté ? "

M. Percy et M. Hardy secouèrent tous deux la tête. "Je n'ai pas la prétention de dire où va la piste", a déclaré le premier, "mais le seul endroit où je suis tout à fait sûr que ce n'est pas le cas, c'est sur le prolongement de la ligne actuelle."

"Non", a poursuivi M. Hardy. " Comme vous le dites, Percy, ce n'est certainement pas le cas. Les Indiens, lorsqu'ils arrivèrent à un endroit qui se trouve probablement à environ la moitié du terrain brûlé, tournèrent soit à droite, soit à gauche, et avancèrent régulièrement dans cette direction, envoyant un ou plusieurs deux d'entre eux dans l'ancienne direction pour éclairer l'herbe, de manière à balayer toute trace de sentier. Peut-être sont-ils allés à droite ou à gauche, ou peut-être même ont-ils fait demi-tour et nous ont de nouveau dépassés à quelques minutes seulement. " Nous n'avons aucun indice pour nous guider à l'heure actuelle, si ce n'est la certitude que tôt ou tard les Indiens se dirigeront vers leur propre terrain de camping. Voilà l'état exact de la question. " Et M. Hardy répéta ce qu'il venait de dire en espagnol aux Gauchos, qui acquiescèrent.

— Et dans quelle direction les Gauchos croient-ils qu'ils campent ? » a demandé M. Jamieson après une pause ; car il me semble que c'est une perte de temps de chercher la piste, et que notre seul projet est de pousser tout droit jusqu'à leurs villages, que nous pourrons atteindre avant qu'ils y arrivent. Et dans ce cas, si nous trouvions sans surveillance, nous pourrions saisir toutes leurs femmes et les retenir en otages jusqu'à leur retour. Nous pourrions alors les échanger contre Ethel ; et une fois que nous l'aurions eue, nous pourrions nous frayer un chemin pour revenir.

« Capitale, capitale ! s'exclama l'autre Anglais. "Tu ne crois pas, papa ?" » ajouta Hubert, voyant que M. Hardy ne se joignait pas à l'approbation générale.

"Le plan est admirablement conçu, mais il y a une grande difficulté dans le chemin. J'ai observé hier que le sentier ne menait pas plein sud, comme il aurait dû le faire si les Indiens retournaient directement à leur terrain de camping. J'ai interrogé " Les Gauchos, et ils sont tous d'accord avec moi sur ce sujet. Le sentier est trop à l'ouest pour les terrains de camping des Indiens Pampas, trop au sud pour le pays des Faces Plates des Sierras. Je crains qu'il n'y ait une combinaison des deux tribus, comme cela s'est produit lors de l'attaque contre nous, et qu'ils se sont dirigés le premier jour dans la direction qui serait la plus avantageuse pour les deux, et qu'en atteignant leur lieu d'étape, peut-être à vingt ou trente milles de ici, ils ont fait un partage de leur butin, et chaque tribu s'est retirée vers son propre terrain de chasse. Dans ce cas, nous devons d'abord trouver les deux pistes, puis décider de la terrible question : quel groupe a pris Ethel ?

De nouveau, les Gauchos, après que cela leur fut traduit, exprimèrent leur parfait accord avec les vues de M. Hardy, et une certaine surprise de son idée comme étant si identique aux leurs sur le sujet.

Quant aux six jeunes gens, ils étaient trop consternés des difficultés inattendues qui s'étaient dressées sur leur chemin pour donner une opinion quelconque. Cette incertitude était terrible, et tous sentaient qu'elle aurait un effet des plus déprimants sur eux-mêmes et sur toute l'expédition ; car comment pourraient-ils savoir, après avoir parcouru des centaines de kilomètres, si chaque pas ne pourrait pas les éloigner plus loin de l'objet de leur recherche ?

Ils restèrent dans cet état de dépression pendant quelques minutes, lorsque Pérez le Gaucho dit, dans son anglais approximatif : « La plupart des tribus prennent le plus de butin, la plupart du bétail, la plupart des moutons — prenez les filles. »

"Bien pensé, Perez!" S'exclama chaleureusement M. Hardy. " C'est là un indice pour nous, bien sûr. Comme vous le dites, la tribu qui a fourni le plus d'hommes prendra, bien entendu, une plus grande part du butin ; et Ethel étant la seule captive, irait naturellement au pays. tribu la plus forte.

Tous furent ravis de cette solution d'une difficulté qui paraissait auparavant insurmontable, et la satisfaction la plus vive se manifesta.

Les projets de la journée ont ensuite été discutés. On proposa qu'ils se diviseraient en deux groupes, et iraient l'un à droite et l'autre à gauche jusqu'à ce qu'ils arrivent à un terrain non brûlé, dont ils suivraient la lisière jusqu'à ce qu'ils se rencontrent. Ce projet fut cependant abandonné, car aucune des parties n'aurait vu la piste inspectée par l'autre et aucune opinion ne pouvait donc être formée quant au nombre respectif des groupes qui étaient passés - une question exigeant l'examen et la comparaison les plus minutieux. et un jugement précis et exercé.

Il fut donc finalement résolu de rester en corps et de commencer par rechercher la piste du groupe vers le sud. Un calcul a été fait, en supposant que les Indiens avaient parcouru encore vingt-cinq milles sur leur ancien parcours, puis se sont séparés, chaque groupe se dirigeant directement vers sa maison. Pour éviter toute erreur et permettre un détour, il fut décidé de tracer une route directe jusqu'à un point considérablement à l'est de celui donné par le calcul, de suivre la lisière du terrain brûlé jusqu'à ce que la piste soit arrivée, et puis couper tout droit, afin de retrouver et d'examiner la piste des Indiens de l'Ouest.

Alors que cette conclusion était arrivée, la première aube de lumière apparut à l'est, et M. Hardy réveilla immédiatement les dormeurs.

Il leur rendit ensuite brièvement compte des conclusions auxquelles il était arrivé dans la nuit et des raisons pour lesquelles il était arrivé. Il y eut une expression générale d'accord, puis les sangles furent resserrées, et en cinq minutes la troupe était en mouvement.

Quel changement depuis la veille ! Puis, à perte de vue, s'étendait une plaine d'herbes ondulantes. Des oiseaux avaient appelé leurs compagnons, des bandes de gibier s'étaient levées à leur approche ; on avait vu des cerfs bondir au loin ; des autruches avaient contemplé un instant le spectacle insolite de l'homme et s'en allaient la tête en avant et les ailes déployées devant le vent.

Maintenant, l'œil errait sur une plaine d'un noir terne, ininterrompue par une seule proéminence, indifférente aux créatures vivantes sauf eux-mêmes. Comme Hubert le faisait remarquer à son père : « On aurait dit qu'il avait neigé noir toute la nuit ».

Hommes et chevaux étaient impatients de traverser ces mornes plaines, et le pas était plus rapide et les haltes moins fréquentes que la veille.

Il était heureux que l'incendie n'ait pas eu lieu plus tôt dans la soirée, car les chevaux auraient été affaiblis par le manque de nourriture. En réalité, ils avaient eu cinq heures pour se nourrir après leur arrivée.

Cependant, hommes et chevaux souffraient beaucoup de soif ; et les premiers avaient de bonnes raisons de se féliciter d'avoir rempli toutes les outres à la première halte de la veille.

Des nuages de poussière noire impalpable s'élevaient à mesure qu'ils avançaient. Les yeux, la bouche et les narines en étaient remplis, et ils étaient littéralement aussi noirs que le sol sur lequel ils chevauchaient.

Deux fois, ils s'arrêtèrent et burent, et lavèrent avec parcimonie les narines et la bouche des chevaux, ce qui fut pour eux un grand soulagement, car ils souffraient autant que leurs maîtres, ainsi que Dash, qui, à cause de sa tête si proche, le sol était presque étouffé ; en effet, Hubert descendit enfin de cheval et mit le pauvre animal en selle devant lui.

Enfin, après quatre heures de route régulière, une lueur de couleur apparut au loin, et au bout d'un autre quart d'heure, ils atteignirent les plaines non brûlées, qui, si usées et desséchées qu'elles étaient, semblaient en effet rafraîchissantes après le morne désert de plus d'un siècle. qu'ils avaient adopté.

Les Gauchos, après s'être consultés entre eux, s'accordèrent sur l'opinion que le petit ruisseau dont ils avaient parlé n'était qu'à une courte distance plus loin, et que, quoique le canal fût à sec, on y trouverait sans doute des étangs. Il fut donc décidé de continuer, et une demi-heure de chevauchée au bord de l'herbe brûlée les amena sur place, quand, suivant le cours du canal, ils arrivèrent bientôt à un étang, d'où hommes et chevaux prirent un long verre.

A leur approche, un nombre immense de canards sauvages se levèrent et, aussitôt que les chevaux furent piquetés, Charley repartit avec le fusil, emmenant Terence avec lui pour l'aider à ramener les oiseaux à la maison. Ils entendirent bientôt son fusil, et Terence revint aussitôt avec six couples de canards et une oie, et une demande qu'un autre homme revienne avec lui, car les oiseaux étaient si nombreux et si apparemment stupéfaits de voler au-dessus de la fumée et des flammes. , qu'il pouvait en apporter n'importe quelle quantité.

L'un des Jamieson et Herrie sortirent donc et revinrent moins d'une heure avec Charley, amenant entre eux quatre autres oies et dix-huit couples de canards.

Charley fut accueilli par une salve d'applaudissements et je me mis bientôt au travail avec ses amis sur le repas qui était maintenant prêt.

Après le petit déjeuner, il y eut une comparaison d'opinions, et finalement il fut généralement admis qu'ils avaient parcouru près de quarante milles depuis le point du jour, et qu'ils ne pouvaient pas être loin de l'endroit où les Indiens auraient dû passer s'ils avaient gardé la direction indiquée. calculé. Il fut également convenu qu'il serait préférable de laisser les chevaux rester là où ils étaient jusque tard dans l'après-midi, lorsqu'ils pourraient parcourir encore une quinzaine de milles.

M. Hardy proposa alors à ceux qui le souhaiteraient de l'accompagner dans une promenade le long du terrain brûlé. « Nous ne pouvons pas être très loin de la piste, dit-il, si nos calculs sont corrects ; et si nous pouvons la trouver et l'examiner avant qu'il soit temps de partir, nous pourrons peut-être passer cette nuit de l'autre côté. , et ainsi gagner quelques heures."

Herries , Farquhar, les deux Jamieson, Cook et les jeunes Hardy se portèrent aussitôt volontaires pour la promenade et, épaulant leurs fusils, partirent d'un pas régulier.

Ils n'avaient pas parcouru plus d'un mile lorsqu'un cri de plaisir s'échappa d'eux, car, en gravissant une légère colline, ils aperçurent dans le creux au-dessous d'eux la large ligne d'herbe piétinée, qui montrait qu'un grand groupe d'animaux était récemment passé. le long de. Tous se précipitèrent et un examen minutieux et anxieux eut lieu.

Les opinions divergeaient beaucoup quant au nombre de personnes décédées ; et, habitués qu'ils étaient tous à voir les traces laissées par les troupeaux de bœufs et de moutons, ils ne purent parvenir à un accord approximatif sur le sujet. Si le nombre avait été plus petit, la tâche aurait été plus facile ; mais c'est une question qui exige une connaissance et un jugement extrêmes pour décider si quatre cents bovins et deux mille moutons, ou six cents bovins et trois mille moutons, ont parcouru un terrain.

M. Hardy renvoya enfin Charley, accompagné de M. Cook, pour demander à M. Percy de venir immédiatement avec les Gauchos pour donner leur avis.

Charley et ses compagnons devaient rester avec les chevaux et demander à ceux qui n'étaient pas spécialement envoyés d'y rester également, car il serait extrêmement imprudent de laisser les chevaux sans une forte garde.

En attendant l'arrivée de M. Percy, M. Hardy et ses amis suivirent la piste sur une certaine distance, afin de l'examiner tant dans les fonds meubles que dans les montées. Ils revinrent au bout d'une demi-heure à leur point de départ, et furent peu après rejoints par M. Percy et les Gauchos. De nouveau, un examen minutieux et prolongé eut lieu, et on parvint finalement à une opinion assez unanime, selon laquelle un très grand nombre d'animaux avaient réussi, apparemment la plus grande moitié, mais qu'aucune opinion positive ne pouvait être formulée avant qu'une comparaison n'ait été faite. avec le sentier du côté ouest.

Bien que cette conclusion fût parvenue à l'unanimité, la plupart d'entre eux parurent l'admettre à contrecœur, et la raison en devint évidente alors qu'ils retournaient vers les chevaux. "Je n'ai aucun doute sur l'exactitude de la conclusion à laquelle nous sommes parvenus", remarqua Herries , "même si, d'une manière ou d'une autre, j'en suis désolé ; car depuis notre conversation d'hier soir , j'ai décidé qu'elle était la plus susceptible d'être emmenée à l'ouest. Je suppose parce que les Indiens y sont plus guerriers que ceux de la pampa, et par conséquent ont probablement fourni un contingent plus important. Bien sûr, je n'avais aucune raison de le penser, mais c'était ainsi.

« C'est bien ce que je pensais, dit Hubert ; et moi, les autres Anglais avouâmes qu'ils avaient tous eu une idée à peu près similaire.

A quatre heures de l' après-midi , ils étaient de nouveau en selle, après avoir pris la précaution de remplir leurs outres et d'abreuver les chevaux en dernier lieu.

« À votre avis, jusqu'où est-ce que c'est, papa ? demanda Hubert.

" Cela ne peut pas être très loin, Hubert. Nous sommes tellement plus près de l'endroit où l'incendie a commencé que je ne pense pas qu'il ait pu s'étendre sur plus de dix milles environ. "

La conjecture de M. Hardy s'est avérée exacte. Une heure et demie de route les conduisit de l'autre côté de la prairie brûlée, atteignant un point dont ils étaient sûrs qu'il se trouvait au sud de l'endroit où le sentier l'aurait quitté.

Comme ils avaient parcouru plus de cinquante milles depuis le matin, et que les chevaux étaient très affligés par l'effet de la poussière, il fut résolu de camper immédiatement. Les chevaux reçurent un peu d'eau et furent mis en piquet pour paître. Le feu fut bientôt allumé, et les canards furent découpés et crachés sur les baguettes.

Tous étaient tellement épuisés par la chaleur, les cendres, la fatigue et le manque de sommeil de la nuit précédente que, le thé et la pipe finis et la montre postée, les autres se couchèrent avant que le soleil ne soit une heure plus bas. l'horizon.

Tous se levèrent à l'aube, reposés par leur paisible nuit de sommeil, et furent bientôt en selle et en route vers le nord.

Il leur fallut près d'une heure de route avant d'arriver sur la piste.

Là, il était incontestablement — à première vue aussi large et aussi piétiné que l'autre ; mais après un examen attentif, il n'y eut qu'une seule opinion, à savoir que le nombre d'animaux qui étaient passés était nettement inférieur à celui de ceux qui étaient allés vers le sud.

Un des Gauchos dit alors à M. Hardy qu'il savait qu'à une courte distance plus à l'ouest se trouvait une source d'eau très utilisée par les Indiens, et où il n'avait aucun doute qu'ils s'étaient arrêtés la nuit de l' incendie . Constatant qu'il ne s'agissait pas de plus d'une demi-heure de trajet, M. Hardy, après une brève consultation, résolut d'aller là-bas pour abreuver les chevaux et déjeuner, avant de revenir sur leurs pas à travers la prairie brûlée.

Peu après le temps indiqué, ils arrivèrent à un petit bassin d'eau claire, d'où sortait un petit ruisseau, qui coulait presque plein nord à travers la plaine. Après avoir bu eux-mêmes de bon cœur et rempli les outres et la marmite, les chevaux furent autorisés à boire ; et Dash s'y plongea avec le plus grand plaisir, ressortant de sa couleur marron vif habituelle, alors qu'il était entré dans l'eau parfaitement noire.

Après être sorti et s'être secoué, il se mit à chasser, reniflant si violemment que l'attention d'Hubert fut attirée sur lui. Bientôt, le chien courut quelques pas et poussa un aboiement aigu de plaisir, et Hubert, courant en avant, poussa un cri si fort que toute la troupe se précipita.

Hubert ne pouvait pas parler. Là, à moitié enfouie dans le sol et pointée vers l'ouest, se trouvait une flèche indienne, et autour de la tête était tordu un morceau de calicot blanc, avec de petites taches bleues dessus, que M. Hardy reconnut instantanément comme un morceau de la robe d'Ethel. qu'elle avait porté lorsqu'elle avait quitté la maison.

La surprise garda le silence pendant un moment , puis des exclamations de plaisir et d'excitation éclatèrent de tous, tandis que M. Hardy et ses fils étaient très touchés par cette preuve de la présence récente de leur disparu. La flèche était profondément enfoncée dans le sol, mais elle était placée à un endroit où l'herbe était particulièrement courte, de sorte que quiconque s'éloignait de la source ne pouvait guère manquer de remarquer le morceau de calicot sur l'herbe. Il y a eu une pluie parfaite de félicitations ; et il leur fallut quelque temps avant qu'ils fussent suffisamment rétablis pour reprendre leurs préparatifs pour le déjeuner.

Enfin ils s'assirent autour du feu, tous les visages rayonnants d'excitation .

Perez et Martinez, cependant, étaient assis quelque peu à l'écart, se parlant à voix basse avec animation. Ils ne s'approchaient même pas du feu pour rôtir leur nourriture ; et l'attention de M. Hardy étant attirée par cette circonstance, il demanda de quoi ils parlaient avec tant de sérieux.

Aucun d'eux ne lui répondit et il répéta la question. Puis Perez a répondu : "Martinez et moi pensons la même chose. C'est un truc, la fille est partie dans une autre direction."

La conversation et le repas furent également suspendus à ces mots inquiétants, et chacun regarda le visage de l'autre d'un air vide.

Maintenant que leur attention était attirée sur ce sujet, toutes les circonstances de l'affaire leur revenaient à l'esprit ; et comme ils sentaient la véracité probable de ce que disait Pérez, leurs espoirs tombèrent à zéro.

M. Percy fut le premier à parler après un long silence. « Je crains, Hardy, que ce que dit Perez soit juste, et que nous ayons failli être déroutés par une ruse des plus transparentes. Aussi observée qu'Ethel ait dû l'être, est-il probable qu'elle ait pu s'emparer de cette flèche ? , et y avoir attaché un pan de sa robe, sans se faire remarquer ? Il est encore plus impossible qu'elle ait pu placer la flèche là où nous l'avons trouvée. Personne n'aurait pu passer sans s'en apercevoir ; donc à moins de supposer qu'elle était autorisée s'attarder derrière tout le monde, ce qui est hors de question, la flèche n'a pas pu être placée là par elle.

« Trop vrai, Percy, » dit M. Hardy avec un soupir, après un court silence ; " C'est tout à fait impossible, et j'appellerais cela un artifice maladroit, si cela ne nous avait tous trompés pendant un certain temps . Cependant, il y a un réconfort : cela décide de la question comme nous l'avions nous-mêmes décidé : Ethel est partie avec le plus grand. fête au sud.

Le petit-déjeuner s'est poursuivi, mais avec une sensation très tamisée. Hubert avait maintenant terminé la sienne et, étant un garçon aux habitudes agitées, il prit la flèche qui se trouvait à côté de lui et commença à jouer avec. Il détacha d'abord le morceau d'étoffe, le lissa et le mit dans son portefeuille, tandis que ses yeux se remplissaient de larmes ; puis il continuait à tordre nonchalamment la flèche entre ses doigts, tout en écoutant la conversation autour de lui.

Bientôt, ses yeux tombèrent sur la flèche. Il sursauta, une bouffée d'excitation traversa son visage, et ses mains et ses lèvres tremblèrent alors qu'il examinait attentivement la plume.

Tous le regardaient avec étonnement.

"Oh, papa, papa", s'écria-t-il enfin, "je connais cette flèche !"

"Connais la flèche !" tout s'est répété.

"Oui, je suis tout à fait sûr de le savoir. Ne te souviens-tu pas, Charley, le jour où ces Indiens blessés sont partis, alors que nous leur apportions les carquois, j'ai remarqué qu'une flèche avait deux plumes que j'avais jamais vu auparavant, et je ne pouvais pas deviner de quel oiseau ils venaient. Ils étaient bleu clair, avec une pointe pourpre. J'en ai arraché un pour le comparer avec mes autres. Il est chez moi maintenant. Je me souviens que j'ai choisi celui que j'ai fait parce que l'autre avait perdu deux des petites plumes latérales. C'est la plume, je peux le déclarer très solennellement, et vous voyez, celle-là a disparu. Cette flèche appartient à l'un des hommes que nous avons récupérés.

Tout le monde se pressait pour examiner la flèche, puis M. Hardy dit solennellement : « Merci à Dieu pour sa miséricorde, il a décidé de notre voie maintenant. Sans aucun doute, comme le dit Hubert, l'un des hommes que nous avons aidés est du parti et souhaite montrer sa gratitude. Il a donc réussi à récupérer un morceau de la robe d'Ethel et l'a attaché à cette flèche, en espérant que nous reconnaîtrions la plume. Dieu merci, il n'y a plus de doute, et remerciez-le aussi qu'Ethel ait au moins un ami près d'elle.

Tout n'était plus que joie et félicitations, et Hubert se frotta les mains et dit triomphalement : « Voilà, Charley, tu me taquinais toujours et tu voulais savoir à quoi servait ma collection, et maintenant tu vois à quoi ça servait. nous a mis sur la bonne voie pour Ethel, et vous ne pourrez plus jamais vous moquer de moi à propos de ma collection.

CHAPITRE XVI.

SUR LE BÛCHER.

C'est le soir du cinquième jour après sa capture par les Indiens qu'Ethel Hardy pénétra dans une large vallée au cœur des montagnes. On y pénétrait par une gorge étroite à travers laquelle coulait un ruisseau. Au-delà, la colline reculait, formant un bassin presque circulaire d'un mille de diamètre, des côtés duquel les rochers montaient presque perpendiculairement, de sorte que le seul moyen d'y entrer était par la gorge. Des bouquets d'arbres étaient éparpillés partout, et presque au centre se dressait un grand village indien, comptant environ trois cents huttes, dont la population, composée presque entièrement de femmes et d'enfants, sortait avec des cris aigus de bienvenue pour accueillir la bande qui revenait. . Il y en avait deux cents. Devant eux, ils conduisaient environ quatre cents bovins et quinze cents moutons. Au milieu du groupe, Ethel Hardy chevauchait, apparemment sans surveillance, et en faisait partie.

La jeune fille était très pâle et se tourna encore plus aux cris sauvages de triomphe qui s'élevaient autour d'elle, lorsque ceux qui étaient restés sur place apprirent combien le succès de leurs guerriers avait été un signe et apprirent que le captif au milieu d'eux était l'un d'entre eux. de la famille qui avait infligé une si terrible perte à la tribu deux ans auparavant. Heureusement , elle ne comprenait pas les volées de menaces et de malédictions que les femmes de la tribu lui jetaient, même si elle ne pouvait se méprendre sur leurs éjaculations furieuses.

Ethel avait d'abord pleuré jusqu'à ce qu'elle ne puisse plus pleurer, et s'était maintenant inquiétée du pire. Elle avait entendu dire que les Indiens n'avaient ni pitié ni pitié pour quiconque manifestait la peur de la mort ; elle savait qu'aucune supplication ni aucune larme ne les émouvraient le moins du monde, mais que le courage et la fermeté imposeraient en tout cas leur respect et leur admiration. Elle s'était donc entraînée à ne montrer aucune émotion le moment venu ; et maintenant, sauf qu'elle avait eu un frisson involontaire à la vue de la foule gesticulante, elle ne trahissait aucun signe de son émotion, mais regardait autour d'elle si calmement et sans broncher que les violents injures et les gesticulations s'éteignirent dans un murmure d'admiration du enfant au visage pâle qui regardait si calmement la mort.

Cependant, comme la troupe s'arrêtait devant la hutte du conseil et descendait, les femmes se pressèrent comme d'habitude pour injurier le prisonnier ; mais l'un des Indiens s'approcha d'elle, leur fit signe de revenir et, disant : « Elle est l'enfant d'un grand chef », il la prit par le bras et la remit aux soins de la femme de l'un des principaux chefs. chefs. La sélection était bonne ; car la femme, qui était jeune, était connue dans la tribu sous le nom de Faon en raison de son caractère doux. Elle emmena aussitôt la captive jusqu'à sa loge, où elle lui fit asseoir, lui offrit à manger et lui parla gentiment dans sa langue basse et douce d' Indienne. Ethel ne pouvait pas la comprendre, mais les tons aimables l'avaient émue plus que les menaces de la foule à l'extérieur, et elle s'est effondrée dans un torrent de larmes.

L'Indienne attira la jeune fille vers elle comme aurait pu le faire une mère, caressa ses longs cheveux blonds et l'apaisa par ses paroles basses. Puis elle désigna un tas de peaux dans un coin de la cabane ; et quand Ethel se jeta joyeusement sur eux, la femme indienne la couvrit comme elle l'aurait fait pour un enfant et, avec un signe d'adieu, partit pour accueillir son mari et entendre la nouvelle, sachant qu'il n'y avait aucune possibilité pour le captif de se rendre. sa fuite.

Épuisée de fatigue et d'émotion, les sanglots d'Ethel cessèrent bientôt et elle tomba dans un profond sommeil.

De cette terrible catastrophe chez les Mercer, elle n'avait qu'une idée confuse. Ils étaient assis autour de la table et discutaient lorsque, sans le moindre avertissement ni avertissement, les fenêtres et les portes furent enfoncées et des dizaines de formes sombres bondirent dans la pièce. Elle vit M. Mercer se précipiter contre le mur et saisir ses pistolets, puis elle n'en vit plus. Elle fut saisie et jetée sur l'épaule d'un Indien avant qu'elle n'ait eu le temps de faire autre chose que de se relever. Il y eut un tourbillon confus de sons autour d'elle – des cris, des menaces, des coups de pistolet et des cris sauvages – puis les sons flottèrent dans ses oreilles et elle s'évanouit.

Lorsqu'elle reprit conscience, elle découvrit qu'elle était transportée à cheval devant son ravisseur, et que l'air était plein d'une lueur rouge, qu'elle supposait provenir d'une maison en feu. Sur le chef qui la portait, s'apercevant qu'elle avait repris ses esprits, il appela un de ses suivants, qui s'approcha aussitôt, amenant un cheval sur lequel une selle avait été placée. C'est à cela qu'Ethel fut transposée et, une minute plus tard, elle galopait aux côtés de son ravisseur.

Même maintenant, elle avait du mal à se persuader qu'elle ne rêvait pas. Cette scène instantanée chez les Mercer, ces bruits confus, cette folle cavalcade de silhouettes sombres qui chevauchaient autour d'elle, ne pouvaient sûrement pas être réelles. Hélas! elle ne pouvait en douter ; et tandis que cette pensée lui traversait la tête : Que diraient-ils à la maison en entendant cela ? elle éclata en larmes silencieuses. Vers l'aube, elle était souvent surprise d'entendre les mots : « Espoir, Ethel, espoir ! en espagnol distinctement parlé près d'elle. Elle se tourna précipitamment, mais les formes sombres chevauchaient comme d'habitude. Pourtant , elle était sûre de ne pas s'être trompée. Elle avait distinctement entendu son propre nom ; et même si elle ne pouvait pas deviner qui pouvait être cet ami inconnu, c'était néanmoins pour elle une grande consolation de sentir qu'elle avait au moins un sympathisant parmi ses ennemis. Il lui avait dit d'espérer aussi ; et le moral d'Ethel, avec l'élasticité de la jeunesse, se releva à ce mot.

Pourquoi ne devrait-elle pas espérer ? elle pensait. Ils étaient sûrs de l'entendre chez eux le lendemain matin, même si personne ne leur avait échappé et ne leur avait annoncé la nouvelle plus tôt ; et elle était certaine que quelques heures après l'avoir entendu, son père et ses amis seraient sur leurs traces. Au plus tard avant la tombée de la nuit, ils seraient rassemblés. Un départ de vingt-quatre heures serait le maximum que les Indiens pourraient obtenir, et ses amis voyageraient aussi vite, voire plus vite, qu'ils ne le pourraient, car ils seraient libres de toute charge. Elle ne pouvait dire jusqu'où elle devait être emmenée, mais elle était sûre qu'en une semaine de voyage ses amis rattraperaient la journée perdue au départ. Elle savait qu'ils ne seraient peut-être pas en mesure d'attaquer les Indiens dès leur arrivée, car ils ne pouvaient pas constituer un groupe très fort, alors que les Indiens étaient forts de plusieurs centaines ; mais elle croyait que tôt ou tard, d'une manière ou d'une autre, son père et ses frères viendraient à son secours. Ethel, à partir de ce moment-là, n'a plus douté un seul instant. Faisant ainsi confiance à ses amis, elle gagna confiance et courage ; et lorsque les troupes s'arrêtèrent à neuf heures du matin, après neuf heures de chevauchée, Ethel put regarder autour d'elle avec une sorte de curiosité et d'intérêt.

C'est ici que se produisit un incident qui, même si elle l'ignorait à l'époque, modifia entièrement sa destination et ses perspectives.

Elle était assise par terre, lorsqu'un homme, qui, par son allure, paraissait être le principal chef présent, passa en causant sérieusement avec un autre chef. Dans ce dernier, elle reconnut aussitôt l'un des prisonniers indiens blessés.

"Tawaina," dit-elle en se levant d'un bond.

Il ne prêta aucune attention à son appel et elle le répéta sur un ton plus fort.

Le chef principal s'arrêta ; Tawaina fit de même. Puis il se dirigea lentement vers le captif.

"Sauve-moi, Tawaina", dit-elle, "et renvoie-moi à la maison."

Tawaina secoua la tête.

"Ce n'est pas possible", dit-il. "Ami Tawaina. Aide-moi un peu, pas maintenant." Et il se détourna encore.

"Est-ce que le Corbeau connaît l'Oiseau Blanc, lui demanda le chef, et qu'elle chante son nom ?"

Tawaina fit une pause et dit :

"Tawaina la connaît. Son père est le grand brave blanc."

Le chef indien poussa un bond d'étonnement et de plaisir.

"Le blanc courageux avec les flammes qui jaillissent ?"

Tawaina hocha la tête.

La rencontre du Corbeau avec Ethel avait été apparemment accidentelle, mais elle était en réalité intentionnelle. Son véritable ravisseur était l'un des chefs, bien que non le principal, des Indiens de la Pampa ; et dans le partage du butin, pour lequel les préparatifs étaient en cours, il n'y avait aucun doute qu'elle serait assignée à cette tribu, sans aucune question de la part du peuple du Corbeau.

Mais maintenant que le Cerf savait qui j'étais prisonnier, il résolut de l'obtenir pour sa tribu. Il se rendit donc directement chez le chef des Indiens de la Pampa et demanda que la jeune fille blanche revienne à sa tribu.

Le chef hésita.

"Elle est notre seule captive", a-t-il déclaré. "Les gens aimeront la voir, et elle vivra dans la loge du Renard qui l'a enlevée."

"Le Cerf la voudrait comme esclave de sa femme. Il donnera cinquante bœufs et deux cents moutons à la tribu et réjouira le cœur du Renard avec un présent."

L'offre parut si grande pour une simple fille chétive que le chef accepta aussitôt ; et le Renard se contenta de prendre un fusil, qui faisait partie du butin, pour s'intéresser à son captif.

Les Indiens de la tribu de Stag murmuraient entre eux à propos de ce coûteux marché de la part de leur chef. Cependant ils n'en exprimèrent rien devant lui, et continuèrent le travail de comptage et de séparation des animaux proportionnellement au nombre de chaque tribu présente, les tribus des plaines étant considérablement les plus nombreuses.

Ce n'est qu'à quatre heures qu'ils furent de nouveau en mouvement, lorsque chaque tribu repartit pour chez elle.

En trois heures de cheval, ils atteignirent la source, puis le Cerf ordonna qu'une petite tente de peaux soit érigée pour le logement d'Ethel. Elle en sortit une heure plus tard pour contempler la grande vague de feu qui, allumée en un point éloigné par leurs éclaireurs, se dirigeait maintenant vers le nord, passant à une distance de trois ou quatre milles de la source.

Ce fut plus tard, assis gravement autour du feu, que le Cerf daignait éclairer ses fidèles sur les raisons pour lesquelles il donnait un prix qui leur paraissait si élevé pour un enfant au visage pâle.

La joie des Indiens, lorsqu'ils découvrirent qu'ils avaient entre les mains la fille de leur ennemi deux fois victorieux, fut sans limites. La vengeance est pour l'Indien encore plus précieuse que le pillage ; et la tribu n'aurait pas même exigé un prix beaucoup plus élevé que celui qui avait été payé pour le plaisir de se venger ainsi de son ennemi. La nouvelle courut de bouche en bouche, et des cris de triomphe retentirent dans tout le camp ; et Ethel, à l'intérieur de sa tente, sentit son sang se glacer devant l'exultation sauvage qu'ils exprimaient.

Elle fut très troublée par l'incendie, car elle voyait qu'il devait effacer tous les signes de la piste et rendre la tâche de ses amis longue et difficile, et elle se sentit très déprimée par ce qu'elle considérait comme un certain ajournement de son sauvetage. Elle resta longtemps à réfléchir à tout cela, jusqu'à ce que le camp revienne à un calme parfait. Puis les peaux furent légèrement soulevées près de sa tête, et elle entendit une voix murmurer :

"Moi, Tawaina, mon ami. Le grand chef est venu chercher une fille. Deux traces - les yeux aveuglés. Tawaina fait un signe - indique le chemin. Donnez une robe en morceaux que le grand chef puisse croire."

Ethel comprit aussitôt. Elle arracha avec précaution une étroite bande du bas de sa robe et la plaça sous la peau de l'orateur.

"Bien", dit-il. "Ami Tawaina. Ethel, j'espère."

Grandement soulagée de savoir qu'un fil d'écoute allait maintenant être donné à ses amis, et accablée par la fatigue, Ethel s'endormit très vite.

Au point du jour, ils repartirent, ayant ainsi trente heures d'avance sur leurs poursuivants. Ils voyageèrent six heures, se reposèrent de onze heures à trois heures, puis repartirent jusqu'à la nuit tombée. Parfois, un mouton restait à la traîne, endoloris et fatigué. Il a été tué et découpé sur le coup.

Pendant quatre jours, leur rythme de voyage, qui s'élevait à plus de cinquante milles par jour, se poursuivit, et ils arrivèrent, comme on l'a dit, le dernier soir à leur village.

Pendant tout ce temps, Ethel a été traitée avec courtoisie et respect. La meilleure portion de la nourriture lui était réservée, la petite tente de peaux était toujours dressée la nuit, et aucune surveillance apparente n'était exercée sur ses mouvements.

Le lendemain matin , elle s'est réveillée tôt et, sans la terrible situation dans laquelle elle se trouvait, elle aurait été amusée par l'agitation du village et par les petits gamins cuivrés qui jouaient ou sortaient avec eux. les femmes pour ramasser du bois ou chercher de l'eau. Rien n'empêchait Ethel de sortir parmi eux, mais les regards de haine renfrognée qu'ils lui jetaient la firent reculer dans la cabane, après un long regard anxieux autour d'elle.

C'était au moins un soulagement de s'être arrêtée, aussi grand que fût sans doute le danger. Elle était sûre maintenant que, d'heure en heure, son père devait s'approcher. Il se pourrait même qu'il soit à quelques kilomètres d'ici. Sans l'incendie, elle était certaine qu'il aurait déjà été debout, mais elle ne pouvait pas dire combien de temps il aurait fallu avant de retrouver la piste.

Vers le milieu de la journée, on aurait pu voir deux ou trois Indiens traverser le village, convoquant ceux dont la position et le rang leur permettaient de siéger au conseil.

Bientôt on les vit s'approcher et prendre gravement place à terre devant la cabane du chef principal. Les femmes, les jeunes gens et les hommes qui ne s'étaient pas encore distingués par leurs exploits au combat se distinguèrent suffisamment pour être convoqués au conseil, réuni à une courte distance. Le conseil siégeait sous la forme d'un cercle, l'anneau intérieur étant formé des hommes les plus âgés et les plus importants de la tribu, tandis que les guerriers étaient assis autour d'eux.

Frappée par le silence qui avait soudain succédé au bruit du village, Ethel se dirigea de nouveau vers la porte. Elle fut très frappée par la scène, et la regardait avec étonnement, lorsqu'elle sentit un contact sur son épaule, et, se retournant, vit le Faon la regarder avec pitié, et en même temps lui faire signe d'entrer.

La vérité traversa immédiatement l'esprit d'Ethel. Le conseil s'était réuni pour décider de son sort, et elle ne doutait pas un instant de ce que serait cette décision. Elle sentit que tout espoir était perdu et, se retirant dans la hutte, elle passa le temps en prière et en préparation à l'horrible épreuve qui l'attendait.

Après la réunion du conseil, il y eut une pause d'attente, et le cerf se leva alors.

"Mes frères, mon cœur est très heureux. Le Grand Esprit a cessé de désapprouver ses enfants. Deux fois nous sommes sortis et deux fois sommes revenus les mains vides, alors que beaucoup de nos loges étaient vides. Les fusils qui tiraient sans chargement étaient trop puissants. pour nous, et nous sommes revenus tristes. L'année dernière, nous ne sommes pas sortis; le cœur de nos braves était lourd. Cette année, nous avons dit que peut-être le Grand Esprit ne serait plus en colère contre ses enfants, et nous sommes sortis. Cette fois, nous avons Je ne suis pas revenu les mains vides. Le mugissement du bétail est dans mon oreille et je vois beaucoup de moutons. Les hommes blancs ont senti la force de nos bras et parmi les jeunes gens qui sont sortis avec moi, il n'en manque pas un. Le meilleur de tout, nous avons ramené une captive, la fille du chef blanc des feux volants et des fusils qui se chargent. Laissez-moi la livrer à nos femmes ; elles sauront la faire pleurer ; et nous lui enverrons la tête. au chef blanc, pour montrer que ses armes ne peuvent pas atteindre le pays indien. Ai-je bien parlé ?

Un murmure d'assentiment suivit le discours du chef ; et supposant qu'on n'en dirait pas davantage, le cerf était sur le point de déclarer le conseil clos, lorsqu'un Indien assis dans le cercle intérieur se leva.

" Mes frères, je vais vous raconter une histoire. Les oiseaux sortirent pour attaquer le nid d'un aigle, mais l'aigle était trop fort pour eux ; et quand tout fut parti, il sortit de son nid avec ses enfants, les jeunes aigles. , et il trouva le corbeau et deux autres oiseaux blessés et incapables de voler, et au lieu de les tuer, comme ils auraient pu le faire, les aigles les emmenèrent dans leur nid, les soignèrent et les soignèrent jusqu'à ce qu'ils soient capables de voler. puis les a renvoyés chez eux vers leurs autres oiseaux. Il en a été de même pour Tawaina et ses deux amis. Et l'orateur désigna du bras deux Indiens assis au bord extérieur du cercle. "Tawaina est tombé près de la clôture où tant d'entre nous sont tombés, et le matin, les hommes blancs l'ont pris et lui ont donné de l'eau, l'ont mis dans un abri et ont pansé sa blessure ; et le petit oiseau blanc et sa sœur lui ont apporté de la nourriture et des boissons fraîches tous les jours et le regardait avec pitié. Mais Tawaina se dit : " Les hommes blancs ne font que guérir Tawaina pour que, le moment venu, ils puissent voir comment un Indien peut mourir. Mais quand il se sentit bien , ils amenèrent des chevaux et lui mirent un arc. et des flèches dans nos mains et nous a ordonné de partir libres. Ce n'est que dans la bataille que le grand chef blanc est terrible. Il a un grand cœur. Il n'a pas triomphé des ennemis qu'il a tués. Il les a déposés dans une grande tombe. "Ils les honorèrent, plantèrent des arbres aux feuilles tombantes à leur tête et à leurs pieds, et dressèrent une clôture autour pour que les renards ne puissent pas toucher leurs os. L'Indien sera-t-il moins généreux que l'homme blanc ? Même ceux capturés au combat, ils les épargnèrent et renvoyée chez elle. Allons-nous tuer l'oiseau blanc capturé dans son nid ? Mes frères ne le feront pas. Ils renverront l'Oiseau Blanc au grand chef blanc. Ai-je bien parlé ? »

Cette fois, un murmure confus parcourait le cercle. Quelques-uns des plus jeunes hommes furent frappés de cet appel à leur générosité et furent en faveur de la proposition du Corbeau ; les Indiens les plus âgés et les plus féroces y étaient totalement opposés.

Les orateurs se succédèrent, les uns insistant sur un côté de la question, les autres sur l'autre.

Enfin, le cerf se leva de nouveau. « Mes frères, dit-il, mes oreilles ont entendu des paroles étranges et mon esprit est troublé. Le Corbeau nous a parlé des voies des blancs après une bataille ; mais les voies des Indiens ne sont pas celles des blancs. et le Cerf est trop vieux pour apprendre de nouvelles modes. Il regarde autour de lui, il voit beaucoup de huttes vides, il voit beaucoup de femmes qui n'ont pas de mari pour chasser le gibier, il entend les voix des enfants qui réclament de la viande. Il se souvient de ses frères tombés devant le feu volant et les fusils qui se chargeaient, et ses yeux étaient pleins de sang. Le grand chef blanc a fait de nombreux wigwams désolés : qu'il y ait du deuil dans la maison du chef blanc. Ai-je bien parlé ?

Les acclamations qui suivirent ce discours furent si fortes et si générales que le parti du Corbeau fut réduit au silence, et le conseil se sépara aussitôt.

Un cri d'exultation s'échappa des femmes lorsqu'elles apprirent la décision, et toutes se préparèrent à l'œuvre de vengeance qui les attendrait.

A un signal du Cerf, deux des jeunes Indiens se rendirent à la hutte et convoquèrent Ethel pour les accompagner. Elle devina aussitôt que sa mort était décidée et, pâle comme du marbre, mais sans pousser de cris ni de supplications qu'elle savait inutiles, elle marcha entre eux.

Pendant un instant, elle jeta un coup d'œil aux femmes autour d'elle, pour voir s'il y avait un regard de pitié ou d'intérêt ; mais des visages déformés par la haine et l'exultation rencontrèrent ses yeux, et des menaces et des imprécations assaillirent ses oreilles. Ce spectacle, bien que consternant, la rendit courageuse. Un regard de pitié l'aurait fait fondre : cette rage contre quelqu'un d'aussi impuissant qu'elle la nerfait ; et, les yeux tournés vers le haut et les lèvres remuant en prière, elle continuait son chemin.

Les Indiens la conduisirent jusqu'à un arbre en face du centre du village, l'y attachèrent solidement, puis se retirèrent.

Il y a eu une pause avant que la tragédie ne commence. Certaines femmes apportaient des fagots pour le tas, d'autres coupaient des éclats pour les enfoncer sous les ongles et dans la chair. Les vieilles femmes bavardaient et exultaient des tortures qu'elles allaient infliger ; quelques-uns des plus jeunes se tenaient à l'écart, regardant avec pitié.

Les hommes de la tribu se rassemblèrent en cercle, mais ne prirent aucune part aux préparatifs : la torture des femmes était indigne d'eux.

Enfin tout était prêt. Un feu était allumé à proximité ; les sorcières allumèrent leurs tisons et avancèrent. Le chef donna le signal, et avec un cri de joie ils se précipitèrent sur leur victime, mais retombèrent avec un cri de surprise, repoussés brutalement par trois Indiens qui se placèrent devant le captif.

Les femmes se retirèrent précipitamment, et les hommes avancèrent pour connaître la raison de cette étrange interruption. Le Corbeau et ses compagnons n'étaient pas armés. Les Indiens les regardaient d'un mauvais œil, ne sachant pas quelle ligne prendre.

"Mes frères," dit le Corbeau, "Je suis venu pour mourir. L'heure du Corbeau est venue. Il a effectué son dernier vol. Lui et ses frères mourront avec le petit Oiseau Blanc. Le Corbeau et ses amis ne sont pas des chiens. Ils ont versé leur sang contre leurs ennemis et ils ne savent pas comment crier. Mais leur heure est venue, ils sont prêts à mourir. Mais ils doivent mourir avant le petit Oiseau Blanc. Sinon, son esprit s'envolera vers le Grand Esprit, et lui dira que le Corbeau et ses amis, qu'elle avait hébergés et sauvés, avaient aidé à la tuer ; et le Grand Esprit leur fermerait les portes des heureux terrains de chasse. Le Corbeau a parlé.

Il y eut une pause d'étonnement extrême, suivie d'un brouhaha de voix. Ceux qui avaient auparavant épousé la cause du Corbeau parlèrent à nouveau haut et fort, tandis que beaucoup d'autres hésitaient quant à la voie à suivre.

Le Cerf consulta en toute hâte deux ou trois de ses principaux conseillers, puis s'avança en agitant la main pour imposer le silence. Son visage était calme et impassible, même si intérieurement il bouillonnait de rage face à ce défi à son autorité. Mais il était un chef trop politique pour le montrer. Il savait que la grande majorité de la tribu était avec lui ; cependant, l'emploi de la force pour arracher le Corbeau et ses compagnons de leur poste créerait probablement une division dans la tribu, dont personne ne pourrait voir les résultats finaux, et pour les conséquences de laquelle il serait, en cas de revers, tenu pour responsable. responsable et considéré avec désapprobation par les deux parties.

"Les Ravens et ses amis ont un grand cœur", a-t-il déclaré courtoisement. "Ils sont assez grands pour abriter le petit Oiseau Blanc. Qu'ils la prennent. Sa vie est épargnée. Elle restera avec notre tribu."

Le Corbeau inclina la tête, et prenant un couteau d'un guerrier proche, il coupa les cordes qui attachaient Ethel, et faisant signe au Faon, remit la jeune fille étonnée entre ses mains en disant ce faisant : " Arrêtez-vous dans la hutte. Ne partez pas. " sors; sors, mauvais. " Et puis, accompagné de ses amis, il se retira sans rien dire dans une de leurs cabanes.

Un silence parfait régnait sur la foule pendant cette scène ; mais quand on apprit qu'Ethel devait s'en sortir indemne, un murmure éclata de la part des femelles plus âgées, déçues dans leur œuvre de vengeance. Mais le Cerf agita péremptoirement la main, et la foule se dispersa silencieusement dans ses cabanes, pour discuter de la scène insolite qui venait de se passer.

Le Corbeau et ses amis parlèrent longuement et sérieusement ensemble. Ils ne furent nullement trompés par l'apparence d'amitié qu'avait prise le Cerf. Ils savaient qu'il y avait désormais une haine amère entre eux et que leur vie même n'était pas sûre. Quant à Ethel, ce n'était, ils le savaient, qu'un court sursis qui lui avait été accordé. Le Cerf ne risquerait pas une division de la tribu pour elle, ni ne tenterait de l'amener à une exécution formelle ; mais la première fois qu'elle sortait de la cabane, on la retrouvait morte, un couteau dans le cœur.

Le Corbeau, cependant, était certain que de l'aide était à portée de main. Lui et ses amis, qui connaissaient M. Hardy, étaient les seuls de la tribu convaincus qu'une poursuite allait être tentée. Le fait qu'aucune tentative de ce genre n'ait jamais été faite pour pénétrer au cœur du pays indien avait endormi les autres dans un sentiment de sécurité absolue. Le Corbeau, en effet, calculait que les poursuivants devaient maintenant être à portée de main et que, cette nuit-là ou la suivante, ils entreraient probablement dans la gorge et lanceraient l'attaque.

Le résultat du conseil fut qu'il quitta ses amis et retourna tranquillement à sa propre hutte, sans prêter attention aux regards hostiles que lui jetaient certains des partisans les plus violents du Cerf.

A son entrée, il fut accueilli par sa femme, une jeune fille qu'il n'avait épousée que depuis son retour de l'expédition, et à qui, d'après ce qu'il avait appris de la situation des femmes chez les blancs, il accorda plus de liberté d'expression et de liberté. actions que celles qui sont habituellement autorisées aux femmes indiennes. Elle faisait partie du petit groupe qui avait eu pitié de la jeune fille blanche.

« Le Corbeau est un grand chef », dit-elle fièrement ; "Il a bien fait.
La Souris tremblait, mais elle était contente de voir son seigneur se lever. Le Cerf frappera cependant," ajouta-t-elle anxieusement. "Il cherchera le sang du Corbeau."

« Le cerf est une grosse bête », dit sentencieusement l'Indien ; "mais le Corbeau finit par le manger."

Alors, s'asseyant sur un tas de peaux, le chef remplit sa pipe et fit signe à sa femme d'apporter du feu. Puis il fuma en silence pendant un certain temps jusqu'à ce que le soleil se couche et qu'une épaisse obscurité se referme sur la vallée.

Enfin, il se leva et dit à sa femme : « S'ils demandent le Corbeau, dites qu'il vient de sortir ; rien de plus. Il ne reviendra qu'au point du jour ; et rappelez-vous. » Et il lui posa la main sur le bras. pour impressionner la prudence, "quel que soit le bruit que la souris entend pendant la nuit, elle ne doit pas quitter la hutte jusqu'à ce que le corbeau revienne vers elle".

La jeune fille baissa la tête avec l'obéissance inconditionnelle d'une Indienne ; puis, écartant la peau qui servait de porte, et écoutant attentivement si quelqu'un étaient proches, le Corbeau sortit silencieusement dans l'obscurité.

CHAPITRE XVII.

SAUVÉ.

Malgré tous ses efforts, le parti de M. Hardy a progressé plus lentement qu'il ne l'avait prévu. Beaucoup de chevaux étaient tombés en panne de fatigue ; et comme ils n'avaient pas de chevaux de rechange pour les remplacer, comme les Indiens l'avaient fait avec ceux qu'ils avaient chassés de M. Mercer, ils furent obligés de voyager beaucoup plus lentement qu'au début. Ils gagnèrent cependant du terrain sur les Indiens, comme ils purent le constater d'après la position du terrain de camping pour la nuit.

Le dernier jour, à trois heures de l'après-midi, ils dépassèrent l'endroit que leur ennemi avait quitté le matin ; mais bien qu'ils aient continué longtemps après le coucher du soleil, beaucoup d'entre eux ayant conduit leurs chevaux toute la journée, ils étaient encore à plus de trente milles des montagnes parmi lesquelles ils savaient que le village indien était situé.

Aucun des Gauchos n'y était jamais allé, mais ils connaissaient sa situation et ses caractéristiques générales par rapport. Il n'y avait eu aucune difficulté à suivre la piste depuis qu'ils l'avaient parcourue. La large ligne de terrain foulé et les fréquentes carcasses de moutons en racontaient suffisamment l'histoire.

Ce fut une nuit de terrible anxiété pour tous. Ils savaient qu'Ethel était déjà dans le village indien, et ils pensaient avec une terreur écoeurante à ce qui pourrait arriver le lendemain. Mais rien n'a pu être fait. Beaucoup de participants étaient déjà épuisés par leur longue journée de marche sous un soleil brûlant. Il était tout à fait impossible de rejoindre le village cette nuit-là.

Avant de se coucher pour la nuit, M. Hardy a demandé à tous les participants de se joindre à une prière pour la préservation de sa fille le lendemain ; et c'était un spectacle étrange et impressionnant de voir le groupe d'hommes brûlés par le soleil et épuisés par le voyage, se tenant découverts pendant que leur chef offrait une prière sincère.

M. Hardy a alors déclaré que cette nuit-là, il n'était pas nécessaire de surveiller comme d'habitude. Les Indiens avaient avancé et ne pouvaient plus redouter leur poursuite ; il n'y avait donc aucun risque d'attaque nocturne. D'ailleurs, il y avait peu de chance qu'il dorme. Cette proposition était des plus acceptables, et en très peu de temps un silence parfait régna dans le camp.

Avant le jour, ils se remirent en marche, tous à pied et conduisant leurs chevaux, afin de les épargner le plus possible, s'ils étaient nécessaires la nuit. La vitesse n'était désormais plus un problème. Ils savaient qu'il était inutile d'attaquer en plein jour, car les Indiens seraient probablement plus que de taille pour eux et la vie d'Ethel serait inévitablement sacrifiée. Ils marchèrent donc jusqu'à six ou sept milles de la gorge, au-delà de laquelle ils n'osaient pas s'approcher, de peur d'être aperçus par un Indien errant.

Leur lieu de halte fut déterminé en trouvant un ruisseau avec une abondance d'herbe fraîche sur ses rives. Ils n'osaient pas allumer de feu, mais mâchaient du charqui coriace et observaient au loin la fente de la colline qui conduisait au but ardemment désiré.

À la tombée du soir , ils étaient tous en selle et furent heureux de constater que les chevaux étaient décidément plus frais pour leur repos. Ils ne retirèrent leurs rênes que lorsque le sol devint pierreux, et ils savaient qu'ils devaient être à l'embouchure de la gorge. Puis ils descendirent de cheval et placèrent les chevaux en piquet. Deux des Gauchos étaient postés avec eux comme gardes, et les autres avançaient furtivement, les fusées étant confiées aux soins de Terence, qui les attachait étroitement ensemble avec une corde, puis les suspendait par une boucle, comme un fusil, au-dessus. son épaule, afin qu'il ait les mains libres.

Il n'était encore que huit heures – dangereusement tôt pour une surprise ; mais tout le monde était d'accord pour tout risquer, car personne ne pouvait dire dans quelle position Ethel pourrait être placée, et quelle différence une heure pourrait faire. Leur plan était de se faufiler tranquillement jusqu'à la première hutte qu'ils trouvaient, de bâillonner ses détenus et de contraindre l'un d'entre eux, sous menace de mort instantanée, à les guider jusqu'à la hutte dans laquelle Ethel était placée.

Soudain, M. Hardy fut surpris par une silhouette sombre s'élevant d'un rocher contre lequel il avait presque trébuché, avec les mots : « Homme blanc, bon. Ami Tawaina . Viens le prendre en charge.

Puis suivirent quelques questions précipitées ; et aucun mot ne peut exprimer la joie et la gratitude de M. Hardy et de ses fils, et l'intense satisfaction des autres, en découvrant qu'Ethel était en vie et pour le moment sans danger.

Il fut convenu d'attendre maintenant deux heures, pour donner aux Indiens le temps de se retirer et de se reposer ; et pendant qu'ils attendaient, le Corbeau leur raconta tout ce qui s'était passé jusqu'à l'arrivée au village, passant sur les événements de la dernière journée en disant brièvement qu'Ethel avait couru un grand risque d'être mise à mort, mais qu'un délai avait été obtenu par ses amis. Après avoir raconté son histoire, il dit : « Ami Tawaina du grand chef blanc. Il a donné un signal avec une flèche ; sauvez le petit Oiseau Blanc aujourd'hui. Mais l'Indien Tawaina, ce n'est pas comme voir un Indien tué. Le chef blanc a promis de ne pas tuer les femmes et les enfants indiens ?

M. Hardy a assuré aux Indiens qu'ils n'avaient aucune intention de tuer des femmes et des enfants.

"Si on peut prendre le petit Oiseau Blanc sans réveiller le village, sans tuer d'hommes ?" Tawaina a demandé à nouveau.

" Nous ne voulons pas réveiller le village si nous pouvons l'aider, Tawaina ; mais je ne vois aucune chance de nous échapper sans combattre. Nos chevaux sont tous battus à mort, et les Indiens nous rattraperont facilement, même si nous obtenons un coup de grâce. " le début de la nuit."

"Ça ne doit pas sortir en clair," dit le Corbeau avec sérieux. « Si vous sortez en plaine, tous tués. Indiens deux cent cinquante braves — dévorent les hommes blancs en plaine. »

"Je crains que ce soit assez vrai, Tawaina, même si nous nous montrerons très coriaces. Nous devrions quand même nous battre à découvert avec un terrible désavantage. Mais que devons-nous faire?"

« Revenez à l'embouchure du canyon — attendez ; vous pouvez éloigner les Indiens aussi longtemps que vous le souhaitez. Les Indiens doivent faire la paix.

"Capital!" M. Hardy a dit avec ravissement ; car il avait examiné la situation avec une grande appréhension, car il n'avait pas vu comment il serait possible de réussir leur retraite sur leurs chevaux fatigués, malgré les dents des Indiens. " Exactement ! Comme tu dis, nous pouvons tenir la gorge pendant un mois s'il le faut, et tôt ou tard ils en auront marre et accepteront de nous laisser nous retirer tranquillement. D'ailleurs, une semaine de repos permettrait à nos chevaux de se reposer. " encore une fois, et alors nous pourrions faire notre retraite malgré eux.

"Encore une chose", dit le Corbeau. "Quand le grand chef a mis le petit White Bird en sécurité, Tawaina s'en va - ne se bat pas dans un sens, ne se bat   pas dans l'autre. Lorsqu'on se retrouve à nouveau, le chef blanc n'en parle pas ce soir. Les grands Indiens ne connaissent pas l'ami du chef blanc Tawaina."

"Vous pouvez compter sur nous tous, Tawaina. Ils n'apprendront jamais de nous votre part dans cette affaire. Et maintenant je pense qu'il est temps pour nous d'avancer. Il sera dix heures passées avant que nous y soyons. ".

Très silencieusement, la troupe avançait à pas de loup, Tawaina en tête, jusqu'à ce qu'il s'approche du village. Ici, ils s'arrêtèrent un instant.

« Seulement six d'entre nous entreront », a déclaré M. Hardy ; "Il y aura moins de chances d'être détectés - Jamieson, Percy, Herries , mes garçons et moi-même. Les autres prennent poste près de la cabane que nous voyons devant nous. Si vous constatez que nous sommes découverts, soyez prêts à nous soutenir. Et, Farquhar, deux ou trois d'entre vous préparent des allumettes et enfoncent une lumière bleue dans le toit de paille de la cabane. Il nous faut de la lumière, sinon nous perdons tout l'avantage de nos armes à feu. D'ailleurs, en nous retirant, nous serons dans l' obscurité . pendant qu'ils seront dans la lumière.

En parlant ainsi, M. Hardy suivit son guide, les hommes qu'il avait choisis marchant prudemment derrière lui. Bientôt, ils s'arrêtèrent devant l'une des huttes et, désignant la porte, Tawaina dit : « Là, petit oiseau blanc ; puis s'éloignant, il se perdit dans l'obscurité.

M. Hardy écarta prudemment la peau et entra, suivi de ses amis. Il faisait parfaitement noir et ils restèrent un moment sans savoir quoi faire. Puis ils entendirent une voix basse disant : « Papa, c'est toi ? tandis qu'au même instant ils aperçurent une lueur de lumière dans l'autre coin de la tente, et entendirent un bruissement, et ils savaient qu'un Indien avait fait une fente dans les murs de peau et s'était enfui ; et tandis que M. Hardy pressait son enfant contre son cœur, un terrible cri de guerre s'éleva derrière la cabane.

"Venez," dit M. Hardy, "restez ensemble et courez."

Ethel s'était allongée sans même enlever ses chaussures, tant son espoir de voir son père arriver était fort. Elle ne constituait donc aucun obstacle à la rapidité de leur retraite. Sur une courte distance, ils étaient sans opposition. Les Indiens, en effet, se précipitaient hors de leurs huttes comme des essaims d'abeilles dérangés par un intrus. Ignorant la nature du danger et incapable d'en voir la cause, tout fut pendant un instant une confusion sauvage ; puis, guidés par le cri de guerre de l'Indien qui avait donné l'alarme, tous se précipitèrent vers l'endroit, et ce faisant, plusieurs aperçurent le petit groupe de Blancs. De grands cris annonçaient cette découverte et une ruée vers eux fut faite.

"Maintenant, à vos revolvers", dit M. Hardy. "Nous sommes presque hors du village."

Cependant, les Indiens n'étaient pas encore assez rassemblés pour les arrêter. Quelques-uns qui tentèrent de se jeter sur le chemin furent aussitôt abattus, et en moins de temps qu'il n'a fallu pour lire cette description, ils atteignirent l'extrémité du village. Ce faisant, une flamme vive jaillit de la cabane la plus éloignée et le reste du groupe se précipita dehors et les rejoignit. Les Indiens qui les poursuivaient s'arrêtèrent en voyant ce nouvel accès de force à leurs ennemis, puis, comme ils furent rejoints par un grand nombre et que la flamme jaillissant vivement leur permit de voir à quel point le corps des Blancs était petit, ils se précipitèrent de nouveau avec des cris féroces.

Mais les Blancs étaient alors à cent cinquante mètres et disparaissaient déjà dans l'obscurité.

"Arrêt!" M. Hardy a pleuré. « Soyez prêts avec vos fusils ! Chaque homme choisit un Indien. Feu ! »

Un cri de rage s'échappa des Indiens tandis que quatorze ou quinze d'entre eux tombaient, et une pause momentanée se produisit de nouveau. Et puis, comme ils étaient de nouveau renforcés, ils poursuivirent leur poursuite.

Mais les deux cents mètres que les Blancs avaient gagnés constituaient un long début dans le demi-mile de distance à parcourir, et les Blancs savaient bien qu'ils couraient pour sauver leur vie ; car une fois encerclés dans la plaine, leur cas était désespéré.

donc bien qu'Ethel soit si habituée à une vie à l'extérieur. L'espoir et la peur lui donnaient de la vitesse, et courant entre son père et ses frères, elle parvenait à maintenir une vitesse égale à la leur.

À peine un mot était-il prononcé, que les dents serrées et le cœur battant, ils se précipitaient. Une seule fois, M. Jamieson a demandé : « Est-ce qu'Ethel peut suivre ? et elle a haleté "Oui".

Les Blancs avaient ce grand avantage dans la course, qu'ils savaient qu'ils n'avaient qu'un demi-mille à courir en tout, et qu'ils mettaient donc leur meilleure vitesse ; tandis que, bien que quelques Indiens aient vu l'importance de rattraper les fugitifs dans la plaine, la plupart croyaient que leur proie était en sécurité entre leurs mains et ne faisaient pas de grands efforts pour se rapprocher immédiatement d'eux. Les Blancs avaient aussi l'avantage d'être habitués à la marche, tandis que les Indiens, vivant presque à cheval, ont rarement l'habitude de se servir de leurs pieds. En conséquence, les Blancs atteignirent l'embouchure étroite de la gorge à cent cinquante mètres devant le corps principal des poursuivants, bien qu'un groupe de leurs coureurs les plus rapides ne se trouvait pas à plus de la moitié de cette distance derrière eux.

Il y eut une exclamation générale de gratitude tandis que les groupes s'arrêtèrent et se tournèrent vers l'ennemi.

C'était maintenant que tout l'avantage de la précaution de M. Hardy de tirer sur la cabane indienne était devenu manifeste.

Le feu s'était propagé aux deux ou trois habitations suivantes, et une large flamme s'élevait, sur l'éclat de laquelle les Indiens se détachaient distinctement, tandis que les Blancs étaient postés dans une profonde obscurité.

"Maintenant, les garçons," dit M. Hardy, "éliminez le premier lot avec vos carabines, pendant que nous chargeons nos fusils. Ethel, placez-vous derrière ce rocher. Mettez-vous à l'abri jusqu'au dernier moment. Les flèches seront bientôt parmi nous. "

Régulièrement, comme s'ils tiraient sur une cible, les garçons tirèrent chacun leurs cinq coups de feu ; et comme l'ennemi n'était qu'à cinquante mètres, chaque coup était compté.

Le reste de la troupe de tête hésita et, se jetant à terre, attendit que les autres arrivent. Il y eut une pause momentanée, puis une volée de flèches et de coups de mousquet fut lancée en direction de leur ennemi caché, puis, avec un cri sauvage, toute la masse chargea.

Ce n'est qu'à trente mètres qu'un coup de feu fut tiré en retour ; mais alors qu'ils entraient dans la gorge étroite, les Blancs se levèrent d'un bond avec des acclamations et déversèrent une volée de vingt-quatre fusils.

L'effet fut terrible ; et ceux qui étaient en tête, indemnes, hésitèrent, mais, pressés par derrière, ils se précipitèrent de nouveau. Puis, alors qu'ils se rapprochaient, un combat désespéré commença.

Les garçons avaient remis à la hâte leurs carabines à Ethel pour qu'elle les place dans la chambre d'amis et avaient pris place aux côtés de leur père. La gorge était si étroite qu'il n'y avait pas de place pour se tenir de front, et, par arrangement préalable, ceux qui n'avaient pas de revolvers se plaçaient devant, matraquant leurs fusils, tandis que ceux qui avaient des revolvers tiraient entre eux.

M. Percy, l'un des Jamieson, et Herries se tenaient à un pas ou deux en arrière, leurs revolvers à la main, en guise de réserve.

Pendant quelques minutes, le concours fut formidable. La ruée des Indiens brisa en partie la ligne, et le tourbillon des hachettes luisantes, le fracas violent des coups de fusil, les craquements aigus et incessants des revolvers, les cris des Indiens, les brefs cris d'encouragement des Anglais, et le cri irlandais occasionnel de Terence formait un total de confusion et de bruit ahurissant.

A peine un coup de feu des Blancs fut-il rejeté, et un tas de morts gisait de l'autre côté du col.

Les Indiens continuèrent néanmoins leur route.

Le combat était désormais plus silencieux, les craquements des revolvers avaient cessé et les Blancs combattaient silencieusement et désespérément avec leurs fusils. Ils n'avaient pas cédé d'un pied, mais leur respiration courte et haletante indiquait que l'énorme effort était révélateur, car ils se tenaient en ligne à de courts intervalles, et leurs armes montaient et descendaient avec une force et une puissance que les haches indiennes pouvaient rarement arrêter ou arrêter. éviter.

Le combat n'avait pas été exsangue de leur part jusqu'à présent. La plupart d'entre eux avaient reçu des entailles plus ou moins graves, et Martinez le Gaucho et Cook gisaient morts à leurs pieds.

Charley et Hubert, après avoir vidé leurs revolvers, s'étaient repliés et avaient pris leurs carabines, et se tenaient maintenant avec la réserve sur un rocher plat à quelques pas en arrière, tous brûlants d'impatience de prendre part au combat.

A ce moment, ils furent rejoints par les deux gauchos qui étaient restés avec les chevaux, mais qui maintenant, entendant la fusillade, étaient arrivés pour prendre part à la mêlée.

Enfin M. Hardy jugea que le moment était venu et cria :

"Visez au milieu de la masse et tirez aussi vite que possible, puis chargez tous ensemble. Maintenant!"

En moins d'une demi-minute, les quatre canons des gauchos et les trente coups de revolver furent tirés sur la foule compacte ; alors les sept hommes sautèrent du rocher, et avec des acclamations les Blancs se jetèrent sur les Indiens, déjà reculés et affolés par le feu terrible et mortel.

Les Indiens devant, surpris et confus, furent fauchés par les longs fusils comme l'herbe devant la tondeuse, et ceux derrière, après un moment d'hésitation, se brisèrent et s'enfuirent ; deux minutes plus tard, le combat était terminé et les Indiens en pleine fuite vers leur village. Après quelques mots de vives félicitations, les Blancs se jetèrent à terre, haletants et épuisés après leurs efforts immenses.

Leur premier soin, en se remettant un peu, fut de charger leurs revolvers ; quant aux fusils, il n'y en avait pas, à l'exception de ceux des trois hommes qui formaient la réserve et des carabines des garçons, qui ne furent pas désactivées. Les crosses étaient brisées, les marteaux arrachés et les canons tordus et pliés.

La fête se pressait maintenant autour d'Ethel, avec qui pas un seul mot n'avait encore été échangé depuis son sauvetage, et les félicitations et l'accueil qui lui étaient réservés étaient chaleureux et chaleureux. Il y a ensuite eu un examen des blessures.

Celles-ci ont été nombreuses et, dans certains cas, graves. M. Farquhar était complètement invalide en raison d'une profonde blessure à l'épaule. M. Percy avait reçu une terrible entaille au bras. Charley avait une oreille presque coupée et le côté de son visage était complètement ouvert d'un coup violent. Quatre autres ont été grièvement blessés et six avaient des blessures moins importantes. Cependant, tous étaient trop ravis de leur succès pour faire autrement que de prendre à la légère leurs blessures.

"Vous semblez destiné à voir votre beauté gâtée, Charley", a déclaré M. Hardy en bandant le visage de son fils. "Encore quelques combats, et vous serez aussi endurci par les cicatrices que n'importe quel retraité de Chelsea."

Charley se joignit au rire général à ses dépens.

"Oui, papa, si je continue ainsi, je me débarrasserai certainement de mon miroir."

"Tu n'as pas perdu les fusées, j'espère, Terence ?" » a demandé M. Hardy.

" Bien sûr et je ne l'ai pas fait, votre honneur. Je les ai déposés derrière un gros rocher avant que la petite fête ne commence. "

"Nous allons les renvoyer", a déclaré M. Hardy. "Ils augmenteront l'impression et rendront les Indiens plus désireux de s'entendre, quand ils verront que nous pouvons atteindre leur village. Nous ne les laisserons pas partir tous d'un coup ; mais comme nous en avons quatre de chaque espèce, nous enverrons en tirons une paire toutes les demi-heures environ, comme ils peuvent penser que si nous les tirons tous d'un coup et que nous nous arrêtons ensuite, il ne nous en reste plus. Autant leur donner quelques coups aussi avec nos carabines et nos fusils. qui restent utilisables. Ils porteront jusqu'à un demi-mille si nous leur donnons une élévation suffisante, et il est bon de les impressionner autant que possible.

La suggestion de M. Hardy a été mise en œuvre. La première fusée de signalisation montra le village peuplé d'Indiens, au-dessus desquels la fusée fissurée sifflait lentement. La lumière de la fusée suivante ne révéla personne et il apparut que l'endroit était désert. La troisième roquette frappa par hasard l'un des toits et, explosant à cet endroit, mit le feu au chaume.

"Bien!" » dit M. Percy. "Nous leur demanderons des conditions demain."

Quatre des hommes indemnes étaient maintenant placés comme garde à l'embouchure de la gorge, les autres se retirant plus loin, de manière à être au-delà des Indiens morts, qui gisaient là littéralement en tas.

La matinée se leva sur les hommes blancs occupés à l'enterrement de leurs deux compagnons tombés au combat, et sur les Indiens rassemblés à une courte distance au-delà du village. Les hommes étaient assis par terre, désespérés ; les femmes pleuraient et se tordaient les mains.

Maintenant qu'il faisait jour, ils pouvaient voir à quel point leur perte avait été terrible. Plus d'une soixantaine d'entre eux manquaient à l'appel. Le Cerf était tombé, ainsi que plusieurs des plus vaillants braves de la tribu.

Bientôt, le Corbeau sortit du milieu des guerriers. Son absence la veille au soir n'avait pas été remarquée ; et bien que tous savaient qu'il n'avait pris aucune part au combat, cela parut assez naturel, lorsque son conseil d'abandonner le captif eut été rejeté.

"Mes frères," commença-t-il, "le Grand Esprit est très en colère. Il a caché sa face à ses enfants. Hier, il leur a aveuglé les yeux et les a rendus fous; hier soir, il les a rendus comme de l'eau devant les hommes blancs. Pourquoi les les oreilles des chefs fermées aux paroles du Corbeau ? Si le Corbeau était parti avec le petit Oiseau Blanc, le grand chef blanc aurait été content, et la hache de guerre aurait été enterrée en paix. Mais les chefs n'auraient pas entendu les paroles du Corbeau ? " Paroles du Corbeau. Le Cerf a dit : Tuez ! et les chefs de guerre ont crié : Tuez ! et où sont-ils maintenant ? Leurs wigwams sont vides, et leurs femmes n'en ont pas pour amener les cerfs pour se nourrir. Le Grand Esprit est en colère. "

Le Corbeau prit alors place ; mais, comme il l'avait prévu, personne ne se leva pour parler après lui. La dépression était trop générale ; et le fait que, si les conseils du Corbeau avaient été suivis, les maux auraient été évités, était trop évident pour que quiconque puisse tenter de prononcer un mot.

Après un profond silence de quelques minutes, le Corbeau se releva de nouveau.

" Que feront mes frères ? Les feux volants brûleront notre village et il n'y aura pas de retraite. Les fusils qui tirent sans chargement portent très loin. Nous sommes comme l'eau devant eux. Nous sommes entre les mains du chef blanc, et nos os nourriront les corbeaux. Que feront mes frères ?

Il y eut encore un profond silence, puis il poursuivit : « Le Corbeau est un grand chef, et il leur dira quoi faire. Le Corbeau s'est tenu aux côtés du petit Oiseau Blanc, et le grand chef blanc l'écoutera. sa voix. Il dira : " Que la paix soit entre nous. Les hommes qui auraient voulu faire du mal au Petit Oiseau Blanc sont morts ; il n'y a plus de sujet de querelle. Enterrons la hache de guerre. Prenez des chevaux et du bétail pour votre voyage, et pardonnez-nous si nous avons mal agi. Si les hommes blancs étaient dans les plaines, le Corbeau dirait : Laissez mes jeunes hommes charger ; mais ils tiennent le passage, et les fusils qui tirent sans charger sont trop puissants. Ai-je bien parlé ? "

Il y eut un faible murmure d'applaudissements. Le sentiment que la position des hommes blancs était imprenable était général ; et ils étaient tous convaincus que ces terribles ennemis élaboreraient un plan inconnu qui aboutirait à l'anéantissement total de la tribu.

La proposition du Corbeau fut donc acceptée à l'unanimité.

Le Corbeau déposa alors ses armes, et accompagné de six des principaux chefs, portant des branches vertes en signe d'amitié, s'avança vers l'embouchure de la gorge. M. Hardy, accompagné de cinq Blancs et de Perez comme interprète, s'avança à sa rencontre.

Lorsque les deux groupes se rencontrèrent, le Corbeau commença gravement, en langue indienne : « Le chef blanc du feu volant est puissant, et le Grand Esprit a aveuglé ses enfants. Ils ont enlevé le petit oiseau blanc, mais ils ne lui ont pas fait de mal. Des hommes méchants lui auraient fait du mal, mais le Corbeau s'est tenu à ses côtés. Le grand chef blanc a repris son petit oiseau blanc et il a tué les hommes que le Grand Esprit a aveuglés. Pourquoi devrait-il y avoir plus de guerre ? Les Indiens sont courageux ; ils ont du bétail, des moutons et de l'eau. Ils peuvent vivre hors de portée des armes du chef blanc et peuvent se battre si le chef blanc se présente contre eux. Le chef blanc est fort et il peut défendre le col, mais il ne peut pas s'aventurer à l'attaque. Ils sont égaux. Il n'y a plus lieu de se quereller. Enterrons la hache de guerre. Les jeunes hommes du chef blanc peuvent prendre des chevaux — car les Indiens en ont beaucoup — pour les ramener chez eux. Ils peut prendre du bétail à manger. Que la paix soit.

Cette adresse du Corbeau était très politique. Il savait déjà que M. Hardy était prêt à accorder des conditions, mais il souhaitait montrer aux autres chefs qu'il soutenait l'honneur de la tribu en se vantant de son pouvoir et de ses ressources, et en concluant la paix sur un pied d'égalité.

Lorsque les Gauchos eurent traduit leur proposition, M. Hardy parla en utilisant la phraséologie qui serait la plus intelligible pour les Indiens.

"Le Corbeau est un grand chef ; il a parlé avec sagesse. Le petit Oiseau Blanc a chanté à l'oreille du chef blanc que le Corbeau se tenait à ses côtés lorsque de mauvais Indiens lui auraient fait du mal. Les mauvais Indiens sont morts. Le Grand Esprit a désapprouvé Le chef blanc n'a aucune querelle avec le Corbeau et ses amis. Que la paix soit.

Une expression générale de satisfaction envahit les deux parties lorsqu'on apprit que la paix était arrangée ; et un de chaque côté se dépêchant de revenir avec la nouvelle, les autres se rendirent au village, où, assis devant la hutte principale, on fuma solennellement la pipe de la paix.

Les deux partis se mêlèrent alors amicalement, mutuellement heureux de la fin des hostilités ; et personne n'aurait deviné que, quelques heures auparavant, ils s'étaient affrontés dans un combat meurtrier. Le Corbeau invita courtoisement les blancs à s'arrêter pour une nuit au village ; mais l'invitation fut déclinée, car tous étaient très impatients de rentrer chez eux.

Quelques Indiens furent envoyés par le Corbeau, qui avait maintenant naturellement pris la position de chef de la tribu, pour attraper des chevaux pour remplacer ceux qui étaient tombés en panne pendant le voyage. L'offre de bétail fut déclinée, car ils étaient sûrs de pouvoir se procurer du gibier. Ils emportaient cependant autant de viande fraîche que leurs chevaux pouvaient en transporter.

M. Hardy vit que le Corbeau souhaitait éviter toute conversation privée avec lui. Il prit donc les garçons à part et leur fit une proposition à laquelle ils acceptèrent cordialement.

Alors que les chevaux étaient élevés et que toute la tribu se rassemblait, il s'avança vers le Corbeau avec une des carabines des garçons à la main.

"Le Corbeau est un grand chef", dit-il. "Il a un grand cœur et se tenait aux côtés du petit Oiseau Blanc. Mais il n'a pas un bon fusil. Le chef blanc lui donne un fusil qui tirera plusieurs fois. Qu'il promette qu'il ne l'utilisera jamais au combat. contre les hommes blancs. »

Le Corbeau reçut ce présent avec grand plaisir et fit volontiers la promesse requise, ajoutant, au nom de sa tribu, que la hache de guerre enterrée ne serait plus jamais déterrée contre les Blancs. Une chambre supplémentaire et toutes les munitions de rechange lui furent données, et une provision supplémentaire lui fut promise s'il voulait les envoyer chercher ; des instructions lui furent également données sur l'usage de l'arme, puis un adieu solennel fut échangé et le groupe des Blancs se tourna vers la maison.

CHAPITRE XVIII.

ENFIN.

Avec ce conflit mémorable et la leçon donnée aux Indiens que même au cœur de leur propre pays, ils ne pouvaient se considérer à l'abri des représailles et de la vengeance des colons blancs, les troubles indiens des Hardy étaient terminés. Parfois, en effet, des raids étaient menés contre les colonies éloignées, et les jeunes Hardy étaient appelés pour repousser leurs ennemis sauvages. Cependant, sur le domaine de Mount Pleasant, aucun pied hostile ne fut de nouveau placé. De temps en temps, le Corbeau, accompagné de deux ou trois de ses braves, rendait visite pendant un jour ou deux et repartait avec des cadeaux de couvertures et d'autres choses dont sa tribu avait besoin. Lors de la première de ces visites, Hubert l'interrogea sur l'oiseau dont la plume remarquable avait été le moyen de sauver la vie d'Ethel. Lors de sa visite suivante, le chef apporta deux peaux d'oiseau très parfaites. Il s'est avéré, au grand plaisir d'Hubert, qu'il s'agissait d'une nouvelle espèce ; et l'un d'eux se trouve maintenant, avec de nombreux autres oiseaux jusqu'alors inconnus tombés sous son fusil, au British Museum, sous les noms spécifiques d'Hardiensis, en hommage à leur découvreur. La tribu du Corbeau a honorablement respecté son accord avec M. Hardy et ne s'est jamais jointe à aucune attaque ultérieure contre les Blancs. Très affaiblis par la perte d'un si grand nombre de leurs combattants, ils auraient probablement été exterminés par des tribus hostiles ; mais M. Hardy leur fournit ensuite une provision de fusils militaires, qu'il avait achetés principalement à cet effet, ainsi que des munitions, et ils purent alors opposer un front résolu à leurs ennemis et se nourrir de la chasse. Le Corbeau est désormais l'un des chefs les plus puissants et les plus respectés des plaines de la pampa.

Le retour de l'expédition, après le sauvetage d'Ethel et le châtiment des Indiens au cœur de leur propre pays, fit sensation dans toute la République. Nous n'avons pas besoin de parler de la joie de Mme Hardy et de Maud, mais l'aventure était considérée comme un sujet de félicitation et de joie dans tout le district. On sentait qu'un coup signal avait été porté aux Indiens et que, pendant longtemps, la vie et les biens seraient en sécurité. Il y eut donc une véritable ruée vers le quartier et les terres furent prises et occupées dans toutes les directions.

C'était bien pour Mme Hardy et les filles qu'elles partent par le prochain courrier pour l'Angleterre. L'effet de ces quatre jours terribles sur Ethel, et de cette semaine d'anxiété sur sa mère et sa sœur, les avait tellement ébranlés que le changement, même s'il n'avait pas été décidé au préalable, aurait été impérativement nécessaire. Il n'est pas exagéré de dire que Mme Hardy et Maud ont souffert encore plus qu'Ethel. Elle, au moins, avait connu et vu son danger, et était soutenue, sauf le matin où elle était attachée au pieu, avec un fort espoir et une ferme conviction d'être sauvée. Ceux qui restaient sur place ne pouvaient rien faire d'autre qu'imaginer des scènes d'horreur et passer leur temps à prier et à pleurer alternativement. Ils furent tous tristement secoués et nerveux pendant le peu de temps qui leur restait à Mount Pleasant ; mais le voyage en mer et les brises fraîches leur rendirent bientôt la santé et la couleur aux joues, et aucun d'eux ne ressentit plus jamais de mauvais effets de cette terrible semaine.

Et maintenant, notre histoire touche à sa fin. La période orageuse de la colonie de Mount Pleasant était terminée. Le dur labeur, les difficultés et les dangers de la vie d'un nouveau colon à l'extrême limite de la civilisation étaient passés, et il ne restait plus qu'à continuer à consacrer attention et énergie au domaine et à récolter les fruits du travail.

Après le départ de sa femme et de ses filles, M. Hardy est resté à son poste pendant deux ans. Cela faisait maintenant près de six ans qu'il avait quitté l'Angleterre et il avait hâte d'y retourner. Il sentait qu'il pouvait le faire sans aucune inquiétude quant à l'avenir. Rosario était, selon son anticipation, en train de devenir une ville grande et importante ; le pays était assez peuplé à des lieues au-delà du domaine ; la valeur des terres augmentait rapidement ; et il n'y avait désormais plus aucune crainte des attaques indiennes. Ses troupeaux s'étaient considérablement multipliés et doublaient tous les deux ans. Les revenus tirés de la vente du bétail engraissé à la luzerne et de la vente de la laine et d'autres produits agricoles étaient considérables. La laiterie à elle seule rapportait une somme annuelle importante. Charley avait maintenant vingt-deux ans, Hubert un an de moins ; tous deux étaient aussi capables de gérer le domaine que lui.

Un jour, il leur révéla donc ses projets. « Comme vous le savez, les garçons, je pars bientôt en Angleterre ; et même si je viendrai peut-être de temps en temps ici, je ferai de l'Angleterre ma résidence permanente. Vous, les garçons, gérerez donc conjointement le domaine. Le revenu atteindra cette année six mille dollars, et ce serait bien plus si nous ne gardions pas la plus grande partie de nos animaux pour augmenter notre cheptel. J'ai maintenant douze mille cinq cents dollars en banque. Après la vie bien remplie que j'ai menée ici, je ne pourrais pas rester inactif. Mon intention actuelle est de prendre une grande ferme dans le cadre d'un bail emphytéotique avec option d'achat. Mon objectif sera d'obtenir un bail sur une grande superficie et des terres pauvres, mais améliorables par l'irrigation ou le drainage et une mise de fonds. Je ne risquerai aucun plus de douze mille cinq cents dollars en ceci, et aussi le revenu que j'en tirerai d'ici pour les deux prochaines années. Les bénéfices augmenteront chaque année. J'aurai donc en deux ans investi vingt-cinq mille dollars dans la ferme, une partie se consacrer à la construction d'une maison convenable. Bien entendu, pendant ces deux années, vous dépenserez tout l'argent dont vous aurez besoin ; mais, en fait, il vous est impossible de dépenser beaucoup d'argent ici. Au bout de deux ans , je propose que vous, Charley, en tant qu'aîné, reveniez d'abord en Angleterre pour un an, et qu'ensuite Hubert prenne son tour. Vous resterez ensuite un an ensemble ici, puis passerez à nouveau chacun un an en Angleterre, et ainsi de suite régulièrement. Au bout de ces deux années , je tirerai la moitié des revenus de cette succession, et vous prendrez l'autre moitié entre vous, pour la placer ou l'utiliser comme bon vous semblera. Au bout de six ans , je calcule que le domaine sera doté d'autant de bovins et de moutons qu'il peut en supporter. Quinze mille bovins, disons, et trente mille moutons. Vous vendrez alors toute votre augmentation annuelle, et les profits seront chaque année plus grands. Au bout de dix ans, si, comme je le crois probable, vous en aurez assez de cette vie, nous vendrons le domaine. À ce moment- là, elle sera le centre d'une région peuplée, la valeur des terres aura considérablement augmenté et sera égale à celle de toutes les terres du pays, à tel point, en effet, qu'il sera probablement hors de question de trouver un terrain. acquéreur pour la totalité. Nous pourrions donc le diviser au gré des acheteurs, en le divisant en lots d'un, deux, trois ou quatre milles carrés, ou en lieue carrée, et en divisant le stock en proportion. Bien entendu, la maison irait avec les terres arables et un kilomètre ou deux de pâturages au-delà. Ma part des revenus annuels que je consacrerai à l'achat de mon domaine. Disons que le prix est de cinquante mille dollars. Avec mes revenus d'ici et mes revenus du domaine lui-même, je pourrai probablement le faire dans dix ans. Le domaine, avec les vingt-cinq mille dollars que je me propose de risquer en drainage, etc., devrait alors valoir cent mille dollars. La valeur de ce domaine de cinquante mille acres, avec les troupeaux, devrait être au moins le double de cette somme ; de sorte qu'au bout de dix ans je serai un homme riche. En prenant soin, vous pouvez certainement économiser vingt-cinq mille dollars chacun au cours des dix années, et vous recevrez cinquante mille dollars supplémentaires chacun comme votre part de la succession. Vous pourrez donc, les garçons, à l'âge de trente et un et trente-deux ans, pouvoir vous installer en Angleterre dans des conditions très confortables. Vos sœurs seront bien entendu nourries sur ma part. Approuvez-vous mes projets ? »

Les garçons ont chaleureusement exprimé leur satisfaction face au projet et leur gratitude envers leur père pour ses intentions.

Et ainsi les choses se sont déroulées.

Six mois après l'arrivée de M. Hardy en Angleterre, les garçons apprirent le mariage de Maud avec M. Cooper, aujourd'hui, par la mort de son père, un riche gentleman de la campagne. Charley, lors de sa première visite en Angleterre, se maria également – un exemple qu'Hubert suivit l'année suivante.

Les deux hommes se chargeèrent désormais tour à tour de gérer le domaine, celui d'Angleterre passant toujours une partie considérable de son temps chez M. Hardy et passant le reste à voyager.

Ethel s'est mariée l'année après Hubert avec un avocat prometteur à Londres.

Tout prospérait à Mount Pleasant, et lors de la vente, la propriété fut divisée en lots et rapporta une somme bien plus élevée que ce que M. Hardy avait calculé.

Le propre plan de M. Hardy avait été pleinement réalisé, mais au bout de dix ans, il commençait à souhaiter une vie tranquille en ville. Il a donc conclu un arrangement avec Charley, par lequel celui-ci, qui avait gagné un peu d'argent avec sa femme, prend sa place de maître du domaine et s'installe dans la vie de gentilhomme de la campagne, qui lui convient parfaitement.

Hubert vit à Londres. Ses revenus suffisent à ses besoins, il est devenu membre de nombreuses sociétés scientifiques et sa collection de la faune de la pampa d'Amérique est considérée comme sans égal.

Les filles sont très contentes des hommes de leur choix ; et M. et Mme Hardy ont toujours quelques-uns de leurs enfants ou petits-enfants qui restent avec eux, et amusent souvent les plus jeunes en racontant comment leurs pères ou leurs mères ont combattu les Indiens dans les pampas de l'Amérique du Sud.

LA FIN.